Tillmann Bendikowski / Sabine Knor

SAGENHAFTE
— NORD —
GESCHICHTEN

Ein Reiseführer in die geheimnisvolle
Vergangenheit Norddeutschlands

 PENGUIN VERLAG

Penguin Random House Verlagsgruppe FSC® N001967

2. Auflage 2023
Copyright © 2023 by Penguin Verlag
in der Penguin Random House Verlagsgruppe GmbH,
Neumarkter Straße 28, 81673 München
Lektorat: Eckard Schuster, München
Covergestaltung: Favoritbüro, München
Covermotiv: Shutterstock/©Thorsten Schier/©Alvov/©RT
Images/©Daniel Eskridge/©tinkivinki/©Anastasia Lembrik;
Sophie Charlotte von Mecklenburg-Strelitz,
Gemälde nach Johann Georg Ziesenis d. J.; Stephan Gatzen/BILD
Karte: Peter Palm, Berlin
Satz: Uhl + Massopust, Aalen
Reprografie: Lorenz+Zeller GmbH, Inning a. Ammersee
Druck und Bindung: CPI books GmbH
Printed in the EU
ISBN 978-3-328-10903-7

www.penguin-verlag.de

Inhalt

Einleitung

Von Römern und Mönchen, von Sklaven und Prinzessinnen

Was hat eine der schönsten Blumen der Welt mit einer Prinzessin des 18. Jahrhunderts aus Mecklenburg zu tun? Und weshalb spielten die Sandalen der römischen Soldaten eine so große Rolle bei ihrem Siegeszug, als sie vor 2000 Jahren gegen die Germanen kämpften? Und wer weiß eigentlich, dass so manches Schloss in Norddeutschland die herrschaftliche Residenz eines Sklavenhändlers war? Solchen und anderen großen und kleinen Geschichten spüren Tillmann Bendikowski und Sabine Knor nach. Gemeinsam gehen sie auf historische Spurensuche – und lüften Geheimnisse im Norden zum Mitfiebern und Mitentdecken.

Ihre Recherchen führen sie durch die Antike und das Mittelalter bis in die Gegenwart. Was sie herausfinden und erzählen, ist immer überraschend und unterhaltsam, sensibilisiert und regt zum Nachdenken an. So steht etwa die Hinrichtung von vier mutigen Geistlichen aus Lübeck im Jahr 1943 bis heute für einen verzweifelten Versuch, der Nazi-Barbarei die Stirn zu bieten – für viele sind sie bis heute Vorbilder für Zivilcourage und Gottvertrauen. Und der Zusammenbruch der Seebrücke von Binz im Jahr 1912 forderte zwar viele Menschenleben – doch die Erfahrung mit dieser Katastrophe hilft bis heute, weitere Unglücksfälle zu verhindern, denn sie gab den Impuls zur Gründung der Deutschen Lebens-Rettungs-Gesellschaft (DLRG). Die Geschichte einer dramatischen Flucht aus der DDR lenkt hingegen den Blick auf das Schicksal jener Deutschen, die auf der Ostsee einst ihr Leben riskiert haben, um in die Freiheit zu gelangen.

Sabine Knor und Tillmann Bendikowski ermöglichen mit ihrem Blick auf die Geschichte eine Wiederentdeckung von historischen Ereignissen und persönlichen Schicksalen und liefern dabei vorzügliche historische Unterhaltung. Und am Ende eines jeden Kapitels geben sie den Leserinnen und Lesern Tipps für eigene Entdeckungstouren an den historischen Orten. Was ist dort heute noch vom früheren Geschehen zu erkennen? Welches Museum und welche Attraktion lohnen unbedingt einen Besuch? Auch das verrät dieses Buch – und wird damit zu einem historischen Reisebegleiter für die ganze Familie!

TILLMANN BENDIKOWSKI

Frauen mit Durchblick

Die ältesten Brillen der Welt
im Kloster Wienhausen

E s war einmal eine Nonne, die lebte im 14. Jahrhundert im Zisterzienserinnenkloster Wienhausen nahe dem Städtchen Celle. Sie war wie die anderen Frauen im Konvent wohl sehr fleißig und fromm, und sie verbrachte sicher auch viele Stunden auf den Sitzen des Nonnenchors, eines für festliche Anlässe abgegrenzten Bereichs der Klosterkirche eines Frauenkonvents. Eines Tages – womöglich war sie besonders tief ins Gebet versunken oder in diesem Moment schlicht etwas unaufmerksam – entglitt ihr an diesem Ort ein für ihren Alltag geradezu unverzichtbarer Gegenstand. Er fiel zu Boden und verschwand in einer der Spalten zwischen den schweren Eichenbohlen des Fußbodens. Wann genau ihr dieses Missgeschick geschah, wissen wir heute nicht mehr, und auch den Namen der Nonne kennen wir nicht. Aber eines ist sicher: Die Dame konnte ziemlich schlecht sehen. Denn sie war im Besitz einer damals kostbaren Brille, die sie nun just an diesem Tag verlor. Und als diese nach gut sechs Jahrhunderten endlich wiedergefunden wurde, sorgte sie zusammen mit anderen Gegenständen für allergrößte Aufregung …

Es war das Jahr 1953, als die verlorene Brille unversehens ins Blickfeld der Wissenschaft geriet. Zu diesem Zeitpunkt war die Ära der Zisterzienserinnen in Wienhausen allerdings längst vergangen: Die Reformation hatte in Norddeutschland in den meisten Regionen den christlichen Glauben erneuert, und dort, wo sich der neue protestantische Glaubensritus durchgesetzt hatte, wurden nach und nach viele Klöster aufgelöst. Zuweilen wurden der Besitz und die Gebäude nun für weltliche Zwecke genutzt, in anderen Fällen indes ging das christliche Leben an diesen Orten unter anderen konfessionellen Vorzeichen weiter. Das gilt auch für das Kloster Wienhausen, das ebenso wie die Anlagen von Ebstorf, Isenhagen, Lüne, Medingen und Walsrode wegen seiner Lage im ehemaligen Fürstentum Lüneburg bis heute zu den sogenannten Lüneburger Frauenklöstern zählt. In Wienhausen wurde der Konvent in ein evangelisches Damenstift umgewandelt, in eine religiöse Lebensgemeinschaft, in der bei allen Neuerungen die Traditionen des Klosters bewahrt werden und christliches Leben weitergeführt wird. Und so leben heute dort sogenannte Konventualinnen und eine Äbtissin, die das Kloster nach außen vertritt.

Das im 13. Jahrhundert gegründete Kloster Wienhausen verfügt heute nicht mehr über die beachtlichen wirtschaftlichen Einkünfte des einstigen mittelalterlichen Zisterzienserinnenklosters, aber es ist in seinem Fortbestand gesichert, weil es wie andere Klöster in Niedersachsen von der Klosterkammer Hannover unterstützt wird. Wienhausen selbst ist heute ein kunsthistorischer Schatz, ein kultureller Ort von immer noch beeindruckender Pracht. Allein die Malereien im gotischen Nonnenchor haben das Kloster berühmt gemacht, Wände und Decken sind mit biblischen Szenen ausgemalt. Über Jahrhunderte hinweg versetzte die Pracht dieses religiösen Raumes die Betrachter in Staunen. Wer heute diese Gemälde betrachtet, sollte zugleich daran denken, dass diese Arbeiten ebenso wie weite Teile der herrschaftlichen Klostergebäude eben auch auf die solide Finanzkraft des Klosters Wienhausen im

Der Innenraum des prachtvollen Nonnenchores mit Blick auf den Flügelaltar im Kloster Wienhausen.

Mittelalter verweisen – die Zisterzienserinnen an diesem Ort hatten schlicht das Geld dazu.

Nach Jahrhunderten der frommen Nutzung weckte der Nonnenchor allerdings in den 1950er-Jahren die Neugierde historischer Fachleute. In einem benachbarten Kloster waren sie auf Reste eines kleinen jahrhundertealten Hausaltars gestoßen – ließe sich Ähnliches womöglich auch in Wienhausen entdecken? Der Konvent konnte überzeugt werden, zunächst vorsichtig nur die mittleren Fußbodenbohlen zwischen dem zweireihigen Gestühl aufzunehmen. Die historischen Sitze wie die Bodenbretter selbst, das konnten die Forscher zusichern, würden dadurch keinen Schaden erleiden. Am 22. September 1953 war es dann so weit, die zuständige Restauratorin erinnerte sich später an diesen Moment:[1]

»Die breiten Eichenbohlen wurden von Zimmerleuten gelöst und die schweren Bretter zur Seite gekippt. Staunend standen wir vor der langen offenen Strecke, die bis oben mit grauem Staub angefüllt war. Ein gefalteter Pergament-Bogen lugte aus dem Staub hervor. Aufgeschlagen lag ein Bild in schönsten Farben mit glänzender Vergoldung vor uns, Christus, wie er aus dem Grabe steigt.«

Aus dem grauen Staub der Jahrhunderte wurden die verschiedensten Dinge ans Tageslicht gezogen – all das, was den Nonnen und Konventualinnen über die Jahrhunderte so aus der Hand oder aus der Tasche gerutscht war. Oder – die Frage stellte sich rasch – hatten die Frauen die bekannten Hohlräume im Chorgestühl zuweilen sogar extra dafür genutzt, wertvolle oder gefährdete Dinge hier zu verstecken? Jetzt wurde auch an anderen Stellen im Nonnenchor unter den Bodenbrettern nachgeschaut, und die Restauratorin kam schließlich aus dem Staunen nicht mehr heraus:[2]

»Was dann noch nach und nach hervorkam, ist kaum zu beschreiben [...]: Holzschnitte, mehr oder weniger zerknüllt, kleine Figuren, Holzlöffel, Holzschalen, Teile von Rosenkränzen und eine Spanschachtel; weiter Knochen, Eberzähne, sogar ganze Skelette von Mäusen und Fledermäusen in Mengen, schließlich ein in Leinen genähtes Bündel, in Form und Größe einer verpackten Ente ähnelnd. Die Nähte wurden schnell getrennt; hervor quollen Knochen, Stoffreste, Beutelchen, Briefchen und beschriftete Pergamentstreifen. Wir hatten Reliquien vor uns. Ein schwarz verbrannter Knochen, an einem Ende in Silber gefasst, und eine Schädeldecke mit kreisrundem Loch darin zeugen von dem grausamen Ende der Märtyrer.«

Die Bandbreite der Funde ist groß – und unter den nicht in erster Linie religiös genutzten Stücken zählten vor allem die aus dem

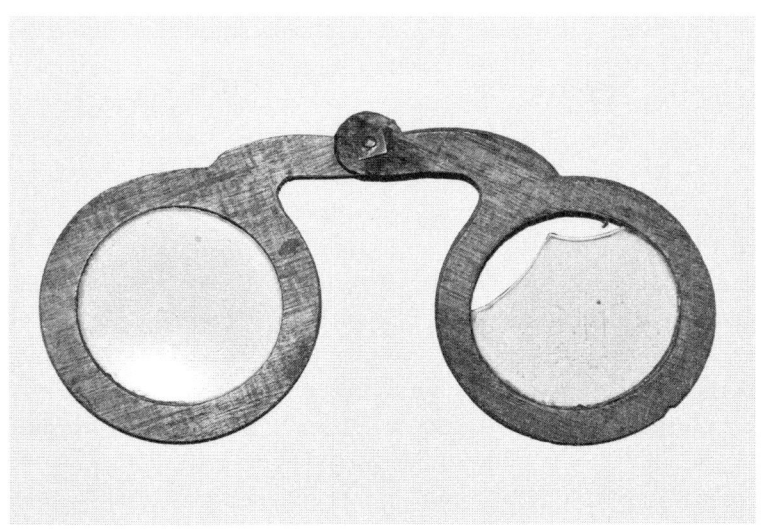

Diese Nietbrille aus dem 14. Jahrhundert diente einst einer
Nonne in Wienhausen als unverzichtbare Lesehilfe – bis diese sie
offensichtlich verlor ...

Staub gezogenen Brillen und Brillenteile als eine archäologische
Sensation. Dies gilt vor allem für die heute im Klostermuseum
ausgestellten so bezeichneten »Nietbrillen« aus dem 14. Jahrhundert, die wegen der fehlenden Bügel eher an Zwicker erinnern.
Ein solches Modell besteht aus zwei baugleichen Hälften, die mit
einem Niet zusammengehalten und so auf der Nase festgeklemmt
werden konnten. Für die Herstellung der Brille, die im Nonnenchor von Wienhausen verloren gegangen war, wurde das besonders harte Buchsbaumholz verwendet. Aus nur zwei Millimeter
dicken Brettchen wurden die Rahmen für die Gläser herausge-
schnitten und mit einer Nut für die Linsen versehen. Diese Fas-
sung wurde anschließend aufgeschlitzt, um die Linsen einzusetzen, und dann wieder mit einem Faden verschlossen. Die fertige
Brille bekam anschließend sogar noch etwas modischen Schick:

Auf dem Stiel ist in diesem Fall ein kleines Kleeblatt eingeritzt.[3] Mochten die Brillen für die Trägerin also hilfreich und sogar etwas hübsch gewesen sein, so ganz angenehm waren sie nicht zu tragen: Die Nietbrille – die ja über keine Bügel verfügte – musste vergleichsweise fest auf die Nase geklemmt werden, außerdem sollte beim Tragen tunlichst der Kopf etwas in den Nacken gekippt werden, damit sie nicht herunterfiel.

Dass es schon im Mittelalter Brillen gab, war zwar bei der Entdeckung von Wienhausen 1953 bekannt, doch bis zu diesem Zeitpunkt ging die Wissenschaft davon aus, dass von den mittelalterlichen Lesehilfen kein Exemplar erhalten geblieben war. Wie diese einst ausgesehen haben, war hingegen klar: Brillen ließen sich schließlich auf zahlreichen Gemälden gut erkennen, etwa auf einer Darstellung des italienischen Malers Tommaso da Modena, der um das Jahr 1352 in einem Dominikanerkloster in Treviso nördlich von Venedig zahlreiche Mönche malte. Unter ihnen ist einer, der an einem Pult stehend einen Text schreibt – und deutlich erkennbar eine Nietbrille auf der Nase hat.

Dass die Augen im Laufe des Lebens schwächer werden, ist keine Erkenntnis unserer Gegenwart, sondern war auch im Mittelalter schon ein Problem. Aber vor der Erfindung der Brille gab es kaum Chancen, der Verschlechterung der Sehkraft wirkungsvoll zu begegnen. In der Antike griffen reiche Männer mit schlechter werdenden Augen auf schriftkundige Sklaven zurück, die ihnen dann vorlesen mussten; eigene Texte wurden damals ohnehin lieber diktiert als selbst geschrieben. Wer als Weitsichtiger aber nicht mit Reichtum gesegnet war und sich keinen Vorleser leisten konnte, musste zwangsläufig auf die Freude am Text verzichten. Eine wichtige Hilfe boten da die ersten Vergrößerungsgläser, mit denen selbst kleine Buchstaben wieder lesbar wurden. Der englische Theologe und Naturphilosoph Roger Bacon (ca. 1214–1292) schwärmte:[4]

Lesen und Schreiben dank einer Brille: Dieses Gemälde von Tommaso da Modena aus dem Jahr 1352 ist eine der ältesten Abbildungen, die den Gebrauch einer Brille zeigt.

»Wenn man Buchstaben oder kleine Gegenstände durch ein Kristall oder Glas betrachtet, das geformt ist wie das kleinere Segment einer Kugel, und dabei die gewölbte Seite vor das Auge hält, dann sieht man die Buchstaben weit besser und größer. Ein solches Instrument ist nützlich für jedermann.«

Nützlich waren diese Hilfsmittel vor allem in den Skriptorien der Klöster, in denen im Mittelalter geschrieben und gelesen wurde. Dort entstanden religiöse Texte, aber auch Verträge; zudem wurden antike Schriften studiert und gegebenenfalls kopiert. Andere, vermeintlich »gefährliche« alte Schriften wurden allerdings bei der Gelegenheit gern auch vernichtet, indem die alte Schrift abgeschabt und das Pergament neu beschrieben wurde. Das alles war in der Praxis eine gelehrte, aber fraglos auch körperlich anstrengende Tätigkeit. Vor allem die Augen hatten Schwerstarbeit zu verrichten, weil es weithin an künstlichem Licht fehlte. Kerzen aus Bienenwachs waren lange sündhaft teuer, nur wenige Privatleute sowie Kirchen und Klöster konnten sich diesen Luxus der Beleuchtung sparen. Somit war schummriges Licht auch in den Schreibstuben mittelalterlicher Klöster vorherrschend.

So mancher Mönch litt still unter seinem Dienst im Skriptorium, oft in gekrümmter Haltung und bei niedrigen Temperaturen. Im Winter waren die in der Regel kleinen Fensteröffnungen außerdem verhängt, damit die Kälte und der Wind draußen blieben – aber so kam eben auch das Tageslicht kaum herein. Kein Wunder also, dass einer dieser Schreiber der Nachwelt die folgende Klage über seine Arbeitsbedingungen hinterließ – und zwar passenderweise am Rand eines Buches:[5] »Es ist eine Quälerei. Es raubt mir das Augenlicht, es krümmt mir den Rücken, es quetscht mir die Eingeweide und die Rippen, es bringt den Nieren Schmerzen und dem ganzen Körper Müdigkeit.«

Zumindest für die Sache mit dem Augenlicht konnte schließlich Abhilfe geschaffen werden, und die Erfindung der Brille Ende des 13. Jahrhunderts muss für die Betroffenen eine wahre Erlösung gewesen sein. Sie lässt sich nachvollziehen in einer Predigt aus dem Jahr 1305, in der ein Dominikaner in Florenz regelrecht ins Schwärmen geriet:[6]

»Es ist noch keine zwanzig Jahre her, dass man sich darauf versteht, Brillen zu fertigen, die die Sehkraft verbessern, das ist eine der besten und notwendigsten Künste, über die die Welt verfügt, und es ist noch gar nicht lange her, dass man sich darauf versteht: eine neue Kunst, wie es sie zuvor noch nie gegeben hat.«

Die mittelalterlichen Nietbrillen verbreiteten sich rasch, auch wenn manchen Zeitgenossen die technischen Neuentwicklungen anfangs noch fremd, zuweilen regelrecht unheimlich waren. Kann es nicht sein, so der in Süditalien lange verbreitete Aberglauben, dass gerade diejenigen Menschen Brillen tragen, die über den gefürchteten »bösen Blick« verfügen? Wenn sie es gut mit den Mitmenschen meinten, dann setzten sie eine Brille auf, »damit die Vorübergehenden nicht von den Ausflüssen seines giftigen Blicks berührt werden«.[7]

Aber solche finsteren Vorstellungen konnten den Erfolg dieser technischen Neuerung nicht gefährden, denn ganz offensichtlich gab es – obwohl ja nur ein kleiner Teil der Menschen damals des Schreibens und Lesens kundig war – eine enorme Nachfrage. Auch wenn die Lesehilfen zunächst ein Luxusgegenstand blieben, so wurden sie in dem Maße selbstverständlicher und erschwinglicher, als auch Bücher mit der Erfindung der Druckerpresse als neues Medium seit dem 15. Jahrhundert immer gebräuchlicher wurden. Beide Erfindungen bedingten sich sozusagen gegenseitig: Es wurden immer mehr Bücher verkauft, auch weil mehr Brillen zur Verfügung standen, um diese Bücher zu lesen. Und es wurden mehr Brillen produziert, um das neue Medium auch konsumieren zu können. In der Praxis befanden sich die Fehlsichtigen oft auf einer schier unaufhörlichen Suche nach der richtigen Sehhilfe. Von einem englischen Lord wird noch im 17. Jahrhundert berichtet, dass er im Laufe von 13 Jahren insgesamt 27 Brillen kaufte, weil er einfach nicht die richtige fand.[8]

Für ein Leben im Kloster waren gesunde Augen und eine gute Sehfähigkeit zwar keine unverzichtbare Voraussetzung, aber durchaus eine Erleichterung, wenn es um die Teilhabe am Alltag dieser Gemeinschaft ging. Wenn wir heute die mittelalterlichen Klöster nicht nur als theologische Orte, sondern auch als Zentren der damaligen Kulturarbeit im weitesten Sinne verstehen, wird allerdings auch deutlich, dass dabei das Augenmerk der Geschichtserzählung viel zu lang überwiegend auf die Männer gelenkt wurde. Die Mönche als Träger der mittelalterlichen Kultur wurden stets herausgehoben – die Nonnen hingegen immer ein wenig vergessen. Dabei waren auch die Frauenklöster über Jahrhunderte hinweg für die jeweilige Region gleichermaßen spirituelle wie kulturelle Zentren, deren Bedeutung kaum überschätzt werden kann. Fromme, gebildete und letztlich auch selbstbewusste Frauen lebten und arbeiteten dort. Aber weil die Kirche damals weitgehend eine Männerkirche war, blieben die Frauen in zentraler theologischer Hinsicht stets von den Klerikern abhängig, wenn es um den Zugang zu den Sakramenten ging: Mochte eine Äbtissin auch noch so gescheit und politisch weitsichtig sein, und war eine Nonne auch noch so belesen und gut organisiert – für die Beichte oder für das Abendmahl war immer ein Priester vonnöten.

Nichtsdestotrotz wurden auch damals schon theologisch und wissenschaftlich versierte Frauen den Männern der Kirche zuweilen unheimlich. Bereits im Mittelalter war bekannt, zu was vor allem die Frauen in den Klöstern fähig waren: Sie leisteten ihren Beitrag zum theologischen Denken ihrer Zeit, sie konnten lesen und schreiben oder verfügten über außergewöhnliche Kenntnisse in der Heilkunde. Auch dafür steht das Kloster der Zisterzienserinnen in Wienhausen: Dort besaßen die Nonnen Kenntnisse sowohl in der Human- als auch in der Veterinärmedizin. Das hatte für Wienhausen durchaus praktischen Nutzen, schließlich verfügte das Kloster nicht nur über Grundbesitz, sondern besaß auch zahlreiche Nutztiere, die eben gesund bleiben oder von Krankheiten geheilt werden sollten. In den überlieferten Rezepten für die Behandlung bei Erkrankungen und Unfällen von Menschen finden sich beispielsweise zahlreiche medizinische Ratschläge für die täglichen wie außergewöhnlichen Notlagen:[9]

»Item wenn jemand an Kopfschmerzen erkrankt ist, dann soll man für diesen zunächst Wacholderbeeren und Hanf zerstoßen und danach Eiweiß von zwei Eier hinzugeben. Dieses Gemisch zusammen mit Wein aufkochen und danach dem Erkrankten auf den Kopf und die Stirn binden.«

Auch bei Magenschmerzen wussten die Nonnen Rat, ebenso bei Schwindsucht (Tuberkulose) oder bei schlechter werdendem Gedächtnis (»zu klein gestoßener Petersilie Wein angießen« und dieses Gemisch anschließend trinken). Ihr Wissen versetzte die Zisterzienserinnen im Kloster Wienhausen in die Lage, ein funktionierendes und medizinisch wohl effektives System der Krankenversorgung aufzubauen. Schon im 14. Jahrhundert war das Amt der sogenannten Klosterinfirmarin besetzt, die die Versorgung der Mitschwestern überwachte. Vermutlich wurde diese Aufgabe gerade den ältesten Nonnen des Konvents übertragen, weil ihnen das größte Erfahrungswissen über die Behandlung von Kranken zugeschrieben wurde.[10]

Fraglos von praktischem Nutzen für das Leben im Kloster dürften auch die zahlreichen Rezepte für die Herstellung von Heilmitteln gegen ganz unterschiedliche Erkrankungen der Augen gewesen sein: bei Juckreiz (wenn es »iucket vor der oghen«), bei Trocken- und Hitzegefühl (bei »groote hitte der ogen«) oder bei häufigem Tränenfluss (»weme de oghen vaken tranet«).[11] Diese und ähnliche Augenleiden dürften sehr häufig auch mit der Anstrengung beziehungsweise Überanstrengung der Augen zu tun gehabt haben. Das galt nicht nur für die Nonnen, die schreiben konnten – egal, ob sie medizinische Rezepte oder liturgische Texte verfassten –, sondern auch für jene, die sich im Kloster Wienhausen an der Herstellung eines ganz besonderen Kulturschatzes beteiligten: der großformatigen Wandteppiche. Noch heute gibt es eine imposante Sammlung dieser Werke aus dem 14. und 15. Jahrhundert, für die Wienhausen berühmt ist. In mühevoller Kleinarbeit von den Nonnen hergestellt, zeigen sie verschiedene christliche Motive, etwa die Geschichte des heiligen Thomas oder der heiligen Elisabeth von Thüringen, die im Spätmittelalter zu einer der populärsten Heiligenfiguren wurde und gerade für die christlichen Frauen ein Vorbild für Barmherzigkeit und tätige Nächstenliebe war.

Solche Teppiche waren ein regelrechtes Bildmedium dieser Zeit, und die kostbaren Stücke wurden selbstverständlich weder als Bodenbelag noch als Sitzauflage genutzt. Sie dienten in den allermeisten Fällen auch nicht als Einnahmequellen für das Kloster, sondern dem religiösen Leben im Kloster selbst. Ein Teppich mit einem bestimmten Motiv konnte etwa im Nonnenchor aufgehängt werden und dort auch die malerische Ausstattung der Räume ergänzen. Aber zugleich ist die oft über viele Monate sich erstreckende Stickerei selbst schon ein religiöses Erlebnis: Während ihrer Arbeit beschäftigten sich die Nonnen ja sozusagen hautnah mit den heiligen Figuren und ihren Erlebnissen, die dargestellten Glaubensinhalte wurden damit bereits während der Arbeit an einem Teppich eingeübt. Zugleich leisteten die frommen Frauen so den Dienst der *memoria*, des Gedenkens an die Heilstaten Gottes und des Erinnerns an die dargestellten Personen.[12]

Allerdings legten einige Nonnen die religiöse Bedeutung dieser Handarbeiten wohl ein wenig großzügig aus. Zu den 1953 im Nonnenchor gefundenen Gegenständen zählen nämlich auch Dinge, die bei Gebet und Gesang eigentlich nicht zwingend vonnöten sind: Spindeln und Messer, Brettchen zur Bandweberei, Schriftmuster und Ornamentschablonen. Allen Verboten zum Trotz, so legen es die Funde nahe, gingen einige der frommen Damen während der kanonischen Stunden mehr oder weniger heimlich ihrer Handarbeit nach.[13] Vielleicht rutschte dabei in einem unbedachten Moment eben auch einmal eine der unbequemen Nietbrillen von der Nase …

Es ist naheliegend, dass die Nonnen vor allem an den wertvollen Stücken wie den großformatigen Teppichen nur so lange arbeiteten, wie sie ausreichend sehen konnten. Manch eine könnte womöglich dank einer mittelalterlichen Nietbrille ihre Arbeit im fortgeschrittenen Alter fortgesetzt haben – sie war in dieser Hinsicht Voraussetzung für die Teilnahme an diesem Teil der Gemeinschaftsarbeit. Dies gilt auch für die Musik im Kloster: Sie hatte als Mittel zur geistlichen Übung große Bedeutung für das Leben in Wienhausen. Die Nonnen waren zunächst einmal in ganz anschaulicher Hinsicht von Musik umgeben. Noch heute sind die zahlreichen Darstellungen von mittelalterlichen Musikinstrumenten dafür ein eindrucksvoller Beleg. Nicht nur auf den Teppichen und zahlreichen Stickarbeiten finden sich musizierende Figuren, auch auf den atemberaubenden Malereien im Nonnenchor sind sie bis heute zu erkennen: Engel, die zum Lobe des Herrn zu Blasinstrumenten, zur Harfe oder zur mittelalterlichen Fidel greifen, aber auch musizierende Frauengestalten. Solche Darstellungen verwundern nicht, denn die Nonnen in Wienhausen waren selbst musikalisch – und sie hinterließen auch in dieser Hinsicht der Nachwelt einen kulturellen Schatz: das *Wienhäuser Liederbuch* aus dem späten 15. Jahrhundert, in dem zahlreiche geistliche Lieder sowohl in Latein als auch in Niederdeutsch gesammelt sind.

In unserer Gegenwart, in der vergleichsweise wenig selbst gesungen wird, darf nicht übersehen werden, welch enorme Bedeutung das gemeinschaftliche Singen auch in diesem Frauenkloster für die Bildung und den Zusammenhalt des Konvents hatte. Es ist sicher nicht übertrieben, vom »Gesang als Lebenselixier« zu sprechen. Die bis heute ein wenig verborgene Musikkultur in den Frauenklöstern ist nicht zu unterschätzen: Alle Novizinnen wurden ausgiebig in die Kenntnisse von Liturgie und Gesang eingeführt, und im Alltag hatte eine *Cantrix*, eine Sangmeisterin, die Verantwortung für den Gesang in den Gottesdiensten. Es ist naheliegend, dass damit die Klöster immer auch ein Freiraum für musikbegeisterte Frauen war.[14]

23

Und die Frauen ließen sich dann und wann eben das Singen nicht verbieten. So legten die Nonnen in Wienhausen, als ihnen im Zuge der Reformation bei Abhaltung ihrer Stundengebete in der Klosterkirche der Gesang untersagt wurde, eine resolute Dickköpfigkeit an den Tag: Sie beschlossen, dann eben auf den Nonnenchor zu verzichten und sich stattdessen zumindest für diese Anlässe im Arbeits- und Speiseraum zu treffen und dort ungestraft ihre Lieder anzustimmen – wo »sie sich lustig hören ließen«, wie es in der Chronik des Klosters heißt.[15] Noch heute klingt aus diesen Worten irgendwie ein wenig diebische Freude heraus, der Reformation zumindest in gesanglicher Hinsicht ein kleines Schnippchen geschlagen zu haben.

Nun ließ sich der neue Glaube mit solchen gesanglichen Mitteln letztlich nicht aufhalten. Das erfuhren auch die Nonnen im Kloster Wienhausen. Erst im Jahr 1622, fast ein Jahrhundert nachdem die Reformation Lüneburg erreicht hatte, legten sie den Habit der Zisterzienserinnen ab. Sie taten es nach fast vier Jahrhunderten Klostertradition allerdings nicht freiwillig, sondern auf Anordnung des Herzogs von Celle. Doch die Tradition dieses Ortes ging nicht verloren, sondern wurde mit der Umwandlung zu einer evangelisch-klösterlichen Gemeinschaft bewahrt. Dabei hielten sich allerdings augenscheinlich noch lange vorreformatorische, katholische Elemente des Glaubens. Dass noch im Jahr 1722 der hannoversche Kurfürst forderte, künftig jedwede »papistische Riten« im Kloster zu unterlassen, zeugt nur zu gut davon, dass damals in Wienhausen, wie auch in den Jahrhunderten zuvor und den Jahrhunderten danach, eben ausgesprochen selbstbewusste Damen lebten.[16]

So lebt der christliche Gedanke im Kloster Wienhausen bis in unsere Zeit weiter, und auch die Malereien im historischen Nonnenchor beeindrucken heute die Besuchergruppen ebenso wie vor Hunderten von Jahren die hier betenden und singenden Frauen. Die – und auch das brachten die archäologischen Funde von 1953 ans Licht – vertrauten allerdings augenscheinlich nicht immer nur ihrem Gott, sondern hingen auch in der einen oder anderen Weise dem an, was heute als »Aberglauben« bezeichnet wird. Denn unter den Bodenbrettern wurden nicht nur gezielt Reliquien und andere religiös wertvolle Gegenstände versteckt, sondern wohl auch das eine oder andere Objekt der Magie. Dazu zählt eine Spanschachtel, in der die Archäologen ein sorgsam in seidene Tüchlein eingehülltes Wurzelmännchen fanden – fraglos eine sogenannte Alraune, die im Volksaberglauben seit dem 15. Jahrhundert von besonderer Bedeutung war. Sie verhieß ihrer Besitzerin angeblich Glück und Reichtum. Freilich musste sie dafür um ihr Seelenheil fürchten, wenn sie sich nicht rechtzeitig vor ihrem Tod wieder von der Alraune trennte.[17] Wurde sie deshalb eines Tages im Nonnenchor versteckt?

Die alten Eichenbohlen, unter denen vor vielen Jahrhunderten diese und andere Dinge verschwanden, liegen übrigens längst wieder im Nonnenchor und dienen hier den heute Lebenden wie den kommenden Generationen als stabiler Boden. Und wer weiß – vielleicht rutscht auch in Zukunft jemandem wieder einmal etwas unbemerkt aus der Tasche, findet seinen Weg durch eine Spalte der Eichenbohlen und landet womöglich für Jahrhunderte in einer dicken Staubschicht ...

Zum Weiterlesen

Die kleine Broschüre *Der Fund vom Nonnenchor*, die direkt beim Kloster Wienhausen zu beziehen ist, gibt einen gut lesbaren und reich bebilderten Einblick in die archäologischen Funde der 1950er-Jahre.

Für einen Besuch

Eine Führung durch das Kloster Wienhausen ist nach Anmeldung möglich, wobei der Besuch im Nonnenchor ein unvergessliches kulturhistorisches Erlebnis ist. Im Klostermuseum wird zudem anhand zahlreicher Exponate – so auch der 1953 entdeckten Brillen – die Geschichte des Klosters bis in die Gegenwart des evangelischen Frauenklosters erzählt. Auch die historischen Bildteppiche sind hier ausgestellt.

SABINE KNOR

Mit einem Kajak in die Freiheit

Peter Faust flieht 1988
über die Ostsee aus der DDR

Bis zur Erfolgsgeschichte der deutschen Einheit haben Menschen fast 30 Jahre ihr Leben riskiert, um aus der sozialistischen Diktatur der DDR in den Westen zu fliehen. Viele haben es nicht geschafft. Hinter Mauertoten, Inhaftierten und Geflüchteten stehen Schicksale und Tragödien – und bei jedem Fluchtversuch die Hoffnung auf ein selbstbestimmtes Leben.

Auch die Ostsee war ein solcher Fluchtort und wurde in einem kaum beachteten Kapitel der deutsch-deutschen Geschichte für Frauen, Männer und Kinder zur Todesfalle. Vom Mauerbau bis zum Mauerfall war das Meer für DDR-Bürgerinnen und -Bürger vor allem ein Symbol für Freiheit – und wurde als Fluchtroute dramatisch verharmlost und unterschätzt. Man geht heute davon aus, dass mehr als 5600 DDR-Bürgerinnen und -Bürger von der knapp 600 Kilometer langen Ostseeküste aus versucht haben, mit Booten aller Art, auf Surfbrettern oder schwimmend über die »maritime Mauer« aus der DDR zu fliehen, um nach Schleswig-Holstein, Dänemark oder Schweden zu gelangen.[1]

Doch nur jeder sechste Flüchtling erreichte überhaupt die Ostseeküste der DDR.[2] Die meisten, etwa 80 Prozent, wurden schon im Vorfeld von der 6. Grenzbrigade Küste, der Volkspolizei oder der Transportpolizei aufgegriffen und zu langen Gefängnisstrafen verurteilt.[3] Beim Versuch, über das Meer in den Westen zu fliehen (Stand September 2022[4]), starben mindestens 133 Erwachsene und Kinder, manche Quellen sprechen sogar von über 180 Toten.[5] Das wären etwa so viele wie an der Berliner Mauer, wo man von mindestens 140 Todesopfern ausgeht.[6] Eine erschütternde und dramatische Bilanz!

Ob mit dem Schlauchboot, der Luftmatratze oder dem Surfbrett – bei den mehr als 5600 Fluchtversuchen gelang nur 913 Menschen, etwa 16 Prozent, die Flucht über die »Staatsgrenze Nord«, wie sie offiziell hieß. Viele Geflüchtete gelten noch immer als vermisst und sind wahrscheinlich ertrunken. Bis heute sind viele dieser Fluchtschicksale ungelöst. Aber ein Forschungsprojekt der Universität Greifswald hat es sich seit ein paar Jahren zur Aufgabe gemacht, genau diesen Schicksalen nachzugehen: Menschen, die in Fischernetzen gefunden, angespült oder im Meer hinuntergezogen wurden und nie mehr aufgetaucht sind. Sogenannte »Vermisstenvorgänge«, bei denen nur vermutet werden kann, dass es sich um einen Fluchtversuch gehandelt haben könnte, ohne dass je Leichen gefunden wurden. Merete Peetz vom Forschungsprojekt »Todesfälle bei Fluchtversuchen über die Ostsee« an der Universität Greifswald sagt hierzu:[7]

»Insgesamt 660 Todes- und Verdachtsfälle konnten bis April 2022 recherchiert und erfasst werden. Bei einem Großteil der Verdachtsfälle war anfangs nicht klar, ob es sich um einen Todesfall mit Fluchthintergrund oder ein anderes tragisches Schicksal wie Unfall oder Suizid handelte. Die Einzelfallprüfung ist noch nicht abgeschlossen, es kann jedoch folgendes vorläufiges Ergebnis (Stand September 2022) aufgezeigt werden: Nachweislich sind derzeit mindestens 133 Personen bei ihrem Versuch, über die Ostsee aus der DDR zu fliehen, umgekommen; zu 31 von ihnen konnte bis heute allerdings kein Leichnam identifiziert werden. In 101 Verdachtsfällen muss aufgrund der ermittelten Indizien angenommen werden, dass es sich auch bei diesen um Todesfälle mit Fluchthintergrund handelt, aber es fehlt noch der letzte stichhaltige Nachweis. […] Bei den tödlich verunglückten Flüchtlingen handelt es sich hauptsächlich um junge männliche Erwachsene. Lediglich 15 Todesopfer (12 Prozent) sind weiblich. 96 Prozent aller Fluchtopfer waren im Alter zwischen 16 und 30 Jahren, als sie verstarben.«

Sogenannte »Fluchtbewegungen über die Ostsee«, vor allem aus der Sowjetischen Besatzungszone, begannen nicht erst mit dem Mauerbau 1961, sondern bereits unmittelbar nach Kriegsende.[8] Sie führten im benachbarten Skandinavien sogar zu innenpolitischen Debatten – denn aus dem Nachkriegsdeutschland flohen auch ehemalige Nazis. Deshalb mussten sich Geflüchtete in Aufnahmelagern aufwendigen Kontrollen unterziehen. Und erst nach intensiver Prüfung durften sie bleiben – oder wurden zurückgeschickt. In den ersten Tagen nach dem Mauerbau am 13. August 1961 konnten Ostdeutsche noch einfach von einem Touristenschiff mit täglicher Ankunft in Dänemarks südlichster Stadt Gedser von Bord springen – entweder auf den Kai oder in das Hafenbecken von Gedser. Diese Lücke wurde aber schnell geschlossen und die Touristenstrecke eingestellt.

Bald überwachte und kontrollierte die DDR-Staatsführung alle Wasserwege. Das betraf auch den westlichsten Abschnitt der DDR-Ostseeküste vom Dorf Brook bis zur Halbinsel Priwall bei Travemünde. Von dort aus riegelte dann eine 13 Kilometer lange Mauer entlang der Pötenitzer Wiek und des Dassower Sees – das Wasser war Westdeutschland, das östliche Ufer

DDR – das DDR-Staatsgebiet gegen den Westen ab. Der größere Teil der Außenküste zwischen Lübecker Bucht im Westen und Pommerscher Bucht im Osten blieb hingegen »offen« und sollte Freiheit suggerieren.[9] Die Grenzsicherung zu Wasser und Kontrollen an Land stellten eine besondere Herausforderung dar. Denn jedes Jahr kamen im Sommer über 250 000 Ostseeurlauber an die Küste. Die Volkspolizei und sogenannte »freiwillige Grenzhelfer« sollten deshalb »Augen und Ohren offen halten« – und mögliche »Republikflüchtlinge« melden. »Und wurde ein Fluchtwilliger gefasst, gab es für den Verräter einen Präsentkorb oder eine Prämie.«[10]

An Land bewachten rund 1000 Mann in Uniform, davon die Hälfte bewaffnet, die Küste. Am Tag wurden die Strände samt Umgebung von 38 Beobachtungstürmen aus – »von West nach Ost: bei Pötenitz, Boltenhagen, auf der Insel Poel, bei Kühlungsborn, in Warnemünde, auf dem Fischland, auf Darßer Ort, in Barhöft, auf dem Dornbusch (Insel Hiddensee), auf Kap Arkona (Insel Rügen), auf den Kreidefelsen der Stubbenkammer (Rügen), in Sellin (Rügen), auf der Insel Ruden und der Insel Oie vor dem Greifswalder Bodden«[11] – observiert. In der Nacht patrouillierten zusätzlich Posten am Strand. Und Suchscheinwerfer mit großer Lichtkegelreichweite sowie spezielle Radargeräte sorgten für eine möglichst lückenlose Erfassung.

Weil die Fluchtversuche in der DDR in der zweiten Hälfte der 1980er-Jahre zunahmen, verschärften sich auch die Bedingungen für die Urlauber an der Ostseeküste. Sie mussten die Dauer ihres Aufenthaltes anmelden und ihre Freizeitaktivitäten stark einschränken.[12] Es war untersagt, zu weit hinauszuschwimmen, Segeln auf der Ostsee war nahezu ausgeschlossen und Surfen nur in den Boddengewässern möglich. Schon bei der Anreise wurden Touristen mit »verdächtigem Gepäck«, wie zum Beispiel Faltbooten, von der Transportpolizei überwacht und gemeldet.

Zu Wasser sollte die Grenzbrigade Küste abschrecken.[13] Sie bestand aus 2500 Berufssoldaten, Soldaten auf Zeit und Wehrpflichtigen und wurde von der Marine der DDR mit Schnellbooten und Hubschraubern unterstützt. Zu den Wasserfahrzeugen gehörten insgesamt 34 Schiffe (davon 18 Hochseeminensuch- und -räumschiffe mit je 24 Mann Besatzung, zehn gut 20 Meter lange Grenzboote und sechs Kutter, mit Stab und Besatzung waren das 800 Personen). Die »Sicherung der Seegrenze« wurde zur Chefsache – alle wichtigen Maßnahmen mussten nicht nur mit der Volksmarine, sondern auch mit dem Ministerium für Nationale Verteidigung abgestimmt werden. Besondere Aufmerksamkeit wurde Orten mit häufigen Fluchtversuchen zuteil: Wer war auf einem Campingplatz aufgefallen? Wer blies ein Schlauchboot auf? Waren Fluchtabsichten und Vorbereitungen bereits in den Heimatorten zu erkennen? Viele wurden auf diese Weise schon im Vorfeld als »Grenzverletzer« festgenommen. Und in der »5-Kilometer-Grenzzone an der Ostseeküste« halfen der Volkspolizei gerade in den Sommermonaten sogenannte »Grenzaufklärer« beziehungsweise »Grenzhelfer«, IM (Inoffizielle Mitarbeiter) und FHG (Freiwillige Helfer der Grenztruppen):[14]

»Bei der Gewinnung weiterer IM wollte man sich Anfang der 1970er Jahre (und auch später!) an diese Personenkreise wenden: Rentner, Fischer, Strandläufer, Dünenmeister, Rettungsschwimmer, die als Besatzungen auf den Seenot-Rettungstürmen zum Einsatz kommen, Zeltplatzpersonal, Personal der Strandkorbvermietung und des Zeltverleihs, Postboten, Mitarbeiter der Wasserwirtschaft und Forstbetriebe, Personal in den Erholungs- und Ferienheimen entlang der Küste.«

Durch die hochgerüstete Abschreckung und immer noch mehr Kontrolle wurden insbesondere in den 1980er-Jahren »Ostseeflüchtlinge der DDR immer weiter nach Osten abgedrängt, wo die Fluchtwege länger und gefährlicher waren«.[15] Doch alle Abschreckung konnte über 5600 Menschen nicht davon abhalten, die meist lebensgefährliche Flucht aus der DDR über die Ostsee zu versuchen. Das Ministerium für Staatssicherheit setzte übrigens alles daran, Fluchtversuche vor der Öffentlichkeit zu verbergen, um Nachahmer zu verhindern. Stattdessen wurden sogenannte »Legenden« verfasst, bei denen der Tod eines Geflüchteten als Unfall dargestellt werden sollte.[16] Und einmal mehr zeigte sich die Grausamkeit des DDR-Regimes: Die Angehörigen durften sich häufig noch nicht einmal von den Opfern verabschieden.[17]

Die schmalste Stelle der Ostsee zwischen der DDR und Dänemark, von Ahrenshoop auf Fischland nach Gedser, war 38 Kilometer breit. Deshalb waren die am häufigsten gewählten Ziele für eine Flucht über die Ostsee – neben der westdeutschen Ostseeinsel Fehmarn – Gedser und Møn.

Eine besonders spektakuläre Flucht über die Ostsee beginnt Anfang der 1980er-Jahre mit der Liebesgeschichte von Peter und Margret Faust, die beinahe dort ein tödliches Ende genommen hätte, wo jedes Jahr Zigtausende Urlaub machen: in der idyllischen Umgebung des Örtchens Vitt bei Kap Arkona auf Rügen. Die Entscheidung zur Flucht fällt Peter Faust spät und ganz allein.

Eigentlich waren sie ganz zufrieden: Peter und Margret Faust hatten sich ein Leben aufgebaut, sich arrangiert, und damit geht es ihnen im DDR-System zunächst wie der großen Mehrheit der Bürgerinnen und -Bürger. Nur eine Minderheit war entweder Systemanhänger – oder DDR-Kritiker.[18] Der Alltag in der DDR, auch der von Familie Faust, wurde in allen Lebensbereichen, von der Geburt bis zum Lebensende, von der SED gelenkt und kontrolliert.

Peter Faust, zunächst erfolgreicher Architekt in Ost-Berlin, arbeitet in den 1970er-Jahren für den Ministerrat als Investitionsbeauftragter im Baubereich. Als er mit einer kritischen Bemerkung aneckt und aus der Einheitspartei austritt, beginnt ein Weg beruflicher Degradierungen – er sei »nicht geeignet, im sozialistischen Sinn Menschen zu führen«. Margret hatte im Gesundheitswesen Karriere gemacht, sie ist die leitende Hebamme in einem Leipziger Klinikum und Chefin über 20 weitere Hebammen. Weil sie nicht in der Partei ist, muss sie besonders aufpassen, dass ihr keine Fehler unterlaufen, denn leitende Funktionen sind im Regelfall nur Parteimitgliedern vorbehalten. Ihre Arbeitsbedingungen in der Klinik gestalten sich schwierig, sie erlebt die DDR-Mangelwirtschaft hautnah. Im kleinen Ort Hainichen, knapp 60 Kilometer von Leipzig entfernt, leben ihre Eltern, dort ist sie in liebevollen und behüteten Verhältnissen aufgewachsen. Sie reist regelmäßig in die Sommerfrische nach Hiddensee oder auch nach Rügen, wie im Sommer 1983.

Als Margret und Peter Faust sich kennenlernen, arbeitet Peter als Gastwirt in Vitt am Kap Arkona auf Rügen. Seine Architektenkarriere in Ost-Berlin liegt bereits hinter ihm. Dort in der Gastwirtschaft begegnet ihm das »geballte DDR-Leben«: Menschen, die ihm am Tresen ihr Herz ausschütten, Urlauber, die sich einfach erholen wollen, Grenzsoldaten, die sich über vereitelte Fluchten über die Ostsee austauschen, und auch solche, die er für Spitzel hält. Als Gastwirt fühlt er sich vogelfrei, ist Entertainer und Kummerkasten. Außerhalb der Saison leben in Vitt 32 Einwohner, in der Hochsaison im Sommer kommen über 250 000 Besucherinnen und Besucher – so wie Margret, als sie Peter Faust in der Gaststätte kennenlernt. »Sich kennenlernen« war in der DDR nicht einfach frei und unbeschwert, sondern eine Vertrauensfrage. Peter Faust erinnert sich an die erste Begegnung:[19]

»Oh, die hat den gleichen Fotoapparat wie ich, die hat die gleichen Meinungen. Ist sie so gut informiert über mich? Wo kommt das her, dass man die gleichen Gedanken hat? Ist sie informiert von den anderen? Dieses Misstrauen bestand zwischen uns auch. Wir mussten uns, obwohl wir uns sympathisch waren, von Anfang an abtasten in der politischen Richtung.«

Auch Margret Faust reflektiert über die ersten Momente des Kennenlernens:[20]

»Durch die ganzen Umstände in der DDR ist man schon misstrauisch geworden. Wenn ich dran denke, bei 20 Kollegen, die ich hatte, waren mindestens fünf bis acht Zuträger. Das weiß ich auch aus meiner Stasi-Akte hinterher. Und dann ist man schon misstrauisch geworden. Aber irgendwie haben wir uns halt sympathisch gefunden.«

Peter und Margret lassen sich aufeinander ein, riskieren dieses Vertrauen und beschreiben ihr Zusammensein als »eine Fern-Liebe mit angezogener Handbremse«. Sie führen zunächst eine Pendelbeziehung zwischen Rügen und Leipzig und reisen hin und her – bis zu ihrer Heirat 1987. Peter sucht sich einen Job in Leipzig, er wird wissenschaftlicher Mitarbeiter für Gastronomie im Bauwesen und arbeitet in einem »Kämmerlein«, wie er sich erinnert. Er fühlt sich »geparkt«, sieht das als Ergebnis seiner kritischen Haltung gegenüber der DDR und kann nie mehr an die vorherigen beruflichen Erfolge anknüpfen.

Trotzdem: Peter und Margret Faust haben sich einen Alltag aufgebaut und sehen ihre Zukunft im Haus von Margrets Eltern in Hainichen. Dort bekommen sie aber kein Wohnrecht. Die DDR-Staatsführung hat damit bereits andere Pläne. Peter und Margret ziehen zusammen, in eine Einraumwohnung in Leipzig und nehmen in ihrem Umfeld wahr, dass sich immer mehr Menschen gegen das Regime auflehnen. Wie die Fausts werden auch viele andere Bürgerinnen und Bürger der DDR in den 1980er-Jahren immer unzufriedener mit den politischen Verhältnissen, der Unfreiheit und der Mangelwirtschaft im Land.

Die Situation spitzt sich zu, als Margrets Tante im Westerwald im Frühjahr 1988 schwer erkrankt und das Ehepaar eine Besuchsreise in die Bundesrepublik beantragt. Während Margret die Genehmigung nach vier Wochen erhält und zur Tante in den Westen fährt, wartet Peter noch auf sein Visum. Er will nachkommen – aber es wird ihm verweigert. Margret, zu dem Zeitpunkt schon wieder auf der Rückreise in die DDR, hatte bei Freunden in Wolfsburg Station gemacht, als sie ein folgenschweres Telefonat mit ihrem Mann führt und erfährt: Peter darf nicht reisen, sein Antrag wurde abgelehnt. Ein Schlüsselmoment, wie sie später sagt. Margret beschließt, im Westen zu bleiben, der DDR endgültig den Rücken zu kehren, und sagt sich: »Wenn du jetzt nicht den Nothebel ziehst, ist es zu spät.« Eine lebensverändernde Entscheidung und eine harte Probe für die Beziehung.

Peter und Margret hatten vorher viel über diese Frage gesprochen und gemeinsam beschlossen, einen Antrag auf ständige Ausreise zu stellen. Auch Margrets Eltern waren dafür. Was sie damals nicht ahnt und erst 1992 aus ihrer Stasi-Akte erfährt: Sie wurde in Abwesenheit bereits per Haftbefehl gesucht, weil ihr Republikflucht unterstellt wurde. Bei der Rückkehr in die DDR wäre sie augenblicklich verhaftet und inhaftiert worden. Die Fausts versuchen sich abzustimmen. Doch private Telefongespräche sind in der DDR nicht möglich. Peter und Margret werden abgehört. Das Paar ist verzweifelt, sieht keinen Ausweg.

Peter bleibt zurück in Leipzig, seine Frau bei der befreundeten Familie in Wolfsburg. Aber wie soll es weitergehen? Sie hat keine Papiere, kein Geld, fühlt sich machtlos. Im Aufnahmelager Gießen wird sie vier Tage überprüft, von einem Psychologen befragt und auf mögliche Spionagetätigkeiten abgeklopft. Für Margret eine große seelische Belastung: Beinahe hätte sie aufgegeben und wäre freiwillig in die DDR zurückgekehrt. Und als ihr

Mann sie auf Druck der Staatssicherheit immer wieder auffordert zurückzukommen – »ihr würde wirklich nichts passieren« –, gerät sie beinahe ins Wanken.

Peter Faust hat früh begonnen, Margret Unterlagen und Zeugnisse nach Wolfsburg zu senden, damit sie sich ein neues Leben aufbauen kann. Aber keines der Originaldokumente hat je sein Ziel erreicht. Wie sich später herausstellte, waren die Schreiben allesamt abgefangen worden und fanden sich später vollständig in Margrets Stasi-Akte wieder. Als Margret versucht, ohne Papiere in der Bundesrepublik Arbeit zu finden, ist es am Ende ein Leipziger Zeitungsartikel mit einem Foto von ihr als leitender Hebamme im Kreißsaal des Krankenhauses, der ihr die Anstellung im Klinikum im Josef-Stift in Celle ermöglicht.

Margret versucht, im Westen Fuß zu fassen. Aber der Start verläuft alles andere als leicht: Sie bekommt im Durchgangslager Gießen 200 D-Mark, verdient aber erst einen Monat später ihr erstes Geld. Diese Zeit der Entbehrungen ist ihr noch heute, über 30 Jahre später, gegenwärtig. Mit dem Kauf der Arbeitskleidung, der Kreißsaalschuhe und der Miete für das Schwesternzimmer im Wohnheim mit neun Quadratmetern war das Geld schon bei Jobbeginn aufgebraucht. Sie erinnert sich:

»Ich habe vier Wochen gehungert. Ich wusste nicht, dass es ein Sozialamt gab. Ich war zu stolz, zu fragen, mir mal 100 Mark zu geben. Ich wusste nicht, wie ich den Tag überstehen soll – und habe mich im Krankenhaus von zurückgegebenem Essen ernährt. Die erste Zeit in Deutschland war so schwer.«

Als auch Peter Faust einen Antrag auf ständige Ausreise aus der DDR stellt, um seiner Frau zu folgen, wird er von den Behörden verhöhnt: »Sie glauben doch nicht, dass wir Ihre Frau für die Republik-Flucht noch belohnen werden. Ob Sie Ihre Frau in 4 Jah-

ren, in 10 Jahren oder gar nicht wiedersehen: das bestimmen wir.«
Das ist der entscheidende Moment, als er – weder aus Abenteuer-
lust noch aus wirtschaftlichen Beweggründen – in dieser ausweg-
losen Lage beschließt: »Dir bleibt kein anderer Weg als die Flucht.
[…] Es gibt nicht einen Grund, sein Leben aufs Spiel zu setzen
und zu flüchten. Es ist die Summe aller Gründe.«

Faust wird beobachtet und am Arbeitsplatz kontrolliert und
muss sich hämische Bemerkungen gefallen lassen: »Dir ist wohl
die Frau abgehauen, was?!« Seine langsam reifenden Fluchtge-
danken teilt er mit niemandem, denn auch Fluchthelfer wurden
ja bestraft. Er recherchiert und grübelt über die Chancen von fünf
unterschiedlichen Fluchtwegen – zu Lande und zu Wasser. Nach
allen Abwägungen beschließt er, über die Ostsee zu fliehen. Dazu
hat er sich in der Tschechoslowakei ein faltbares Kajak mit fünf
Luftkammern gekauft. Darin sieht er die beste Chance, lebend
über die Ostsee zu kommen. Margret weiß nichts von den Plänen ihres Mannes – und es gibt auch keine Verabredung, um nicht
entdeckt und verhaftet zu werden.

Faust plant indes weiter seine Flucht, bläst heimlich das Faltboot in der Wohnung in Leipzig auf, macht sich mit Kompass und
Route vertraut, zieht probehalber den Taucheranzug an, der ihn
später vor Kälte schützen soll. Der Fluchtplan wird immer kon-
kreter: Faust hat sich für den 7. Oktober 1988 entschieden, den
DDR-Nationalfeiertag. Denn er hofft, die Grenztruppen würden feiern und abgelenkt sein – und seine Flucht nicht bemerken.

Der Plan steht: Er will von Rügen vom Kap Arkona aus fliehen, da kennt er sich aus. Also fährt er mit dem Trabi und der
Ausrüstung los. Aber ein aufkommender Sturm macht ihm einen
Strich durch die Rechnung: Er dreht um und kehrt nach Leipzig zurück. Ein paar Tage später, es ist der 11. Oktober, wird im
Satelliten-Wetterbericht endlich die richtige Windrichtung vor-
hergesagt. Alles ist durchdacht und vorbereitet: Faust geht früh
zum Arzt und bekommt eine Krankschreibung. Die soll ihm einen

Blick auf den Strandabschnitt in Ahrenshoop, von dem aus Peter Faust seine Flucht über die Ostsee am 11. Oktober 1988 begann.

Tag Puffer verschaffen, damit seine Flucht nicht gleich entdeckt wird. Wieder fährt er los – mit neuem Ziel: Wegen der Windrichtung will er jetzt vom Fischland nach Gedser segeln. Er parkt im idyllischen Künstlerort Ahrenshoop, wo er sich auskennt. Inzwischen ist es Nachmittag. Sein Ziel ist der »Weg zum Hohen Ufer«, dort war er in der Vergangenheit schon einige Male gewesen, ein Ort direkt am Meer, in geschützter Lage. Den Weg kennt er, nur nicht auffallen, ortssicher und selbstbewusst weitergehen, die Treppe hinunter, bis zur T-Buhne am Strand. Erste Sondierung: Der Zufall kommt ihm zu Hilfe. Ein Bauwagen steht am Strand, hier kann er später, wenn es dunkel wird, das Boot unbemerkt aufblasen, den Taucheranzug, der ihn vor Kälte schützen soll, anziehen – und warten.

Peter Faust geht essen, eine kräftige Mahlzeit, die lange vorhal-

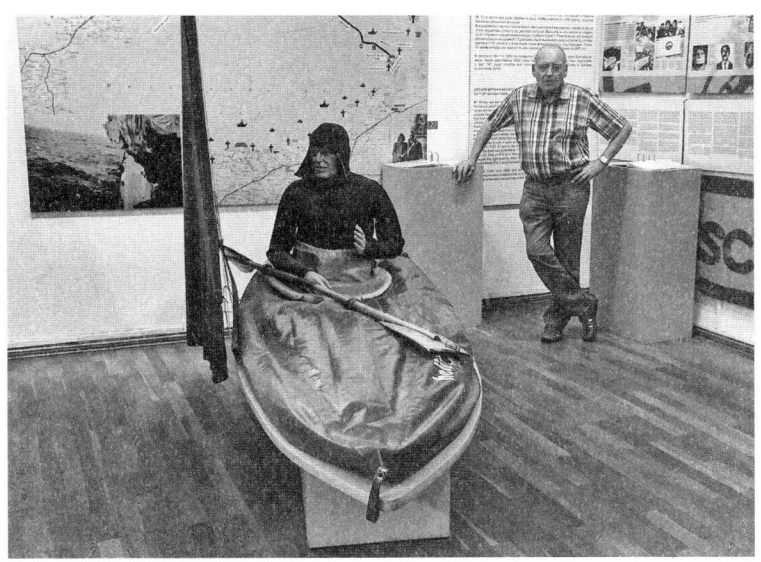

Das Kajak von Peter Faust steht heute im Mauermuseum –
Museum Haus am Checkpoint Charlie in Berlin und erinnert an
seine dramatische Flucht 1988 über die Ostsee aus der DDR.

ten soll. Es wird dunkel und dunkler. Er läuft den Strandweg ab, verschwindet außerhalb der Lichtkegel der Grenzbrigade hinter dem Bauwagen, bläst das Boot auf, zieht den Taucheranzug an. Er bekommt Herzklopfen. Was, wenn die Grenzsoldaten ihn entdecken? Und wenn er unentdeckt bliebe, würde er sein Ziel erreichen? Für Faust gibt es nur eine Option, und er beschwört sie: »Du musst diese Flucht überleben!«

Ab jetzt gibt es kein Zurück. Faust schreitet noch einmal den Strand ab, hält nach Wächtern Ausschau. Er hatte die Mechanik der Scheinwerfer genau studiert – und für seine Flucht interpretiert. In Rhythmus und Reichweite der Lichtkegel gab es einen 70 Meter langen Streifen, der im Dunkeln blieb: Das war die Chance, das Wasser unbemerkt zu erreichen. Das war die Lücke, um sein Boot leise in die Ostsee gleiten zu lassen. Bei einer Entdeckung hätte er sich jetzt nicht mehr rausreden können, er wusste, er würde dann direkt ins Gefängnis kommen.

Mit dreieinhalb Stundenkilometern bewegt er sich leise durch die Wellen, im Schutz der Dunkelheit, ganz allein auf See. Faust ist aufgeregt, aber er verspürt keine Angst – er erinnert sich auch heute noch genau an die Gefühle jener Nacht. Er hatte sich ausgerechnet, nach ungefähr 16 Stunden Gedser zu erreichen. Ausgestattet mit zwei Kinderkompassen, die er gekauft hatte, um seine Fluchtabsichten nicht zu verraten. Faust war früher Segler, er kannte die Wasser- und Wetterbedingungen der Ostsee sehr gut und hatte die Route wieder und wieder studiert.

Jetzt orientiert er sich am Lichtstrahl des Gedserer Leuchtturms und richtet den Kompass darauf aus. An Bord befindet sich Fausts ganzes bisheriges Leben, reduziert auf das Nötigste: in einer Aktentasche, zum Schutz gegen die Nässe in Haushaltsfolie eingeschweißt, Dokumente, Kleidung, fein säuberlich zusammengelegt, Unterwäsche, 5 West-Mark – Ostmark waren am Kajak angebunden –, ein Rasierapparat, seine Brille. Die Tasche befand sich hinter seiner Rücklehne. Zwei Hockeyschläger hatte er als Mast und Baum vorgesehen und zum Rigg zusammengeschraubt, ein vier Quadratmeter großes Segel selbst genäht. Weiter draußen will er segeln, als Steuer das Paddel benutzen. Für Faust beginnen die 16 längsten Stunden seines Lebens. Allein in der Dunkelheit auf hoher See – er hatte alles auf eine Karte gesetzt.

Faust hat die Küste von Ahrenshoop verlassen, erreicht die Boje, die die Fahrrinne markiert. Sturm kommt auf. Das improvisierte Segel kann er anfangs noch nutzen, aber Wellen, Sturm und Meer werden zu wild, zu stark, er muss paddeln. Die Temperaturen – das Wasser hat nur 11 Grad – machen ihm, trotz des Taucheranzugs, zu schaffen. Kälte steigt in ihm auf, macht sich im ganzen Körper breit. Um ihn herum nichts als schwarze Nacht, kein Stern am Himmel. Er kann die Lichter von Gedser in weiter Ferne sehen. Das gibt Faust anfangs Halt – und Hoffnung. Er paddelt um sein Leben – das Ziel klar vor Augen: Freiheit! Er will Margret wiedersehen.

Dann wird es langsam heller. Es wird Morgen. Doch der Wind treibt ihn ab vom Kurs, er gerät in eine Untiefe, die Wellen überschlagen sich, brechen über ihm, nehmen ihm den Atem, füllen sein Kajak, machen es manövrierunfähig. Er erinnert sich an das Seehandbuch und versucht, mit Schwämmen gegen die Wassermassen anzukommen. Seine Kräfte lassen nach. Es ist bereits die siebte oder achte Riesenwelle, die über ihm bricht, er versucht gegenzuhalten. Immer wieder gibt es Momente, in denen Faust am Erfolg seines Unternehmens zweifelt und ein schreckliches Ende nahen sieht. Zu gewaltig sind die Wassermassen, zu groß die Erschöpfung. Aber aufgeben ist keine Option. Er bäumt sich auf, paddelt in die entgegengesetzte Richtung und nimmt einen anderen Kurs. Er fühlt sich leer, aber der Mut hat ihn nicht verlassen. Doch immer mehr spitzt sich die Situation zu. Faust ist völlig entkräftet, fühlt sich am Ende und ist bereit, sich »jetzt von jedem retten zu lassen«, ja sogar verhaftet zu werden. Aber als sich ein Sturmauge, ein kleines Sonnenloch, das sich nach dem Regenschauer zeigt, auftut, kommt die Hoffnung zurück: Er setzt erneut die Segel und steuert Richtung Dänemark …

Und tatsächlich: Stunden später wird Faust vom dänischen Butterfahrtenschiff *M/S Dania* um 11.45 Uhr in den Wellen entdeckt. Eigentlich wäre das Schiff ganz woanders gewesen, wenn der dänische Kapitän nicht wegen des schlechten Wetters an jenem Morgen des 12. Oktober 1988 die Route geändert hätte. Doch von Fausts Enthusiasmus ist in diesem Moment, als er entkräftet aus seinem Faltboot winkt, nichts mehr zu sehen. Der erste Rettungsversuch scheitert – Faust kann die ihm gereichte Leine nicht mehr greifen. Der Matrose wirft einen Rettungsring, der Versuch glückt: Faust wird mit dem Ring aus seinem Boot gezogen, und die Mannschaft holt den 48-Jährigen an Bord.

Faust erinnert sich auch über 30 Jahre später noch genau an die-

Das dänische Butterfahrten-schiff M/S Dania *entdeckt Peter Faust im Kajak am 12. Oktober 1988 um 11.45 Uhr in den Wellen und nimmt ihn an Bord.*

sen Moment: Er sieht, wie die Aktentasche mit Geld und Kleidung in den Wellen langsam davonschwimmt und sich, wie in Zeitlupe, immer weiter entfernt. Die Dokumente hatte er im Boot angebunden – und gerettet. Als er über das Passagierdeck des Schiffes geht, bildet sich eine Gasse, 650 Menschen, die Tagesgäste vom 12. Oktober 1988, klatschen begeistert und beeindruckt Beifall. Faust ist überglücklich und gleichzeitig peinlich berührt ob der plötzlichen großen Aufmerksamkeit. Er hatte überlebt, die Flucht war geglückt und er in Sicherheit! Er folgt dem dänischen Schiffsoffizier wie in Trance, kann duschen, sich aufwärmen – und erinnert sich noch genau, in welchem körperlichen Zustand er war: Die Haut seiner Hände und Füße war durch das Salzwasser ganz dünn und weiß und nach dem warmen Duschbad stark geschwollen. Faust ist gerührt von der Hilfsbereitschaft an Bord, wird vom dänischen Ersten Offizier in einen Raum geführt, bekommt ein

42

heißes Süppchen. Zu der dänischen Servicekraft hält er bis heute Kontakt. Die ersten Eindrücke und Momente in Freiheit prägen ihn für den Rest seines Lebens.

Faust ist von der Unterstützung und Herzlichkeit an Bord des Schiffes überwältigt: Kapitän, Besatzung und die dänischen Tagesgäste sammeln Geld – und überreichen dem sprachlosen Geretteten über 600 D-Mark in Spucktüten! Erst langsam begreift er: Er ist im Westen, er hat es wirklich geschafft, er ist der DDR und seinen Verfolgern entkommen. Eine Riesenlast fällt von ihm ab, als er Festland sieht und die *M/S Dania* in Burg auf Fehmarn anlegt. Aus dem Hafenbüro in Burg hatte er, inzwischen komplett neu eingekleidet, seine Frau angerufen. Es ist inzwischen 14.30 Uhr, als er, selbst noch völlig ungläubig, die Worte spricht:»Du, Schatz, ich bin im Westen.« Der Bundesgrenzschutz in Neustadt überprüft Faust und verhilft ihm zu einer Fahrkarte – in wenigen Stunden würde er bei Margret sein. Der 12. Oktober 1988 wird zur persönlichen Wiedervereinigung – Peter und Margret schließen sich in Celle am Bahnhof in die Arme. Ein neues Lebenskapitel in Freiheit beginnt!

Seitdem sind viele Jahre vergangen. Die Mauer ist knapp ein Jahr nach Fausts Flucht gefallen, Deutschland wiedervereint. Peter und Margret Faust leben seit über 30 Jahren in Niedersachsen, haben sich ein Haus gekauft, gehen auf Reisen. Familie Fausts Geschichte ist eine mit Happy End, doch viele andere Familien blieben für immer im Ungewissen oder mussten den Verlust eines Angehörigen verkraften. Die DDR hatte dafür gesorgt, dass ihre Bürgerinnen und Bürger keine realistische Vorstellung von der Seefahrt und den damit verbundenen Gefahren entwickeln konnten. Auch deshalb verliefen nach heutigen Erkenntnissen viele Fluchten über die Ostsee tödlich.[21]

Peter Faust hat bis vor Kurzem auch an Schulen von seinen Erlebnissen erzählt und möchte dazu beitragen, dass dieses Kapitel deutsch-deutscher Geschichte nicht vergessen wird.

Zum Weiterlesen

Mehr über Flucht aus der DDR und die menschlichen Schicksale, die sich hinter jedem Fall verbergen, sind eindrücklich und bewegend auf https://todesopfer.eiserner-vorhang.de/, einem Gemeinschaftsprojekt der Universitäten Greifswald, Potsdam und der Freien Universität Berlin, zusammengetragen.

Für einen Besuch und Ausflüge

Auf den Spuren von Peter Faust, aber auch sonst lohnt sich ein Ausflug zum Ostseebad Ahrenshoop am Übergang vom Fischland zum Darß. Dort begann seine Flucht. An der »Aussichtsplattform Grenzweg« befindet man sich übrigens direkt oberhalb des damaligen Ausgangspunktes seiner Flucht mit einem weiten Blick auf den Dünen- und Strandabschnitt und die Ostsee – oder man verschafft sich mit dem Boot vom Wasser aus einen Eindruck. Wer die Strecke damit bis nach Gedser zurücklegt, kann die Gefährlichkeit der Fluchtroute noch besser nachempfinden.

Andere Fluchtschicksale haben ihren Ursprung im Ostseebad Boltenhagen: Bei guter Sicht scheint die Küste Schleswig-Holsteins zum Greifen nah, und man kann sich vorstellen, wie Menschen sich fatalerweise zutrauten, das andere Ufer sogar schwimmend erreichen zu können. Am Beginn der Seebrücke gibt es einen Gedenkstein, der den Ostsee-Fluchtopfern gewidmet ist.

Von dem Ort Kloster auf der Insel Hiddensee ist bei gutem Wetter die dänische Halbinsel Møn gut zu sehen, weshalb Menschen auch von dort aus versuchten, aus der DDR über die Ostsee zu fliehen.

Der DDR-Grenzturm im Ostseebad Kühlungsborn wiederum legt Zeugnis über die engmaschige Kontrolle zu DDR-Zeiten ab.

Und im Mauermuseum – Museum Haus am Checkpoint Charlie in Berlin schließlich ist das Fluchtkajak von Peter Faust ausgestellt.

TILLMANN BENDIKOWSKI

Der gut gekleidete Mann im Moor

1907 wird die berühmteste Leiche Ostfrieslands gefunden

Auf den ersten Blick hat diese Stelle irgendwo im Landkreis
Aurich nichts Spektakuläres zu bieten. Links und rechts
eines kleinen Wirtschaftswegs erstrecken sich zahlreiche Wiesen,
im Sommer grasen hier zwischen einigen Wäldchen und Mais-
feldern ein paar augenscheinlich zufriedene Kühe, ab und zu
kommen Spaziergänger mit ihrem Hund vorbei. Im Herbst und
Winter fegt der kalte Wind über das weite flache Land – tiefstes
Ostfriesland eben. Aber die Ruhe des abgelegenen Ortes täuscht:
Ziemlich genau an dieser Stelle, das erklärt auch eine kleine Info-
tafel am Wegesrand, wurde nämlich Geschichte geschrieben. Und
die hat mit einem Zeitreisenden aus dem frühen Mittelalter zu tun,
mit dem Moor und dem Torfabbau – und mit zwei Jugendlichen,
die vor mehr als hundert Jahren eines Abends offensichtlich ein
Bierchen zu viel getrunken hatten und etwas ausplauderten, was
sie eigentlich verheimlichen wollten.

Am Morgen des 24. Mai 1907 brechen die Brüder Ehme und
Rolf de Jonge Richtung Moor auf. Wieder einmal, denn auch
heute wartet eine denkbar schwere körperliche Arbeit auf sie: Torf

stechen. 16 und 18 Jahre alt sind die beiden, und unweit des sogenannten »Ewigen Meeres« beim Fleckchen Bernuthsfeld machen sie sich auf ihrer Parzelle ans Werk. Der Torf, der hier als billiger Brennstoff gefördert wird, kommt schließlich nicht von allein aus dem Boden. Er muss mit dem Spaten in Soden gestochen, dann auf schwere Karren verladen und zu einem Trockenplatz transportiert werden. Das Torfstechen macht die Menschen in Ostfriesland wahrlich nicht reich, aber die harte Arbeit sichert zumindest das Überleben der Familien. Allerdings müssen dafür Anfang des 20. Jahrhunderts immer auch Kinder und Jugendliche mit Hand anlegen. So gesehen teilen die Brüder de Jonge das Schicksal vieler Altersgenossen, nur dass sie eben an diesem Tag etwas ganz Außergewöhnliches entdecken ...

In etwa 60 Zentimeter Tiefe stoßen die Jugendlichen mit ihrem Spaten auf etwas Schauriges: Ein menschlicher Kopf mit einem roten Haarschopf kommt zum Vorschein, schließlich ein ganzer Körper. Ganz sicher sind Ehme und Rolf erschrocken über ihren Fund, aber doch neugierig genug, dass sie den kompletten Leichnam freilegen. Der Körper, so zeigt sich, ist erstaunlich gut erhalten und mit zahlreichen Kleidungsstücken versehen. Womöglich, so mutmaßen die Brüder, liegt die Leiche noch nicht allzu lange hier und könnte auch das Opfer eines Gewaltverbrechens sein. Aber mit Mord und Totschlag wollen sie selbstverständlich nicht in Verbindung gebracht werden. Was also tun? Immerhin ist in den vergangenen Minuten in dieser einsamen Gegend noch niemand Zeuge ihres Fundes geworden. Ist es da nicht eine gute Idee, den Toten einfach wieder verschwinden zu lassen? Gesagt, getan: Nicht weit weg, aber abseits ihrer eigenen Parzelle, vergraben die beiden den Toten kurzerhand wieder. Jetzt wird wohl niemand die Leiche finden und die beiden Brüder eines Verbrechens verdächtigen. So weit der Plan.

Doch jetzt kommt das eine oder andere erwähnte Bierchen ins Spiel: Denn am Abend kehren die beiden jungen Torfstecher in der örtlichen Kneipe ein, wo sie sich schließlich – vielleicht nach einem Glas zu viel – und immer noch aufgeregt über das Auffinden und das »Verschwinden« des Toten austauschen. Erst einmal in Wallung, werden ihre Stimmen immer lauter, sodass bald auch an den anderen Tischen einige Gesprächsfetzen zu verstehen sind.

Und weil unter den Kneipenbesuchern auch der örtliche Gendarm ist, wird der verschwiegene Leichenfund nun im Handumdrehen zu einem offiziellen Fall: Die Brüder de Jonge müssen der Obrigkeit alles beichten, sie zeigen auch die Stelle, wo sie den Leichnam gefunden und wo sie ihn wieder verbuddelt haben. Aber sie werden nicht juristisch belangt, denn schon sehr bald stellt sich heraus, dass »ihre« Leiche bereits seit Jahrhunderten tot, ein aktuelles Verbrechen also definitiv ausgeschlossen ist.

Deshalb wird schon in den nächsten Tagen auch außerhalb der lokalen Kneipen viel erzählt und spekuliert: Der Fund einer Moorleiche ist eben auch im Jahr 1907 schon ein Medienereignis. Umgehend berichteten sowohl regionale als auch überregionale Zeitungen von dem »wertvollen Fund einer Moorleiche«. Dabei geht Geschwindigkeit zuweilen ein wenig auf Kosten der gründlichen Recherche. So meldet das *Jeversche Wochenblatt:*[1] »Die jetzt bei Bernuthsfelde gefundene dürfte nach dem noch gut erhaltenen Gebiß zu schließen eine Frauenleiche sein.« Das ist allerdings eine glatte Falschmeldung, denn tatsächlich handelt es sich hierbei ganz offensichtlich um den Körper eines Mannes. Wie gut, dass sich jetzt umgehend Leute um die Moorleiche kümmern, die genauer hinschauen und sich vermutlich auch besser auskennen. Zugleich melden sich ebenso rasch Stimmen, wonach diese unbedingt in Ostfriesland ausgestellt werden soll. Denn schon fordern andere, den Fund beispielsweise an das mächtige Provinzialmuseum von Hannover abzugeben. Im Zeitungsbericht heißt es dazu: »Der ganze Fund befindet sich zurzeit im Königl. Staatsarchiv zu Aurich, und die Emdener Gesellschaft für Kunst und Altertümer ist bemüht, ihn für ihre Sammlung in Ostfriesland zu erhalten.«

Unverkennbar schwingt in der lokalen Berichterstattung auch der Stolz über den historischen Fund mit. Diese und andere Moorleichen werden als besondere »Bodenschätze« Ostfrieslands bezeichnet. Das heutige Norddeutschland ist in dieser Hinsicht tatsächlich eine besondere Region: Gerade in den dort häufigen Hochmooren werden die Körper – und dabei vor allem Haut und Haare der Toten – auf hervorragende Weise konserviert. In Ostfriesland, aber auch auf dem Gebiet des heutigen Schleswig-Holsteins wurden im 19. und 20. Jahrhundert zahlreiche Moorleichen gefunden, deren Erhaltungszustand allerdings höchst unterschiedlich war. Derzeit gelten nur 15 in den Mooren des heutigen Niedersachsens gefundene menschliche Körper als einigermaßen oder zumindest in größeren Teilen erhalten.[2]

Jede aufgefundene Moorleiche ist und war auch deshalb ein öffentliches Spektakel, weil sie in jedem einzelnen Fall ein ganz einzigartiges Relikt der Vergangenheit darstellt. Das liegt zunächst schlicht an ihrem Äußeren: Auch wenn diese Menschen oft vor Jahrhunderten verstorben sind, so sind ihre Körper doch erstaunlich – und für manche Betrachter geradezu erschreckend – gut erhalten. Wer sie mit dem Abstand von Jahrhunderten betrachtet, kann mitunter »auch das menschliche Antlitz der Toten sehen«. So beschreibt es der Archäologe Stefan Burmeister, der von der seltsamen Faszination weiß, die diese Funde schon immer auf die Lebenden ausgeübt haben. Stets waren und sind Moorleichen auch »Opfer einer modernen Sensationslust«:[3]

»Das Interesse an den Moorleichen schwankt zwischen Faszination und Gräuel. Faszination, weil wir dem Antlitz und Schicksal eines Zeitreisenden wahrhaftig werden, Gräuel, weil Antlitz und Schicksal wahrlich scheußlich sind. Wir sehen hier im doppelten Sinne die hässliche Seite des Menschen. Wir werden abgestoßen und können doch nicht wegsehen – ein Widerstreit, von dem jeder Horrorfilm lebt.«

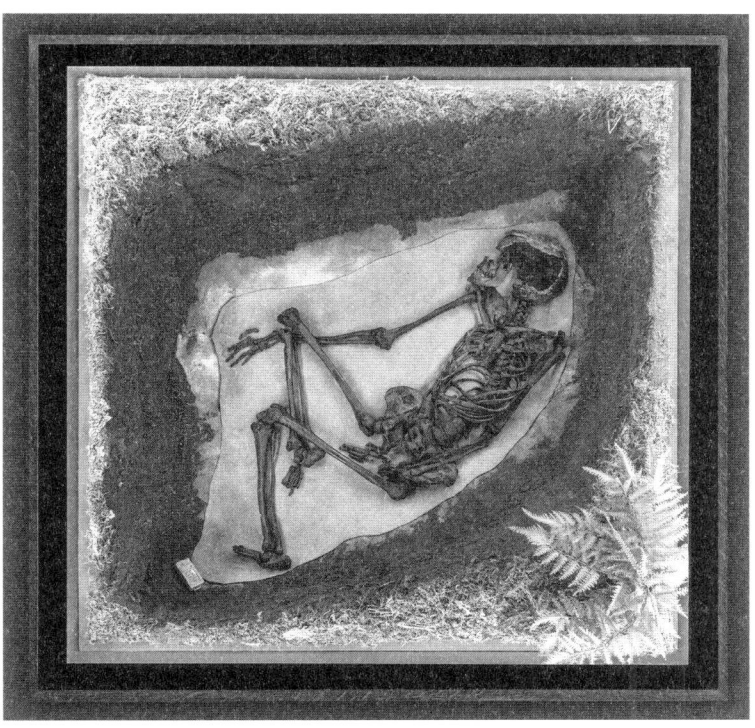

In dieser Haltung wurde die Moorleiche von Bernuthfsfeld vermutlich aufgefunden – und so wird sie heute im Ostfriesischen Landesmuseum Emden wieder gezeigt.

Aber auch die Wissenschaft kann sich der Faszination der Moorleichen nicht entziehen – und das war 1907 nicht anders als heute. Rasch sind damals Experten zur Stelle. Zunächst nimmt sich der zuständige Archivrat in Aurich des Fundes von Bernuthsfeld an, dann auch die Kieler Prähistorikerin Johanna Mestorf, die eine der großen norddeutschen Wissenschaftlerinnen dieser Zeit war. Und auch ein Rechtsmediziner der Universität in Kiel wird eingeschaltet, der allerdings in einer Art und Weise Hand anlegt, die aus heutiger Sicht geradezu brachial wirkt: Um den Verstorbenen besser rekonstruieren zu können, weicht der Wissenschaftler beispielsweise die im Moor verbogenen und geschrumpften Knochen des Toten kurzerhand in Wasser auf und bringt sie beim Trocknen wieder in Form.[4] Jede Zeit hat halt ihre eigenen »wissenschaftlichen« Methoden …

Hinter allen Bemühungen um die Leiche von Bernuthsfeld stand die Frage nach dem Schicksal dieses Toten: Wer war dieser Mann, wie hat er gelebt – und weshalb fand sich seine Leiche an dieser Stelle? Die Suche nach Antworten dauert seit Jahrzehnten an, und noch heute bleiben offene Fragen. Aber dennoch ist der »Mann von Bernuthsfeld« in der Region längst zu einer populären Figur geworden. Dafür steht auch sein weit verbreiteter Spitzname: Von »Bernie« ist von ihm inzwischen längst die Rede, was nicht zufällig ein wenig an die berühmte Südtiroler Gletscherleiche »Ötzi« erinnert, die allerdings einige Tausend Jahre älter ist.

Der »Mann von Bernuthsfeld« hat im 8. Jahrhundert gelebt, also grob geschätzt etwa zu einer Zeit, als Karl der Große (747–814) als König über das Frankenreich herrschte, das sich über weite Teile des heutigen Frankreich, Deutschland und Italien erstreckte. Auch die Friesen gehörten seit der Eroberung durch die Franken zu diesem Reich, wobei sie in einer Region siedelten, die den Menschen viel abverlangte: Das Gebiet des heutigen Ostfrieslands war im 8. Jahrhundert zu einem Drittel von Mooren bedeckt, war also für eine Ansiedlung nicht geeignet. Auf dem Marschboden entlang der Küstenlinie, die zu dieser Zeit übrigens deutlich weiter im heutigen Landesinneren verlief, war ertragreicher Ackerbau kaum möglich. Dafür hielten die Friesen dort verschiedene Nutztiere, vor allem Rinder und Schafe, aber auch Ziegen oder Pferde.

Besonders intensiv kümmerten sich die Ostfriesen im frühen Mittelalter offensichtlich um ihre Schafe, genauer: um die friesischen Schwarzschafe. Die zotteligen Tiere waren nämlich perfekte Wolllieferanten – die richtige Pflege vorausgesetzt. Und mit der kannten sich die Friesen ganz offensichtlich hervorragend aus: Die Schafe wurden nämlich vor der Schur zunächst gründlich mit

Salz- und Süßwasser gewaschen, ehe sie auf eine möglichst saubere Fläche getrieben wurden, wo sie in der Sonne trocknen konnten, ohne sich wieder dreckig zu machen. Die anschließend gewonnene Wolle hatte einen hohen Fettgehalt, was sie als Ausgangsmaterial für Textilien besonders wertvoll machte. So war sie auch Grundlage für das damals beliebte und begehrte Friesische Tuch. Das wurde sehr dicht gewebt und war dadurch besonders widerstandsfähig und wasserabweisend – was angesichts des wohl schon damals möglichen Schmuddelwetters natürlich eine denkbar nützliche Sache war. Die Qualität dieser Kleidung wurde schließlich auch überregional so bekannt, dass das Tuch im frühen Mittelalter sogar zum wichtigsten Handelsgut der Friesen wurde. Ihre Händler boten es sogar in ihren Niederlassungen in London oder Köln an. Angeblich soll sogar Karl der Große den hochwertigen Stoff zuweilen als prestigeträchtiges Gastgeschenk genutzt haben.

Auch der Mann, der im 8. Jahrhundert in der Einsamkeit von Bernuthsfeld im Moor sein Ende gefunden hatte, war in dieses Tuch gekleidet. Und es ist vor allem seine Kleidung, die ihn nicht nur für Ostfriesland zu einer archäologischen Sensation macht – und ihn von anderen Moorleichen unterscheidet. Die meisten dieser Leichen erscheinen bei ihrem Auffinden nämlich »nackt«, weil alle pflanzlichen Bestandteile von Textilien über die Jahrhunderte im Moor zersetzt werden. Anders verhält es sich hingegen bei Kleidung aus Wolle. Sie kann auch nach mehr als anderthalb Jahrtausenden noch Bestand haben – wie etwa bei »Bernie«. Im Ostfriesischen Landesmuseum Emden ist heute nicht nur der Tote selbst, sondern auch seine originale Kleidung zu sehen: Allem voran sein weites und patchworkartig zusammengenähtes Obergewand, das an eine Tunika erinnert, sodann ein Schultertuch sowie eine vermutlich als Mantel getragene Decke mit Fransen. Mit zwei langen Wollbinden umwickelte der Mann Waden und Füße (Schuhe trug er wohl keine) – das musste gekonnt sein, denn einer der beiden Textilstreifen ist immerhin gut 3,60 Meter lang.

Gefunden wurden auch eine kleine Messerscheide aus Leder und ein Wanderstock, der bei den Untersuchungen der vergangenen Jahrzehnte allerdings ebenso wieder verloren gegangen ist wie eine Kapuze, der Gürtel oder Wollschnüre. Aber zusammengenommen reichen die Gegenstücke aus, um die Wissenschaft bis heute in Begeisterung zu versetzen:[5] »Der Fundkomplex mit seinen zahlreichen persönlichen Dingen ist für eine Zeitspanne von 400 Jahren die einzige erhaltene, annähernd komplette Ausstattung eines Menschen aus dem frühmittelalterlichen Nordeuropa.« Gerade die Kleidung ist für die Archäologie eine einzigartige historische Quelle, was sich bei ihrer Rekonstruktion zeigte:[6]

So könnte der »Mann von Bernuthsfeld« ausgesehen haben; das Ostfriesische Landesmuseum in Emden zeigt diese lebensgroße Rekonstruktion. Am Gürtel trägt er eine Tasche, ein Messer und einen kleinen Mantel, zudem hat er einen Wanderstab aus Haselnussholz in der Hand. Ein solches Exemplar wurde auch in seinem Grab gefunden.

»26 verschiedene Wollstoffe unterschiedlichster Webart machen die Kleidungsstücke des Mannes von Bernuthsfeld zu einem Musterkoffer des frühmittelalterlichen Weberhandwerks [...] Färbungen mit historischen Techniken aus Birkenblättern (Gelb) und Indigo (Blau), den man in Europa aus Färberwaid herstellte, zeigen in verschiedenen Mischungen und Nuancierungen einen Ausschnitt aus den vielfältigen Farbmöglichkeiten allein dieser beiden Farbstoffe. Sie [...] werden dem Umstand gerecht, dass auch im Frühmittelalter bunte Wollstoffe üblich waren.«

Was der »Mann von Bernuthsfeld« da am Leibe trug, war allerdings nicht gerade die Kleidung reicher Leute, denn sie ist an einigen Stellen geflickt und weist starke Gebrauchsspuren auf. Aber er war auch wieder nicht so arm, dass er sich nicht angemessen kleiden konnte. Und zumindest mit heutigen Augen sah er in seiner Aufmachung gar nicht so schlecht aus. Wer heute im Ostfriesischen Landesmuseum vor der rekonstruierten Kleidung steht, die selbstverständlich nagelneu und sauber daherkommt, kann sich einem gewissen ästhetischen Reiz nicht entziehen. Mit diesem farbenfrohen Outfit aus dem 8. Jahrhundert könnte in unserer Zeit mancher Jugendliche auf einer städtischen Flaniermeile durchaus Eindruck machen. Nun ja, von den Wadenbinden vielleicht einmal abgesehen ...

Welche Wege der »Mann von Bernuthsfeld« seinerzeit hingegen gegangen ist, bleibt bis heute weitgehend unbekannt. Denn die Wissenschaft kann nicht genau sagen, womit er eigentlich damals seinen Lebensunterhalt verdient hat. Zog er vielleicht als Händler umher und machte seine Geschäfte mit Tuch oder Keramik? Oder war er ein Fischer, ein Vagabund oder womöglich ein Bettler? Die Moorleiche wirft noch immer Fragen auf – und doch lässt sich sein Leben derweil immer detaillierter beschreiben. Denn inzwischen ist »Bernie« so gründlich untersucht worden wie kaum ein lebender Mensch: Jeder einzelne Knochen wurde per Computertomografie durchleuchtet, ein zahnärztliches Gutachten erstellt, Haarproben entnommen sowie Farbstoffe aus seiner Kleidung analysiert. Inzwischen ist bekannt: Der »Mann von Bernuthsfeld« war wohl stattliche 1,80 Meter groß und starb im Alter zwischen 30 und 40 Jahren, also in einem für seine Zeit mittleren bis fortgeschrittenen Alter. Er war vermutlich ein Einzelgänger, denn die zahnärztlichen Befunde zeigen deutlich, dass seine Zähne nur wenig abgenutzt waren. Also aß er wohl wenig Getreide und Getreidebrei, die Hauptnahrungsmittel dieser Zeit. Vielmehr ernährte er sich auf seinen Wanderungen von Fischen oder Tieren, die er unterwegs fing.

Allerdings dürfte »Bernie« zumindest in seinen letzten Lebensjahren bei seinen Wanderungen starke Schmerzen gehabt haben, denn so richtig gesund war er schon lange nicht mehr. Als Mensch des Frühmittelalters hatte er zunächst einmal einige typische Erkrankungen seiner Zeit durchgemacht: Eine wohl chronische Stirnhöhlenentzündung plagte ihn, in der Kindheit hatte er wohl häufiger unter Mittelohrentzündungen gelitten, und im Alter zwischen 12 und 16 Jahren ist er nur wenig gewachsen, weil er entweder unter zahlreichen Infektionen litt oder schlicht zu wenig zu essen bekam. Auch die Arthrose im linken großen Zeh muss ihm im fortgeschrittenen Alter zu schaffen gemacht haben. Eine Entzündung an der Brustwirbelsäule war später auch die Ursache dafür, dass der Mann den Rest seines Lebens leicht gebückt gehen musste; eine gebrochene Rippe verheilte hingegen wohl komplikationslos.

Keine Probleme hatte der Mann aus dem ostfriesischen Frühmittelalter hingegen mit seinem Gebiss: An keinem der erhaltenen Zähne konnten Karies oder Entzündungen festgestellt werden. Nur wie der Mann zu Tode kam, lässt sich trotz dieser vielen Detailkenntnisse bis heute nicht sicher sagen. Er kann eines natürlichen Todes gestorben oder auch einem Gewaltverbrechen zum

Opfer gefallen sein. Vielleicht hatte er auch einen tödlichen Unfall – nichts davon kann bislang ausgeschlossen werden.

Nur eines ist klar ersichtlich: Der Mann wurde nicht einfach im Moor »versenkt«, sondern regelrecht beigesetzt; immerhin war sein Grab seinerzeit mit Moossoden ausgekleidet. Das war für rund 1200 Jahre eine angemessene Ruhestätte – was nach 1907 kam, war für den Verstorbenen hingegen zuweilen eine echte Zumutung. Seine Knochen wurden anfangs, wie bereits angedeutet, wenig sachgerecht behandelt, sie wurden sogar mit Drähten und Eisenstiften verbunden, damit das Skelett in einer »ordentlichen« Haltung präsentiert werden konnte. Denn schon sehr früh war die Moorleiche ein begehrtes Exponat. Und so lag »Bernie« ausgestreckt in Glaskästen, und Generationen von Museumsbesuchern zogen an ihm vorbei. Eine regelrechte Respektlosigkeit ist aus heutiger Sicht die bei den Besuchern früher beliebte Sitte, Geldmünzen in die damalige Vitrine mit der Moorleiche zu stecken – was wohl Glück bringen sollte. Für die Moorleiche war es hingegen ein Glück, dass sie inzwischen in einer angemessenen Weise im Ostfriesischen Landesmuseum Emden gezeigt wird. Erstmals ist sie dort in der etwas gebeugten Haltung – einer Art Hockstellung – zu sehen, in der sie auch bestattet und aufgefunden wurde.

Für das interessierte Museumspublikum sind die Präsentation von »Bernie« und die Ausstellung zu seinem Leben und seiner Zeit heute eine große Attraktion. Und für die wissenschaftliche Forschung war der Fund der Brüder de Jonge im Jahr 1907 ein Glücksfall – und auch die Tatsache, dass die beiden nur mit dem Spaten unterwegs waren. Denn so haben sie damals die historische Kostbarkeit trotz der improvisierten »Umbettung« der Moorleiche vergleichsweise wenig zerstört.

Im Laufe des 20. Jahrhunderts hingegen wurden solche kompletten Funde auch deshalb immer seltener, weil der Torfabbau industriell betrieben wurde und die Torfstechmaschinen so manchen archäologischen Schatz zerstören, ehe er geborgen werden kann. Der Laie mit dem Spaten kann zuweilen ein Segen für die Forschung sein – muss es aber nicht. Niemand sollte sich bemüßigt fühlen, einfach draufloszugraben, um selbst archäologische Schätze zu heben; dafür bedarf es in jedem Fall einer Genehmigung der Denkmalschutzbehörde. Außerdem sind sie als kollektives Kulturerbe geschützt. So steht es auch im Niedersächsischen Denkmalschutzgesetz; dort heißt es in § 14:[7]

»Wer in der Erde oder im Wasser Sachen oder Spuren findet, bei denen Anlass zu der Annahme gegeben ist, dass sie Kulturdenkmal sind (Bodenfunde), hat dies unverzüglich einer Denkmalbehörde, der Gemeinde oder einem Beauftragten für die archäologische Denkmalpflege anzuzeigen.«

Wer also heute irgendwo an einer einsamen Stelle in Norddeutschland unversehens eine Entdeckung macht, weiß, dass er zuerst die zuständigen Stellen informieren muss – dann kann er in Ruhe seinen Freunden von seinem Fund erzählen und womöglich darauf mit einem Gläschen anstoßen ...

Zum Weiterlesen
Eine empfehlenswerte Kurzdarstellung mit dem Titel *Die Moorleiche von Bernuthsfeld – Kurzführer* (erschienen 2019) kann über das Ostfriesische Landesmuseum Emden beziehungsweise den dortigen Kunst-Laden bezogen werden.

Für einen Besuch
Das Ostfriesische Landesmuseum Emden im Rathaus am Delft ist schon seit Jahrzehnten eine erstklassige Adresse für die Präsentation der ostfriesischen Kunst- und Kulturgeschichte. Für den Besuch ist es angeraten, ein wenig Zeit mitzubringen, damit die vielen großen und kleinen Schätze in Augenschein genommen werden können. Und bei jedem Wetter gilt es unbedingt den Turm

zu erklimmen, von dem der Blick über die Stadt hinaus ins weite Land schweift. Infos: http://www.landesmuseum-emden.de

Lohnenswert ist auch eine Radtour auf der 32 Kilometer langen »Ewiges Meer Route«, die quer durch die einzigartige Hochmoorlandschaft in der Nähe von Aurich führt. Zahlreiche Stationen vermitteln Wissen über Natur und Landschaft, und in Bernuthsfeld gibt es einen Blick auf den vermuteten Fundort der Moorleiche. Wem die Sache zu heiß wird, kann sich übrigens im nahen Badesee von Tannenhausen erfrischen. Mehr zum Radrundweg: https://www.ewiges-meer-route.de/ewiges-meer-route.

SABINE KNOR

Nachts auf St. Pauli für Frauenrechte

Lida Gustava Heymann gründet 1897 in Hamburg Deutschlands erstes Frauenzentrum

Die Hamburgerin Lida Gustava Heymann gehört zu den bedeutendsten und mutigsten Frauenrechtlerinnen – und Pazifistinnen – Deutschlands. Ihr ganzes Leben hat sie dem Kampf für die Gleichberechtigung der Frauen gewidmet. Heymann hat viel bewegt. Und das zu einer Zeit, als Frauen noch keinerlei Rechte hatten. Heymann erkannte: Gleichheit in der Bildung ist der Schlüssel für die Gleichberechtigung der Frau. Sie war eine Rebellin, scheute im Einsatz für die Frauenrechte keine Auseinandersetzung und mischte sich beherzt und unerschrocken auch in die hitzigsten gesellschaftlichen Debatten ein – mit Erfolg.[1] Bis 1918 auch in Deutschland das Frauenwahlrecht eingeführt wurde, brauchte es einen langen Atem, Durchsetzungsvermögen, jede Menge Hartnäckigkeit und eine große Portion Mut. Mit dem Ziel: die Stellung der Frau in der Gesellschaft zu stärken.

In dieser Gemengelage erblickte Lida Gustava Heymann am 15. März 1868 in Hamburg das Licht der Welt. Wohlbehütet wuchs sie als eine von fünf Töchtern großbürgerlich auf. In der Gegend, in der Heymann ihre Kindheit verbrachte, blieb man »gern unter sich«. Der Vater, Großkaufmann Gustav Christian Heymann, lebte mit seiner Familie im Winter in Altona, im Sommer in der Stadt, in Eppendorf im Landhaus mit großem Garten[2], ab 1878 mit feinster Adresse in Hamburg-Harvestehude, Sophienterrasse. Und zur Sommerfrische ging es nach Travemünde, Scharbeutz oder Wilhelmsbad auf Rügen. Als »höhere Tochter« führte Lida zwar ein materiell sorgenfreies Leben, fühlte sich aber ansonsten isoliert und von der Außenwelt abgeschnitten:[3]

»Meine Kindheit im Elternhaus verlief – obwohl mein Vater ein überseeischer Großkaufmann war – nicht in dem üblichen Großkaufmannstil, sondern in meinem Elternhaus trafen Hamburger Großkaufmann-Vorurteile, -Sitten, -Gewohnheiten mit denen des sächsischen armen Landadels zusammen, dem meine Mutter entstammte; das gab ein eigenartiges Gemisch von Lebensführung, Erziehung und Eindrücken für uns Kinder. Meine Mutter, Adele von Hennig, war ein auffallend schönes, auf einem sächsischen Gute in engen Verhältnissen aufgewachsenes Mädchen, wenig intelligent, kirchlich fromm, aber von tadellos anständiger Gesinnung. Sie wurde unschuldig wie ein Kind, nichts vom Leben ahnend, mit 20 Jahren mit einem Mann von 50 Jahren, der das Leben sicher ausgekostet hatte, verheiratet. Sie hatte einen stark ausgeprägten Familiensinn.«

Der Vater, durch den Kolonialhandel in Brasilien reich geworden, konzentrierte sich mit seiner 30 Jahre jüngeren Frau Adele von Hennig voll und ganz auf das Familienleben. Ihre Tochter Lida Gustava rebellierte schon als Teenager und war über die Überheblichkeit der Männer empört:[4]

»Schon als junger Mensch – wohl mehr intuitiv – empörte mich die Selbstüberschätzung und eitle Überheblichkeit der Männer. Ihre galante ebenso wie mißachtende Art, Frauen – besonders ihren Ehefrauen – zu begegnen, beide widerten mich an. Erwachsen, meiner selbst bewußt, schwor ich, mir meine persönliche Freiheit niemals durch Männer beeinträchtigen zu lassen.«

Vor Heymanns Geburt war in allen deutschen Ländern jedwede politische Beteiligung von Frauen verboten. Aber langsam lockerten sich die Strukturen: Die Arbeitswelt hatte sich verändert, es bildeten sich Frauenvereine, wie 1865 der Allgemeine Deutsche Frauenverein. Und der breitete sich in ganz Deutschland aus. Ein großes Problem jener Zeit war die Frauenarmut, die immer mehr auch Bürgerliche betraf. Der Verein wollte der Armut mit Arbeitsmöglichkeiten für Frauen etwas entgegensetzen, und so entstanden ab 1870 vermehrt Frauenvereine, die einen bildungspolitischen Ansatz verfolgten.[5]

Denn während Jungs Mitte des 19. Jahrhunderts in öffentlichen Schulen auf eine spätere Berufstätigkeit vorbereitet wurden, sollten Mädchen des Arbeitermilieus eine schlecht bezahlte, körperliche Arbeit aufnehmen und Mädchen aus höheren Kreisen sich auf die Ehe vorbereiten. Arbeitertöchter besuchten dazu die Volksschule – die anderen, aus großbürgerlichen Verhältnissen, die exklusiven Mädchenschulen – zwar mit Abschlüssen, aber ohne jede berufliche Perspektive.[6]

Der Beseitigung dieser Bildungsungerechtigkeit für Mädchen und Frauen hatte sich in den 1880er-Jahren, als Heymann noch ein Teenager war, eine andere Hamburgerin, nämlich Helene Lange, verschrieben. Sie verfasste mit fünf weiteren Mitstreiterinnen eine Petition für eine bessere Mädchenbildung und kritisierte, dass Mädchen bisher nur »auf die Ansprüche eines Ehemannes hin« erzogen werden sollten. Dieser Vorstoß löste eine große Debatte

Lida Gustava Heymann, in Hamburg großbürgerlich und wohlbehütet aufgewachsen, engagierte sich mit ihrem Erbe schon als junge Frau mit Hilfsprojekten für Chancengleichheit.

aus, an deren Ende Helene Lange nicht nur die Zulassung von Frauen an Universitäten erreichte – Frauen können seit 1900 in Deutschland studieren –, sondern auch eine Mädchenschulreform in Gang brachte. In Erinnerung an ihre großen Verdienste der Mädchen- und Frauenbildung tragen Schulen in ganz Deutschland heute ihren Namen.

Bis zu ihrem 14. Lebensjahr prägten Gouvernanten und Hauslehrer Lida Gustava Heymanns Bild vom Lernen. Und auf ihren Schulwegen wurde sie von Dienern begleitet. Erst Besuche einer »Höhere-Töchter-Schule« und eines Pensionats in Dresden machten Heymann dann »selbstsicherer« und »selbständiger«.[7] Zwischen dem 17. und 28. Lebensjahr führte sie »ein Leben ohne Aufgabe«, wie sie es beschrieb. Anders als Lida hatten sich ihre vier Schwestern in ihre zugeschriebenen Rollen gefügt und standesgemäß geheiratet. Solch ein Weg kam für sie überhaupt nicht infrage, und sie suchte nach Lösungen:[8] »Ich versuchte mir im Elternhaus ein Eigenleben zu gestalten, es nach drei Seiten hin auszubauen: erstens, mich nutzbringend zu betätigen, zweitens, mich weiterzubilden; drittens, mir einen eigenen Freundeskreis zu schaffen.«

Lida blieb als einzige der fünf Heymann-Töchter ledig und wollte eigentlich Malerei studieren. Doch es kam anders: Als der Vater schwer erkrankte, kümmerte sie sich um ihn bis zu seinem Tod. Lida war zu dem Zeitpunkt 28 Jahre alt und fühlte sich am Ende wie befreit:[9] »Es war mir, als begänne ich jetzt erst zu leben. Ich war frei, konnte mein Leben selbst gestalten, arbeiten, schaffen – mich beseelte ein neues Glücksgefühl.«

Der Vater war von der Durchsetzungskraft und dem Engagement seiner Tochter schwer beeindruckt und machte sie testamentarisch zur Verwalterin des Millionenvermögens. Aber Lida musste hart dafür kämpfen, das Erbe als Frau auch wirklich antreten zu können. Denn die Behörden verweigerten ihr den Zugriff. Aber sie wehrte sich: Der juristische Streit ging über Jahre, am Ende wies Heymann einen Präzedenzfall aus dem 13. Jahrhundert mit einem weiblichen Testamentsvollstrecker nach, gewann und durfte ihr Erbe empfangen. Dabei kämpfte sie gegen Vorurteile des Gerichts und sah sich in ihrer schon als Teenager gewonnenen Einschätzung bestätigt,[10] »daß Frauen sich im geschäftlichen Verkehr, ebenso wenig wie auch sonst, von Männern nichts bieten lassen dürfen. Man muß vor deren Anmaßung und Autoritätsdünkel dauernd auf der Hut sein, sie ständig abwehren. Man muß ihnen stets zum Bewußtsein bringen, daß jede gescheite Frau sie durchschaut.«

Heymann widmete sich mit dem Erbe des Vaters in den nächsten Jahren mit großem Engagement Hilfsprojekten für Frauen und wurde in der Öffentlichkeit für ihre frauenbewegte und Männer kritisierende Haltung belächelt:[11]

»In den 1890er Jahren bereitete sich eine Gegenwirkung gegen die Ausschaltung der Frauen aus allen öffentlichen

Belangen vor. Sie war auf das engste mit Helene Bonfort und Lida Gustava Heymann verknüpft; beides Jüdinnen und als solche sehr regsamen Geistes […]. Überall witterte sie [Lida Gustava Heymann] Übergriffe des männlichen Geschlechts […] und gab mehr und mehr Anlaß, daß man sie – bei aller Anerkennung der Ehrlichkeit ihres verbohrten Willens – nicht ernst nahm.«

Heymann fühlte sich allerdings durch die Vorurteile sogar eher angespornt: Sie kaufte ein Haus in der Hamburger Innenstadt, in der Paulstraße, und gründete 1897 ein Frauenzentrum, Vorbild des ersten Frauenhauses Deutschlands. Dort gab es einen Mittagstisch und eine Rechtsberatung für Frauen, einen Kinderhort, regelmäßige Vorträge und sogar eine Schule, in der Mädchen gemeinsam mit Jungen unterrichtet wurden, um sie auf die Universität vorzubereiten – in der damaligen Zeit eine Sensation! Außerdem gründete sie den Verein Industria und bot Arbeitsvermittlung und eine Handelsschule für Frauen an.

Ihr besonderes Augenmerk galt dem Kampf gegen die respektlose Behandlung von Prostituierten, und sie machte sexuelle Aufklärung zur Chefinnensache. Heymann hielt Vorträge, verschickte Flugblätter an Familien mit Kindern im Teenageralter und lud zu Informationsveranstaltungen ein – mit dem Ziel: Vor allem Mädchen sollten schon früh lernen, Verantwortung für das eigene Handeln zu übernehmen. Sie plädierte in ihren Vorträgen für eine gesunde Lebensführung, »Reinlichkeit, Aufenthalt an guter Luft – und für bequeme Kleidung«, vor allem für Frauen. Und so forderte sie 1901: »Weg mit dem Korset.«[12] Eine Revolution! Zu einem gesunden Leben gehöre außerdem innere und äußere Ausgeglichenheit und Zufriedenheit, Essen nach Augenmaß, »satt essen, aber niemals darüber hinaus« – und die Ausübung eines erfüllenden Berufes. Aus heutiger Sicht empfahl Heymann eine ausgewogene »Work-Life-Balance«.

Neben »freier Zeit für Vergnügen« seien außerdem »böse Vergnügungen« unbedingt zu unterlassen. Zu Letzteren zählte Heymann vorehelichen Geschlechtsverkehr, der ausschließlich in der Ehe stattzufinden habe, und warnte: »Der ausßereheliche Verkehr bringt oft Krankheiten mit sich.«[13] Deshalb sollten sich junge Mädchen prophylaktisch vor »Schmeichlern« und »Verführungen, die schlimmstenfalls ins Bordell führten«, in Acht nehmen und appellierte:[14] »Es gibt nur eine Sitte, und die gilt für Mann und Frau.« Heymann verfolgte mit ihrer Arbeit das Ziel, jungen Menschen »durch Aufklärung den Weg zu Gesundheit, Frieden und Glück« zu zeigen. Dabei war ihr bewusst, dass sich nicht alle gesundes Leben leisten konnten:[15] »Leider gibt es viele Menschen, die aus Armut diverse Pflichten gegen sich selbst nicht erfüllen können.«

Seit Ende des 19. Jahrhunderts wurde verstärkt und hitzig über die Doppelmoral in der bürgerlichen Ehe, Prostitution und überhaupt die Sexualmoral diskutiert. Diese Diskussion wurde auch von den Vertreterinnen der Frauenbewegung aufgenommen. Heymann, die in der behüteten Welt der Kaufmannsfamilie aufgewachsen war, wollte sich ein eigenes Bild über die Situation der Prostituierten machen. Bordelle waren zwar zu der Zeit verboten, aber in Hamburg und Bremen stillschweigend geduldet:[16]

»Ich war 27 Jahre alt geworden, ohne zu wissen, was ein Bordell ist. Ich ging den Dingen nach und erfuhr, daß die Männer unter dem Vorwand hygienischer Notwendigkeit zur Befriedigung ihres überzüchteten Sexuallebens wahre Lasterhöhlen schufen, in denen die Frauen mißhandelt, zur Ware gestempelt, ausgebeutet und obendrein als Paria gebrandmarkt wurden.«

Und das wollte Heymann ändern und gründete mit anderen Mitstreiterinnen einen Hamburger Verein, um die Situation der Pro-

stituierten zu verbessern. Die Hamburger Behörden wurden
nervös, riefen sogar die Sittenpolizei auf den Plan und wollten
die Frauenversammlungen verbieten – mit der Begründung, sie
würden »öffentliches Ärgernis« erregen. Heymann ließ sich davon nicht beeindrucken und wurde erfinderisch: Mit Flugblät-
tern klärte sie die Prostituierten über ihre Situation auf und bot
Rechtsbeistand. Dazu mischte sie sich mitten unter das Volk. Im
Schutz der Dunkelheit kleidete sie sich »schäbig und unauffällig«
und wagte sich in Begleitung engagierter Mitstreiter, einer Pflege-
schwester und eines Hafenarbeiters, in die dunkelsten Absteigen
von St. Pauli »auf nächtlicher Wanderschaft durch die Kneipen
und Tanzlokale des Hafenviertels«.[17] Ihre Erlebnisse und Eindrücke fasst sie bildreich zusammen:[18]

»Welche schauerlichen Gestalten sahen wir in dieser Nacht!
Widerliche Zuhälter, freche Dirnen, Verbrechertypen aller
Art, aber auch Menschen, denen man sofort anmerkte, dass
sie bessere Zeiten gekannt hatten. Tiefes Mitleid mit diesen unglücklichen Existenzen packte uns, Ekel, Zorn und
Abscheu über einen Staat, in dem solche ›Vergnügungs-
lokale‹ […] möglich waren […]. Vor diesem Männerstaat
mit seinen unwürdigen Einrichtungen verloren wir den letzten Schimmer von Achtung. Uns konnten die Hamburger
Behörden keine Märchen […] mehr auftischen, nichts von
ihren Maximen beschönigen, wir wußten genau, wie diese
Staatsmaschine arbeitete. Wir scheuten uns nicht, den ganzen
Unrat an die Öffentlichkeit zu ziehen, wirtschaftliche und
soziale Reformen auf allen Gebieten zu fordern, die solchen
Zuständen ein radikales Ende bereiten würden.«

Immer wieder störten die Behörden Heymanns Arbeit. Sobald
sie in ihren Vorträgen »Straßenprostitution« und »Bordelle« erwähnte, griff ein Überwachungsbeamter ein, »setzte seinen Helm

auf und erklärte die Versammlung für geschlossen«.[19] Trotz aller Hürden kamen Heymann und ihre Mitstreiterinnen ans Ziel: Die gesetzeswidrigen Bordelle wurden geschlossen, Zwangsprostitution nahm ab, und für die verbleibende Prostitution wurden hygienische Maßnahmen angeordnet. Heymann war begeistert: »Der Kampf der radikalen Frauen für die Befreiung des weiblichen Geschlechts war herrlich; voller Initiative, Begeisterung, geistiger Kraft, voller Wärme und Menschlichkeit: offen die Bahn für das Mädchen, frei im Staate die Frau!«

Zu diesem Zeitpunkt bestand die Frauenbewegung noch aus unterschiedlichen Vereinen, die im Dachverband Bund Deutscher Frauenvereine (BDF) zusammengefasst waren. Denn im Deutschen Kaiserreich gab es nicht nur die eine, sondern viele Frauenbewegungen, darunter die proletarische Frauenbewegung unter Clara Zetkin und eine bürgerliche Frauenbewegung, zu der beispielsweise Helene Lange gehörte. Heymann gingen die Fortschritte der Frauenbewegung alle nicht schnell genug – deshalb suchte sie Inspiration. Die fand sie auf dem Internationalen Frauenkongress 1896 in Berlin: Hunderte Feministinnen aus aller Welt waren dort versammelt, lauter Frauen wie sie, sie war nicht mehr allein! Die Emanzipierten kämpften für die gleichen Ziele: für Stimmrecht, Studium, Recht auf Arbeit und für Meinungsfreiheit. Und das zu Zeiten Kaiser Wilhelms! Unvorstellbar! Tatsächlich schrieb das *Berliner Tageblatt* dazu: »Das hat die Hauptstadt des Deutschen Reiches noch nicht gesehen.«[20]

Frauen waren zu dieser Zeit nicht nur politisch und rechtlich, sondern auch körperlich eingeschränkt und eingeengt. Und zwar im wahrsten Sinne des Wortes, so die Autorinnen Anna Dünnebier und Ursula Scheu: Optisch bestimmten voluminöse, wallende Röcke mit Untertaillen, Luft abschnürende Korsetts das Bild und den weiblichen Dresscode. Und in Berlin bot sich Heymann nun stattdessen ein total aufregendes, ganz anderes Bild: Da waren lauter Gleichgesinnte in Hosen und bequemen »Reformkleidern«[21]

und machten so auch optisch klar: »Schluss mit den zugeschriebenen, einengenden Rollenbildern!« Das Kaiserreich war mit solch geballter Frauenpower völlig überfordert und ließ die Veranstaltungen von der Polizei überwachen. Und mittendrin: Lida Gustava Heymann. Dort, in Berlin, lernte sie 1896 Anita Augspurg, eine damals bereits berühmte Feministin aus München, kennen. Eine schicksalhafte Begegnung. Heymann bewunderte die charismatische Rednerin vom ersten Moment an, als diese die entscheidende Frage stellte: »Wo ist das Recht der Frau?«[22] Heymann schreibt dazu später in ihren Lebenserinnerungen:

»Diese mit Kraft und selten klangvoller Stimme in den mächtigen Saal gerufene Frage traf mich tief, ließ mich aufhorchen und aufschauen. Am Rednerpult stand ein Mensch in an griechische Art erinnerndem Gewande aus braunem Sammet. Schon ergrauendes kurzes Haar umrahmte eine hohe Stirn, unter der zwei klar schauende Augen blitzten. Ein scharfes Profil stand in merkwürdigem, aber nicht unharmonischem Kontrast mit einem liebevollen kleinen Munde, Kinn und kleinen Ohren. Die Klarheit ihrer frei gehaltenen Rede, die Schärfe ihrer Beweiskraft – das imponierte mir restlos. Hier vereinte sich starkes Selbstbewusstsein mit einer völlig natürlichen, uneitlen Art, sich zu geben.«

Ob Augspurg bei der ersten Begegnung mit Heymann auch so begeistert war, ist nicht überliefert. Augspurg, damals schon ein »Feministinnen-Star«, 39 Jahre alt, gehörte zur intellektuellen Münchner Kunstszene, war eine bekannte Fotografin, vorher Schauspielerin und außerdem Studentin an der deutschsprachigen Universität in Zürich – weil Frauen in Deutschland zu der Zeit ja noch nicht studieren durften. Anders der bisherige Lebensweg von Lida Gustava Heymann: Sie war die reiche Erbin aus einer hanseatischen Familie, die mit ihrem Vermögen Frauen und Kinder unterstützte. »Die herbe Kühle aus dem Norden mit dem heißen Gerechtigkeitsgefühl und die flippige Exzentrikerin aus dem Süden mit ihrer intellektuellen Schärfe«[23] blieben trotz aller Unterschiede bis an ihr Lebensende zusammen. Heymann beschreibt die Rolle, die Anita Augspurg in ihrem Leben spielte, so:[24]

»Glücklich der Mensch, dem es vergönnt war, durch ein langes Leben in zäher Ausdauer, ohne jemals zu zweifeln oder zu wanken, in unveränderlicher Gesinnungstreue mitzukämpfen für Ideale, welche die Menschen hinauf zu lichteren Höhen führen, und fand er in diesem Kampfe einen starken Weggenossen, der in gleicher unwandelbarer Treue mit ihm kämpfte, dann weiß er, dass er ein tiefes Glück sein eigen nennt, wie es wenigen Sterblichen zuteil wird.«

Heymann war vom Zusammentreffen mit all den engagierten Frauen stark inspiriert und sah immer neue, nächste Aufgaben. Augspurg empfand Heymann zu dieser Zeit vor allem mit »Wohltätigkeitsgedöns« beschäftigt. Da war sie selbst schon politischer und kämpferischer unterwegs und kritisierte die ihrer Meinung nach »zu braven Frauenvereine« um Helene Lange. Und Heymann schloss sich – seit ihrem Zusammentreffen in Berlin – mehr und mehr Anita Augspurg an.[25]

Augspurg, in Verden an der Aller als jüngstes von fünf Geschwistern geboren, gehörte mit ihrer Familie ebenfalls zum wohlhabenden Bildungsbürgertum. Auch ihr wurde, wie Heymann, die zugedachte Frauenrolle zu eng. Sie wollte mehr für sich. Akten für den Vater in dessen Kanzlei abzuschreiben forderte sie intellektuell nicht heraus. Und sich im Haushalt und auf Abendgesellschaften auf die Ehe vorzubereiten – das war nicht ihr Ding. Stattdessen begeisterte sich Augspurg für Bücher, machte 1879 das Lehrerinnen-Examen und nahm Schauspielunterricht.

Sie war finanziell unabhängig, hatte von der Großmutter geerbt und war mit ihren Theaterengagements viel unterwegs. Augspurg wollte sich mit ihrem Beruf ihr Leben selbst finanzieren. Die Theaterkarriere eignete sich allerdings nicht dazu. Und so eröffnete sie gemeinsam mit der niederländischen Frauenrechtlerin Sophia Goudstikker in München das berühmte und erfolgreiche Fotoatelier Elvira, wo sich unter anderem Thomas und Heinrich Mann und der bayerische König ablichten ließen. Sie war glücklich, selbstbestimmt – und frei und schloss sich zunächst aus diesem Gefühl heraus den Zielen der Frauenbewegung an.[26]

Für Augspurg, wie später auch für Heymann, war Bildung der Schlüssel für Chancengleichheit und damit für die Gleichstellung der Frau. Augspurg ging es nicht nur um individuelle Freiheiten und Entfaltungsmöglichkeiten, sondern vor allem um Rechte »als allgemeine Regel und Voraussetzung für politische Teilhabe«.[27] Und die Forderung der Frauen nach mehr Teilhabe in der Gesellschaft nahm Ende des 19. Jahrhunderts immer mehr Fahrt auf. Man spricht auch von der Hoch-Zeit der historischen Frauenbewegung. Um ganz konkret die Situation der Frauen zu verbessern, setzte sich Augspurg intensiv mit dem Bürgerlichen Gesetzbuch auseinander. Sie hatte festgestellt, wie unwürdig die Stellung der Frau im Familienrecht war, und prangerte vor allem die Diskriminierung von Frauen im Scheidungsrecht an. Nicht verheiratete Mütter und ihre Kinder hatten zu der Zeit keinerlei Ansprüche. Augspurg sensibilisierte in Artikeln und Kampagnen für diese Ungerechtigkeit und forderte ein neues Unrechtsbewusstsein. Um sich in Rechtsfragen besser einmischen zu können, studierte sie seit 1893 Jura und schrieb ihre Doktorarbeit an der deutschsprachigen Universität in Zürich – in Deutschland war ein Studium bis dahin Frauen ja verwehrt. Mit 40 Jahren wurde Dr. Anita Augspurg 1897 die erste promovierte Juristin Deutschlands!

Die zehn Jahre jüngere Lida Gustava Heymann und Anita Augspurg hatten sich im Kampf für Frauenrechte und im Privat-

Anita Augspurg kämpfte gemeinsam mit Lida Gustava Heymann für Frauenrechte und blieb auch privat mit ihr ein Leben lang zusammen.

leben gesucht und gefunden und bekämpften nun gemeinsam gesellschaftliche Missstände und Gesetzeslücken. Ihre Mittel waren weiter unkonventionell – und dabei enorm öffentlichkeitswirksam: So löste Augspurg beispielsweise mit einem offenen Brief in der Zeitschrift *Europa* einen Skandal aus, weil sie Frauen zum Eheboykott aufrief. Das galt als absoluter Tabubruch.[28]

Aber das politische Engagement, die Anfeindungen und Widerstände kosteten Heymann und Augspurg auch viel Kraft. Deshalb folgte die Norddeutsche ihrer Lebensgefährtin 1904 in den Süden und kehrte Hamburg erst einmal den Rücken. Wenn die beiden nicht in ihrer kleinen, gemeinsamen Wohnung in München waren, suchten sie vor allem Entspannung auf dem Land, in den Bergen. Den Sommer verbrachten die beiden Frauen im Isartal, im Kloster Schäftlarn, sie ritten aus – Augspurg war eine passionierte Reiterin –, wanderten, machten Radtouren. Sie führten ein entschleunigtes Leben, das in starkem Kontrast zum politischen Kampf und ihrem bisherigen Stadtleben stand.[29] In Bayern betrieben sie nacheinander drei Höfe, lebten aus Überzeugung vegetarisch und tankten Energie.

Mit ihrem Lebensstil fielen Heymann und Augspurg natürlich auf, erst recht auf dem Land. Die Einheimischen nannten sie »die verrückten Weiber«, weil sie auf ihren Höfen ausschließlich Frauen beschäftigten. Bei Icking fanden sie in der »Burg Sonnensturm« ihren Sehnsuchtsort, den sie 1916 bezogen – und wo sie auch den Ersten Weltkrieg und die Nachkriegszeit überstanden. Die dann folgende Inflation zwang sie, die hochherrschaftliche Villa 1924 zu verkaufen. Eine traurige Erfahrung für die beiden Frauen:[30] »Nie wurde uns die Auflösung eines Heims so bitter und schwer« – doch: »je weniger Besitz, um so weniger Verantwortung, um so größere Unabhängigkeit, und für die war unser Sinn immer wach.«

Heymann und Augspurg entwickelten sich immer mehr zum »Power Couple«. Sie waren viel unterwegs im Einsatz für die Frauenrechte, die politische Arbeit intensivierte sich.[31] Der Schwerpunkt von Heymanns und Augspurgs lebenslanger politischer Arbeit war der Kampf für das Wahl- beziehungsweise Stimmrecht der Frauen. Um dieses Ziel zu erreichen, gründeten sie gegen alle Widerstände am 1. Januar 1902 im Hamburger Haus von Heymann den Deutschen Verein für Frauenstimmrecht. Dieser Schritt war ein Meilenstein in der Geschichte der Frauenbewegung.

Heymann und Augspurg kämpften aber auch für aktive Frauen *in* der Politik, damit diese dort künftig die Gesellschaft mitgestalteten. Parteipolitisch war die Unterstützung da allerdings eher mau: Nur die SPD nahm Frauen als Mitglieder auf. Ein Zustand, den Augspurg und Heymann ändern wollten: Alle Parteien sollten nachziehen. Ein anspruchsvolles Vorhaben, das aber vor allem bei den männlichen Parteimitgliedern auf Ablehnung stieß. Um mit bestem Beispiel voranzugehen, traten Augspurg und Heymann deshalb 1908 selbst in die Freisinnige Volkspartei ein – kurz danach aber wieder aus. Denn sie hatten die Männer dort »als zu dominant« erlebt. Die männlichen Parteimitglieder waren ihrerseits total erleichtert über Augspurgs und Heymanns Austritt:[32] »Mit der Anita lässt sich gut wirtschaften, die nimmt alles von der humorvollen Seite, aber die Lida Gustava? – mit der ist schwer Kirschen essen, die macht uns springen; klappt nicht alles sofort, heißt es kurzum, kategorisch: ›Sie kann ich bei der Arbeit nicht gebrauchen, Sie tun besser, nicht wiederzukommen.‹«

Nach dem nationalen Engagement für das Frauenwahlrecht wollten sie sich auch weltweit Gehör verschaffen und dabei vor allem ihre Haltung gegen den Krieg zum Ausdruck bringen. Heymann forderte eine sofortige Beendigung des Ersten Weltkrieges:[33] »Vaterland-Männererde, die sich haßerfüllt bekämpft und zerfleischt, muß wieder Frauenerde-Mutterland für alle werden.« Augspurg und Heymann waren davon überzeugt, dass es ohne Friedensarbeit keine Durchsetzung von Frauenrechten geben könne. Umso entsetzter mussten sie feststellen, dass auch »alle deutschen Frauenorganisationen dem Nationalen Kriegstaumel verfallen« waren und »völlig in Kriegshilfsarbeit aufgingen«.

Also taten sie sich mit Frauen aus aller Welt zusammen. Sie schmiedeten Pläne für einen »Internationalen Frauenfriedenskongress«, der dann im Frühjahr 1915 in Den Haag stattfand.[34] Und das mitten im Krieg! Die 1200 bis 1500 versammelten Vorkämpferinnen aus zwölf Krieg führenden und neutralen Ländern, die unter schwierigsten Bedingungen und großen Gefahren angereist waren, hatten sich gemeinsam ehrgeizige Ziele gesteckt: »gegen den Krieg und seine Menschenschlächterei« zu protestieren, Vergewaltigungen anzuprangern, die politische Gleichberechtigung der Frauen zu fordern und das Ende des Krieges herbeizuführen. Auch wenn aus ihren Beschlüssen keine direkten Konsequenzen erwuchsen: Der Kongress forderte langfristig eine nachhaltige Friedensarbeit mithilfe internationaler Organisationen. Und diese Idee wurde mit der Gründung der UNO viele Jahre später aufgegriffen.[35]

Wieder zurückgekehrt, hatte dieser Friedenseinsatz für Heymann und Augspurg schwerwiegende berufliche und private Konsequenzen. Die pazifistischen Schriften wurden verboten und sollten »bei Zuwiderhandlung nach dem Kriegszustandsgesetz bestraft werden«. Heymann wurde die Ausweisung erst angedroht – und ein Jahr später auch angeordnet. Es begann ein Leben in heimlichen Verstecken mit Angst vor Entdeckung. Das änderte sich erst nach dem Kriegsende 1918, als auch das Wahlrecht für Frauen proklamiert wurde. Für Heymann und Augspurg begann ein neuer Lebensabschnitt. Auch in der Weimarer Republik ging ihr Kampf für Frauenrechte zunächst weiter. Als Mitherausgeberin der Zeitschriften *Die Frau im Staat* und *Zeitschrift für Frauenstimmrecht* erreichte Heymann ein großes Publikum.

Doch die politische Lage änderte sich. Schon nach dem Ausbruch des Ersten Weltkrieges erkannten Heymann und Augspurg die Gefahren eines »nationalistischen Wahns«, warnten bereits früh vor Hitler und forderten dessen Ausweisung:[36] »Als Kämpferinnen für Frieden und Freiheit hatten sie Hitler und den Nationalsozialismus von Anfang an bekämpft; im November 1923 standen sie […] an der Spitze der Liste der zu liquidierenden Personen.« Bei Hitlers »Machtergreifung« waren die beiden Frauen gerade im Urlaub auf Mallorca und flohen direkt von dort in die Schweiz nach Zürich. Wahrscheinlich hat ihnen der Urlaub das Leben gerettet. Sie kehrten nie mehr in ihre Heimat zurück.

Das Ende des Zweiten Weltkrieges und die Befreiung vom Nationalsozialismus erlebte Heymann nicht mehr. Sie starb im Juli 1943 in Zürich, ein halbes Jahr vor ihrer Lebensgefährtin Anita Augspurg.

Lida Gustava Heymann, Hamburger Frauenrechtlerin und

Publizistin, wird auch heute noch zu den mutigsten, kreativsten und bedeutendsten Vertreterinnen der Frauenbewegung gezählt.

Die Hoffnung und der Glaube an eine bessere Welt haben sie auf ihrem Weg nie verlassen: Ihr Credo »Nichts ist unmöglich« ist zeitlos und macht Mut. Ihr Engagement und ihre Hartnäckigkeit waren berühmt und berüchtigt. Lida Gustava Heymann und ihre Lebensgefährtin, die Journalistin und Juristin Anita Augspurg, wurden »das schillerndste Paar der Frauenbewegung«[7] – und schrieben gemeinsam frauenpolitisch Geschichte.

Zum Weiterlesen

Wer mehr über Lida Gustava Heymann erfahren möchte, findet in Bibliotheken und Antiquariaten die von ihr mit Anita Augspurg bis 1941 verfassten Memoiren »Erlebtes – Erschautes« (Meisenheim 1972). Interessantes über weitere Pionierinnen der historischen Frauenbewegung gibt es auf www.frauenmediaturm.de.

Für einen Besuch und Ausflüge

Für einen frauenbewegten Rundgang entlang der Wohn- und Wirkungsstätten der berühmten Hamburgerin, Feministin und Publizistin Lida Gustava Heymann ergibt sich in Hamburg folgende Route:

Über die damalige Wohnadresse Theresienstieg 3, Winterhude-Uhlenhorst, und die Sophienterrasse 11 in Harvestehude an der Alster, wo sie als Kind in der elterlichen Villa wohnte, führt der Weg zu ihren Wirkungsstätten: in die Paulstraße 9 in der Hamburger City, heute Europa Passage, wo sie 1897 ein Frauenzentrum, Vorbild heutiger Frauenhäuser, eröffnete und eine Gedenktafel an ihr Leben und Engagement erinnert, dann weiter in die Rathausstraße 9 im Hamburger Zentrum und schließlich in die Bergstraße 7 in Altona.

Lida Gustava Heymann ist außerdem Namensgeberin der Heymannstraße in Hamburg-Eimsbüttel.

Weitere Orte und Persönlichkeiten der Hamburger Frauenbewegungen sind unter https://frauenorte-hamburg.de/ zu finden. Den interessanten Lebensweg der 1857 in Verden an der Aller geborenen Feministin und Juristin Anita Augspurg kann man in einem geführten Rundgang erleben, der auf Anfrage im Verdener Rathaus vereinbart werden kann (https://www.verden.de/portal/seiten/anita-augspurg-ein-besonderer-rundgang-907000 867-20680.html).

TILLMANN BENDIKOWSKI

Die Katastrophe von Binz

16 Menschen sterben 1912 beim Einsturz der Seebrücke

Dieser Sonntag ist wie gemacht für einen Ausflug an die See. Bei Sonnenschein und sommerlichen Temperaturen strömen die Menschen entlang der deutschen Ostsee am 28. Juli 1912 in die Seebäder. Wer ein besonders elegantes Ausflugsziel sucht, den zieht es nach Binz. Von der Schlichtheit des ehemaligen Fischerdorfs auf Rügen ist nichts mehr zu sehen: Wo immer es geht, sind die Häuser mit einer Veranda und einem Balkon versehen worden, gerade an der Promenade lassen die weißen Villen mit ihrem Stuck die Besucher staunen. Wie kleine Schlösser liegen sie hier am Ostseestrand, und mancher zu Geld gekommene Bürger – so scheint es – ahmt bei seinem Spaziergang ein wenig den Adel nach ...

An diesem Tag sind aber auch viele Tagesausflügler in Binz unterwegs: Handwerker, kleine Beamte, Soldaten auf Landgang oder Studenten, die mit einem Schiff aus dem nahen Greifswald herübergekommen sind. Hunderte Menschen sind auch zum heutigen Pferderennen angereist, das am Vormittag in Binz veranstaltet wird. Viele dieser Gäste steuern anschließend die imposante See-

Schon im Jahr 1912 ein attraktives Ziel für Urlauber: der Strand von Binz mit der imposanten Seebrücke.

brücke von Binz an, die stolze 560 Meter weit in die Ostsee reicht. Von ihrer Spitze aus hat man einen herrlichen Blick über die ganze Bucht und auf das Ostseebad selbst. Gerade heute kann man von der Seebrücke aus aber noch eine zusätzliche Attraktion bewundern: Einige Schiffe der kaiserlichen Kriegsmarine ankern in der Bucht – das ist ein besonderer Anblick, den sich kaum jemand entgehen lassen will. Nicht nur Kaiser Wilhelm II. ist schließlich stolz auf seine Flotte – im Grunde genommen ist er regelrecht vernarrt in diese Schiffe –, auch viele Deutsche teilen die Flottenbegeisterung dieser Zeit.

Die Seebrücke von Binz ist zudem voller Menschen, weil hier die Ausflugsdampfer anlegen. Sie transportieren nun, am Ende des Tages, die Gäste wieder zurück nach Stralsund, Greifswald oder Stettin. Zu diesen Schiffen gehört auch der Dampfer *Kronprinz Wilhelm*, der gegen 19 Uhr einen der Anleger ansteuert. In diesem Moment geschieht das Unglück – einer der Passagiere berichtet:[1]

»Ich befand mich auf dem Dampfer ›Kronprinz Wilhelm‹. Als der Dampfer an der Brücke anlegte und die Verbindung hergestellt wurde, begrüßte ich einige Bekannte. Plötzlich gab es einen furchtbaren Krach, und man sah große Holzsplitter und zahlreiche Menschen im Wasser.«

Die Holzkonstruktion, auf der sich hier die wartenden Fahrgäste versammelt haben, gibt unter der Last nach. Dieser Anleger ist gut zehn Meter lang und 2,5 Meter breit, jetzt bricht er in der Mitte entzwei. Wie in einem Trichter fallen Dutzende Menschen in die Ostsee, die an dieser Stelle 16 Meter tief ist. Panik greift um sich, auf der Seebrücke bringen sich viele rasch Richtung Land in Sicherheit, andere wiederum wollen sehen, was passiert ist und drängen zum Anleger. Damit bringen sie weitere Menschen in Lebensgefahr, denn im einsetzenden Gedränge werden noch mehr Personen ins Wasser gestoßen. Zugleich aber beginnen die ersten Versuche, den Verunglückten zu helfen, die im Wasser um ihr Leben ringen. Bis zu 200 Menschen sind wohl ins Meer gestürzt, sie fallen aufeinander, behindern sich gegenseitig. Es kommt zu dramatischen Szenen: »Die Verunglückten klammerten sich in ihrer Todesangst aneinander und wurden dadurch in die Tiefe gezogen. Ich sah, wie eine Frau an der Hand emporgezogen wurde, dann aber ins Wasser zurückfiel.«[2]

Es ist nicht die Kälte, die den Verunglückten zum Verhängnis wird – denn die Ostsee ist immerhin sommerlich warm, wenngleich frisch. Vielmehr können die meisten Menschen zu dieser Zeit schlicht nicht schwimmen, vermutlich nur 5 Prozent aller Deutschen haben es gelernt. Zudem tragen viele Ausflügler elegante Kleidung – und die saugt sich jetzt umgehend mit Wasser voll und hängt schwer am Körper. Die Verunglückten schreien und rufen um Hilfe, auf der Seebrücke selbst herrscht eine Mischung aus Panik und Hilfsbereitschaft. Die örtliche Zeitung berichtet:[3]

»Die ungeheure Verwirrung, die infolge der Katastrophe zuerst eintrat, läßt sich schwer beschreiben. Im Wasser trieben vor Schreck halb wahnsinnige Menschen und klammerten sich an die Trümmer der Brücke an. Vom Lande her drängte die Menge unter wildem Schreien nach dem stehengebliebenen Teil der Brücke.«

In dem Durcheinander ist eine geordnete Rettungsaktion nur schwer zu organisieren. Es gibt Schaulustige, die im Weg stehen und Hilfe behindern, aber eben auch Menschen, die beherzt eingreifen. Die kaiserliche Marine mit ihren Schiffen ist Teil des Problems wie auch zugleich Teil der Lösung: Die Kriegsschiffe *Preußen*, *Pommern*, *Hessen* und *Schlesien* haben ja einen beachtlichen Teil der Schaulustigen erst auf die Seebrücke gelockt – jetzt können sie sich mit ihren Besatzungen allerdings auch nützlich machen. Zahlreiche Matrosen rudern umgehend mit Beibooten zur Unglücksstelle. Einige von ihnen haben Leitern dabei, die sie ins Wasser halten: Wer noch genug Kraft hat, kann sich daran festklammern und womöglich heraufklettern. Andere greifen nach den Rettungsgürteln, die auch von den Ausflugsdampfern aus ins Wasser geworfen werden, oder nach einer der Stangen, die ihnen gereicht werden. In anderen Fällen strecken die Menschen von der Seebrücke aus den Ertrinkenden ihre Hände entgegen, um sie aus dem Wasser zu ziehen. Aber schon nach wenigen Minuten wird klar, dass die Rettungsgeräte bei Weitem nicht ausreichen. Derweil treiben noch immer Menschen kraft- und womöglich schon leblos im Wasser. Marie Bandlow aus Greifswald gehört zu den Unglücklichen, die in die Ostsee gestürzt sind. Sie kann sich zwar an einem Pfahl und einem Rettungsring festhalten, aber ihre Kräfte schwinden:[4]

»Mein Cape war voll Wasser gesogen, mein Autoschleier klebte am Gesicht und behinderte die Luftzufuhr. Vor meinen Augen tanzten bunte Lichter, ich fühlte ein Sausen in den Ohren, hörte das Heulen der Sirenen von den Schiffen und das Geschrei der Hilferufenden. Von der Brücke reichte man mir einen Bootshaken; aber ich war kraftlos und konnte nur durch Schütteln mit dem Kopfe andeuten, daß ich nicht imstande sei, mich daran festzuhalten.«

Ins Wasser springen und die Ertrinkenden ans sichere Ufer bringen kann kaum jemand. Doch ein mutiger Mann tut genau das: Richard Römer. Der 24-Jährige ist Sergeant in der preußischen Armee, und seine Einheit ist ganz in der Nähe stationiert. Das Wochenende hat er dienstfrei und nutzt den schönen Sonnentag zu einem Ausflug nach Binz. Streng genommen darf er allerdings gar nicht hier sein, denn er hat keinen Urlaub beantragt, wie das für einen Soldaten eigentlich vorgeschrieben ist. Womöglich hat sich Römer bei seinem sonntäglichen Ausflug das ein oder andere Mal vorsichtig umgeschaut, ob ihn auch kein Kamerad oder womöglich ein Vorgesetzter erkennt – aber fraglos genießt auch er seinen frühabendlichen Gang über die Seebrücke. Und so ist er just im Moment des Unglücks in unmittelbarer Nähe zum Geschehen.

Richard Römer ist eigentlich das, was man eine Landratte nennt: Er stammt aus dem westfälischen Hohenlimburg, ist also weit weg vom Meer aufgewachsen. Aber er hat dort in dem Flüsschen Lenne schwimmen gelernt – und genau diese Fähigkeit kann der mutige junge Mann jetzt nutzen. Er entledigt sich rasch seiner Ausgehuniform: Mütze, Uniformjacke und Säbel – und springt beherzt in die Ostsee. Schwimmen kann der Soldat schließlich, aber wie soll er die Verzweifelten aus dem Meer ziehen? Nicht jeder, der sich selbst über Wasser halten kann, ist schließlich in der Lage, andere Menschen vor dem Ertrinken zu retten. Doch Römer gelingt mit größtem Kraftaufwand genau dies: Er zieht die Verunglückten die rettenden Meter bis an den Steg, wo andere Helfer, die selbst nicht schwimmen können, sie hinaufziehen. Zwölf Menschen bringt Römer so in Sicherheit. »Bei der 13. Person war er so entkräftet«, so berichtet Jahrzehnte später noch seine Ehefrau, »daß er bei den Helfern an den Balken beinahe selbst ertrunken wäre, soeben konnte er über Wasser gehalten werden.«[5]

Während Römer erschöpft von seiner Rettungstat ist, kommen jetzt mehr Soldaten der kaiserlichen Kriegsschiffe zu Hilfe. Einige von ihnen haben Landgang und halten sich in diesen Minuten ohnehin auf der Seebrücke oder in der Nähe auf. Aber auch Zivilisten beteiligen sich mutig und tatkräftig. Die Geretteten werden noch auf der Seebrücke versorgt, »es wurden sofort Wiederbelebungsversuche angestellt«, berichtet ein Augenzeuge, »die sich aber bei einer Dame als erfolglos erwiesen, während eine andere Dame noch in meiner Gegenwart ins Leben zurückgerufen wurde.«[6] Auch bei diesen Wiederbelebungsversuchen, die oft von zufällig anwesenden Ärzten unternommen werden, leisten die Matrosen der Kriegsschiffe tatkräftige Hilfe. Zudem transportieren sie die Kranken auf Tragbahren ab oder tragen sie sogar einfach auf den Armen. Erst etwas später werden noch Leichen vom Grund geborgen, ein Marinetaucher von einem der kaiserlichen Kriegsschiffe kann auch ein kleines Mädchen nur noch tot bergen.

Was sich in diesen Minuten auf der Seebrücke abspielt, ist für viele Anwesende schockierend. Sicher stellvertretend für viele andere berichtet ein Augenzeuge:[7] »Vor unseren Augen spielten sich herzzerreißende Szenen ab, deren Schilderung ich mir ersparen möchte, die mir aber immer vor Augen stehen werden.« Schließlich drängt wohl ein Marineoffizier darauf, die Seebrücke räumen zu lassen. Auch dies ist in dieser aufgeregten Stimmung nicht ganz einfach – immerhin müssen jetzt über 1000 Menschen gleichzeitig die Anlage verlassen. Einer von ihnen berichtet, dass die ganze Seebrücke »in eine so starke schwankende Bewegung« gerät, »daß man fast seekrank werden konnte«.[8] Nach dem ersten Schrecken wird bald auch Kritik laut, zunächst an dem Verhalten mancher Zuschauer. Sicher, viele von ihnen konnten nicht helfen, weil die Besucher auf der Seebrücke viel zu dicht gedrängt standen. Einige Retter beklagen sich über das »Publikum«, das sich wie eine geschlossene Mauer auf der Seebrücke aufgebaut hat und nicht recht dazu zu bewegen gewesen sei, Platz zu machen für die Tragen mit den Geretteten. Diese werden vorläufig in die nächstgelegenen Herbergen gebracht, wobei von einem der größeren Hotels das Gerücht geht, dass dort die Verunglückten abgewiesen worden seien – »bis sich die anwesenden Kurgäste bereit erklärten, ihre Zimmer den Kranken zur Verfügung zu stellen«. Doch die Hilfsbereitschaft überwiegt. So gibt es vor allem Lob für den Restaurantwirt auf dem Brückenkopf, »der nicht nur für die Unterkunft der Kranken sorgte, sondern ihnen auch Erfrischungen zukommen ließ«.[9] Marie Bandlow aus Greifswald, die rechtzeitig aus der Ostsee gerettet werden konnte, erinnert sich später:[10]

»Man trug mich in die Küche des Brücken-Restaurants, wo eine Greifswalder Dame mich meiner Kleidung entledigte, mich in eine Kaffeedecke einschlug und mir ihre warme Jacke gab. Ein Arzt untersuchte mich und gab mir zwei Kognaks und starken Kaffee [...]. Nach einer Weile nahmen mich zwei Matrosen des Kriegsschiffes ›Pommern‹ auf die Arme und trugen mich halbnackt die Brücke entlang zur Haltestelle der Droschken. Unterwegs sah ich, wie man sich anstrengte, Verunglückte ins Leben zurückzurufen, ein menschlicher Körper war mit einem Tuch ganz bedeckt.«

So groß der Schrecken der Menschen über das Geschehen ist, so ungeteilt ist aber auch das Lob für die zahlreichen Retter und Helfer in diesen Stunden. Wie immer bei solchen Katastrophen – das war schon vorher so und wird auch später so sein – bleiben nicht alle Retter gleichermaßen in Erinnerung. Einige werden bald vergessen, während andere im Licht der öffentlichen Aufmerksamkeit und Anerkennung stehen. Das gilt vor allem für die Soldaten der kaiserlichen Marine. Ein Teil von ihnen erhält eine Belobigung oder wird später sogar mit einem königlichen Orden ausgezeichnet. Der Kaiser erfährt übrigens von dem Unglück von Binz auf einer seiner »Nordlandreisen«, die ihn traditionell vor die Küste Norwegens bringen. An Bord seiner Jacht fühlt sich Wilhelm II. denkbar wohl, er ist schließlich auf alles Maritime versessen, und er weiß viele Deutsche hinter sich bei seiner Lieblingsidee von Deutschlands Zukunft auf dem Wasser – von einer deutschen Zukunft als Seemacht!

Das Deutsche Kaiserreich ist eine Monarchie, Demokratie und politische Partizipation der Bürger sind nicht vorgesehen. Aber dennoch schließen sich Menschen auch zu diesen Zeiten zu Protest zusammen, und dies geschieht jetzt auch in Binz: Die Badegäste des Ortes treffen sich zu einer spontanen Versammlung und beschweren sich über die Gemeindeverwaltung, »weil zu wenig Beamte und zu wenig Rettungsgürtel auf der Brücke vorhanden gewesen seien«. Der Gemeindevorsteher kann indes die Gemüter beruhigen, indem er sofort Nachbesserungen zusagt: Fortan werde man die Bewachung der Brücken und Anlegestellen verbessern und somit mehr Verantwortung für die Sicherheit des Badelebens übernehmen. Aber: Es ist eben alles auch eine Frage des Geldes. So erinnert der Gemeindevorsteher daran, dass die Seebrücke nicht nur eine beliebte Attraktion des Ortes ist, sondern auch eine sehr teure. Rund 130 000 Reichsmark habe der Bau der Brücke sechs Jahre zuvor gekostet, und ständig seien neue Kosten angefallen; weitere 30 000 Mark seien schon zwei Jahre später investiert worden, nachdem ein Sturm die Anlage schwer beschädigt hatte, und erst im vergangenen Jahr seien 56 000 Mark für Reparaturen ausgegeben worden.[11]

Und im Grunde sei alles für die Sicherheit der Seebrücke unternommen worden, erklärt auch die mit dem Bau der Brücke betraute Firma aus Greifswald. Im vergangenen Winter habe Eistreiben die Anlage beschädigt, die anschließend vorgenommenen Reparaturarbeiten seien aber fachgerecht ausgeführt worden. Die zuständige Wasserbauinspektion habe diese nur deshalb nicht abgenommen, weil dies gesetzlich nicht vorgeschrieben sei. Zudem habe es in den Tagen vor dem Unglück heftige Nordstürme gegeben, durch welche die Brücke »vermutlich schadhaft« geworden sein dürfte – mit den entsprechenden Folgen, wie die Firma einer Zeitung gegenüber erklärt:[12]

>»Einige Bolzen haben sich wahrscheinlich gelöst, so daß dem Anschein nach der in Frage kommende Mittelbalken nur noch an einem Bolzen gehangen haben kann. Infolge des gestrigen großen Andranges dürfte auch dieser Bolzen nachgegeben haben, wodurch das Unglück herbeigeführt worden sei.«

Letztlich waren es wohl schlicht zu viele Menschen, die sich an diesem 28. Juli 1912 auf dem Anleger tummelten, dafür war die Holzkonstruktion – zudem vermutlich beschädigt – letztlich nicht ausgelegt. Auch eine bald eingesetzte Gerichtskommission hatte an der Konstruktion der Brücke technisch im Grunde nichts auszusetzen, hier sei »alles in Ordnung« gewesen, »das Unglück müsse deshalb lediglich auf den großen Andrang des Publikums zurückgeführt werden«.[13] Die Badeverwaltung muss einräumen, dass die Seebrücke letztlich nie vollständige Sicherheit bieten kann: »Die Brücke wird und muß immer schwanken«, heißt es in einer offiziellen Erklärung, »sie wird und muß immer Mängel zeigen.« Selbst eine Eisenkonstruktion, wie sie jetzt einige fordern, werde keine endgültige Sicherheit bringen – und eine Verkürzung der Seebrücke würde fraglos die Attraktivität des Badeortes schmälern.[14]
Das Leben in Binz und auf ganz Rügen geht weiter, auch die

Ein langer schwarzer Pfeil zeigt auf dieser Ansichtskarte die Stelle, wo das Unglück geschah. Auf der Rückseite findet sich der Hinweis: »Liebster Papa! Ich bezeichne dir die eingebrochene Stelle, an der so viele Menschen gestern verunglückten.«

Seebrücke wird rasch wieder für die Badegäste freigegeben. Und schon einen Tag nach dem Unglück feiern Einheimische und Besucher im nahen Sassnitz ein lange geplantes Marinefest, bei dem Matrosen der Kriegsschiffe *Moltke* und *Yorck* bei einem Wettrudern teilnehmen und sich andere Gäste etwa bei Sportspielen vergnügen – eine Ansprache des örtlichen Pfarrers und das »Hoch auf den Kaiser« beenden das sommerliche Fest.[15] Gleichwohl wird die Katastrophe im ganzen Reich wahrgenommen, das Erschrecken und die Trauer sind groß, auch Kaiser Wilhelm II. bekundet in einem Telegramm umgehend seine Anteilnahme. Zugleich ist die Brücke nun augenscheinlich für manche mehr denn je eine touristische, wenngleich makabre Attraktion. So heißt es auf einer Ansichtskarte, die tags darauf verschickt wird und als Motiv die Seebrücke zeigt:[16] »Liebster Papa! Ich bezeichne dir die eingebrochene Stelle, an der so viele Menschen gestern verunglückten!«

85

Schließlich sterben an diesem 28. Juli 1912 16 Menschen: zehn Frauen, vier Männer und zwei Kinder. Unter den Opfern ist auch der Binzer Gemeindediener Theodor Päper, er wird am 31. Juli als letztes Opfer des Unglücks unter großer Anteilnahme von Einwohnern und Gästen des Ostseebads beigesetzt.»Von der Beliebtheit des Mannes zeugen die zahlreichen Kranzspenden«, so heißt es in der örtlichen Zeitung,»die den Raum, in dem der Verunglückte aufgebahrt lag, derart bedeckten, daß es unmöglich war, sich zwischen ihnen zu bewegen.«[17]

Abseits der technischen Ursachen hat das Unglück von Binz vor allem schonungslos aufgezeigt, dass in Deutschland einfach zu viele Menschen ertrinken, weil sie schlicht nicht schwimmen können. Auch in diesem Sommer 1912 sind Badeunfälle mit tödlichen Folgen nahezu an der Tagesordnung, überall im Deutschen Reich. Allein an diesem 28. Juli 1912, dem Unglückstag von Binz, berichten die Zeitungen von zahlreichen solcher Tragödien:»Beim Spaziergang auf dem Wattenweg zwischen Föhr und Amrum ist ein Fräulein Dommes aus Magdeburg mit einer Freundin in einem Tief versunken und ertrunken«, heißt es von der Nordseeküste.[18] Eine andere Zeitung berichtet von einem Badeunfall in der Weichsel, bei dem zunächst ein Mann in Not geraten war, ehe ihn schließlich sein Bruder retten wollte – vergeblich:»Der Ertrinkende klammerte sich aber so fest an den Retter, daß beide elendiglich umkamen.«[19] Auch im Rhein finden Schwimmer den Tod; aus Köln-Deutz wird mitgeteilt:»Gestern nachmittag ertrank unterhalb des Strandbades beim Baden im offenen Rhein ein etwa 20-jähriger dem Arbeiterstand angehöriger junger Mann.« Und zudem:»Oberhalb des Strandbades wurde gestern nachmittag eine Leiche, die nur mit einer Badehose bekleidet war, gelandet.«[20]

Die wenigsten Deutschen können schwimmen, und noch sehr viel weniger sind in der Lage, einen Ertrinkenden erfolgreich und ohne Gefährdung des eigenen Lebens ans sichere Ufer zu bringen. Das lässt auch den Mitgliedern der Schwimmverbände keine Ruhe. Die Ersten ihrer Art wurden schon vor der Jahrhundertwende in Berlin und Hamburg gegründet. Aber Schwimmen ist noch längst kein Breitensport, auch wenn dem Deutschen Schwimm-Verband im Jahr 1905 schon 190 Vereine mit 23 000 Mitgliedern angehören.[21] Sie können etwas bewirken – und das tun sie mit dem Aufruf, der ein knappes Jahr nach dem Unglück von Binz in ihrem vereinseigenen Blatt erscheint:[22]

»5000 Menschen ertrinken jährlich in Deutschland! Selbst den Beherzten überläuft ein Schauer, und jeder, vor allem wir Schwimmer sinnen auf Abhilfe, die bisher nie in durchgreifender Weise versucht wurde [...]. Retten lernen! muß unser Hauptlosungswort werden. Wir müssen eine planvolle Ausbildung aller herbeiführen, auch der Frauen.«

Eine »Lebensrettungs-Gesellschaft« nach britischem Vorbild – der Royal Life Saving Society – soll gegründet werden. Es geht um die sachgemäße Fähigkeit, Ertrinkende zu retten und gegebenenfalls wiederzubeleben. Dazu gelte es entsprechende Kurse durchzuführen, Prüfungen abzunehmen und Vorträge oder Wettbewerbe zu organisieren. Knapp drei Monate nach dem Aufruf, am 19. Oktober 1913, wird in Leipzig die Deutsche Lebens-Rettungs-Gesellschaft gegründet. Damit begann eine Erfolgsgeschichte in der Geschichte des Helfens: Heute ist die DLRG die größte Wasserrettungsorganisation der Welt, die auf das enorme ehrenamtliche Engagement seiner Mitglieder setzen kann. Die meisten Deutschen kennen die Wasserrettungsstationen des Verbandes an Nord- und Ostsee, aber auch an vielen kleinen Badeseen, und Tausenden Menschen haben DLRG-Mitarbeiter Schwimm- und Rettungsschwimmprüfungen abgenommen.

Das Unglück von Binz mit seinen dramatischen Folgen und dem großen öffentlichen Entsetzen über das Geschehen wurde damit zum äußeren Anlass dieser Vereinsgründung. Und einer der Retter vom 28. Juli 1912 ist Teil der DLRG-Geschichte geworden: Richard Römer, der 24-jährige Soldat, der an seinem freien Wochenende zufällig auf der Seebrücke war und so beherzt zahlreiche Menschen aus der Ostsee rettete, wurde nicht nur von Kaiser Wilhelm II. mit der Rettungsmedaille am Bande ausgezeichnet. Er gilt seitdem als einer der Väter der organisierten Lebensrettung, eine DLRG-Gruppe taufte ein Rettungsboot auf seinen Namen, und in seiner Heimatstadt Hohenlimburg tragen eine Straße sowie ein Schwimmbad seinen Namen.

Gegenwärtig beklagt die DLRG allerdings regelmäßig die unzureichenden Schwimmfähigkeiten vor allem der Kinder in Deutschland. In den Schulen werde zunehmend weniger Schwimmunterricht angeboten, und gleichzeitig müssten immer mehr Bäder aus Kostengründen ihren Betrieb einstellen. Zudem haben wegen der Einschränkungen während der Corona-Pandemie Hunderttausende Kinder nicht oder nicht ausreichend schwimmen gelernt – worauf etwa die DLRG mit zusätzlichen Kursangeboten reagiert, zugleich aber auch den Betrieb von mehr Schwimmbädern fordert: Jede Schule in Deutschland, so die Forderung, müsse ein Bad in erreichbarer Nähe haben, um den Schwimmunterricht wie im Lehrplan vorgesehen auch umsetzen zu können. Wenn die Katastrophe von Binz inzwischen auch mehr als 100 Jahre her ist, die damals laut gewordene Forderung ist denkbar aktuell: Schwimmen und retten lernen! Auch das lehrt der 28. Juli 1912.

Zum Weiterlesen
Die offizielle Webseite der Lebensretter www.dlrg.de informiert über Geschichte und aktuelle Arbeit der DLRG.

Für einen Besuch

Die neue Seebrücke von Binz, 1994 eingeweiht, ist – übrigens bei fast jedem Wetter – ein großartiges Ausflugsziel. Die Betonkonstruktion ruht auf Stahlpfosten und ragt 370 Meter weit in die Ostsee, und auch heute lassen sich hier die vielen Ausflugsboote betrachten. Eine Gedenktafel an der Strandpromenade erinnert an das Unglück von 1912. Bei einem Spaziergang durch den Ort kann man auch die reich ornamentierte Bäderarchitektur bewundern: Villen mit Veranden, Balkonen, Loggien und Türmchen, die heute vielfach als Hotel dienen.

SABINE KNOR

Wie die Strelitzie zu ihrem Namen kam

Sophie Charlotte zu Mecklenburg-Strelitz: britische Königin und »Queen of Botany«

Als der schottische Botaniker Francis Masson dem Direktor der Royal Botanic Gardens in Kew, Joseph Banks, 1773 aus Südafrika eine stachelige Paradiesvogelblume mitbringt, benennt Banks sie nach einer norddeutschen Prinzessin, die am 19. Mai 1744 als Sophie Charlotte zu Mecklenburg-Strelitz im verträumten Mirow das Licht der Welt erblickt hat. Zu dem Zeitpunkt ahnt noch niemand, dass sie 17 Jahre später Königin von Großbritannien und, mit »zwei grünen Daumen« ausgestattet, auch zur »Queen of Botany« und Namensgeberin dieser Blume werden würde.

Sophie Charlotte wächst ländlich inmitten der malerischen mecklenburgischen Seenplatte im Örtchen Mirow auf. Seit dem 16. Jahrhundert war das auf einer kleinen verträumten Insel gelegene Schloss der Wohnsitz für diejenigen Verwandten der Herzöge zu Mecklenburg-Strelitz, die keine Aussicht hatten, jemals zu regieren. So wie Sophie Charlottes Vater, Carl Ludwig Friedrich zu Mecklenburg-Strelitz, der, ohne Vater aufgewachsen, mit seiner Mutter Christiane schon dort lebte.[1]

Seit 1773 heißt die aus Südafrika stammende Paradiesvogelblume Strelitzia reginae – benannt nach ihrer berühmten Namens-geberin Queen Charlotte aus Mecklenburg-Strelitz.

Das Adelsgeschlecht derer zu Mecklenburg-Strelitz hatte einen eher eigentümlichen Ruf: Friedrich der Große taufte die Familienmitglieder der Mirower Linie spöttisch »die Mirokesen« und lästerte über die in seinen Augen provinziellen, skurrilen und lästigen Verwandten:[2]

»[...] und nachdem sich der gute Herr [Carl zu Mecklenburg-Strelitz] recht sehr besoffen hatte, stunden wir auf und hat er mir, mit seiner ganzen Familie, versprochen, mich zu besuchen; kommen wird er gewiß; wie ich ihn aber wieder los werden werde, das weiss Gott.«

Sophie Charlottes Vater Carl hatte in einer – für diese Zeit die absolute Ausnahme – Liebesheirat die 21-jährige Elisabeth Albertine, geborene Prinzessin von Sachsen-Hildburghausen, geehelicht. Nach der Hochzeit ließ Carl für seine Familie auf der Schlossinsel ein eigenes Haus bauen, das »Untere Schloss«, der Überlieferung nach ein bescheidener einstöckiger Fachwerkbau. Dort kommt als vorletztes von sechs Kindern Charlotte, von der Familie Lottchen genannt, am 19. Mai 1744 zur Welt:[3]

»d. 19. Maji am Pfingst-Dienst-Tage nach vier Uhr des Morgens ist dem durchl. Fürsten und Herrn, herzog Carl Ludwig Friedrich zu Mecklenburg, hieselbst in Mirow auf dem neuen Schloße eine volgebildete Prinzeßin gebohrn, den folgenden Tag darauf vormittags zwischen elf und zwölf Uhr getauft und Sophia Charlotta genannt worden.«

Sophie Charlotte, kurz: Charlotte, wächst standesgemäß auf, wird von Gouvernanten erzogen, von Gelehrten unterrichtet und auf ihre künftige Rolle bei Hofe vorbereitet. Einen wichtigen Einfluss auf Charlottes bestimmt früh erkennbaren Wissensdurst hat der schon in seiner Zeit berühmte mecklenburgische Naturforscher Gottlob Burchard Genzmer (1716–1771), der als Erzieher der fürstlichen Kinder für viele Jahre an den Mirower Hof kommt. Mit dem aufgeklärten Theologen setzen Charlottes Eltern einen richtungsweisenden und modernen Akzent. Genzmer ist es wohl auch, der Charlottes Interesse für Botanik weckt, das sie bis nach Großbritannien und ein Leben lang begleiten würde.[4]

Neben dem naturwissenschaftlichen Unterricht lernen die Schwestern Christiane und Charlotte von ihrer Gouvernante auch Französisch und Italienisch und bekommen Musik- und Literaturunterricht und Tanzstunden – Pflichtprogramm einer standesgemäßen Erziehung.[5] Charlotte wächst ansonsten wohl einfach, aber behütet auf. In Briefen spricht ihr Bruder Adolf Friedrich IV.

liebevoll von »Schwester Lotchen«. Den Prinzessinnenalltag in ihrer Kindheit und Jugend beschreibt der mecklenburgische Publizist Friedrich Winkel (1853–1929) als »frei und unbeschwert«:[6]

> »In größter Einfachheit wuchsen die fürstlichen Kinder auf. Kahnpartien auf dem hübschen Mirower See. Ausflüge in die nächste Umgebung. Ausfahrten nach Neustrelitz bildeten die einzige Abwechslung; auch beteiligten sich die Prinzen und Prinzessinnen wohl als Zuschauer an den ländlichen Erntefesten in dem benachbarten Mirowdorf; und in dem nahen ›Holm‹, einem herrlichen Buchenwalde, der zu Lande und zu Wasser erreicht werden konnte, wird noch heute in der Nähe des Forsthauses die Buche gezeigt, unter deren schattigen Zweigen die fürstlichen Kinder, besonders Prinzeß Sophie Charlote, gespielt und in der ländlichen Einsamkeit ihre Schale Milch verzehrt haben.«

Doch die Unbeschwertheit wird getrübt. Zwei große Verluste muss Charlotte in ihrer Kindheit verkraften. Den Tod der geliebten Großmutter, die gleich nebenan im »Oberen Schloss« in Mirow lebte und zu der sie eine enge Beziehung hatte, und den Tod des Vaters. Schwierige Zeiten auch für Charlottes Mutter Elisabeth Albertine. Sie kämpft für ihre Familie um das kleine Herzogtum und wendet sich in ihrer Not auch an den britischen König, Georg II.

Carl Ludwig Friedrich hatte vor seinem Tod noch testamentarisch verfügt, dass seine Frau Albertine die Vormundschaft für die Kinder und damit auch die Regierung des kleinen Herzogtums übernehmen sollte. Charlottes Mutter muss sich gegen Begehrlichkeiten wehren, das Strelitzer Land verteidigen und bekommt Unterstützung vom britischen Königshaus. Sie muss sich nicht nur um die sechs Kinder kümmern, sondern steht auch in Regierungsverantwortung für Mecklenburg-Strelitz. Charlotte erlebt ihre Mutter kämpferisch, erfinderisch, geschickt und mutig – sicher prägende Erfahrungen für ihr späteres Leben.

Charlotte wird langsam erwachsen und in der Johanniskirche in Mirow konfirmiert – und kommt ins heiratsfähige Alter. Und sollte sich »der Richtige« nicht finden, hatte ihre Mutter vorgesorgt und ihr »vorsichtshalber« einen Platz im Herforder Damenstift organisiert.

Aber es sollte anders kommen: Kein Geringerer als der neue, erst 23-jährige britische König Georg III. hielt um ihre Hand an! Charlotte, genauer gesagt, Sophie Charlotte aus dem kleinen, beschaulichen Örtchen Mirow, kannte ihren künftigen Ehemann gar nicht – und andersherum hatte man am englischen Königshof wohl kaum Beeindruckendes über derer zu Mecklenburg-Strelitz gehört. Das Erstaunen über die Brautwahl muss deshalb wohl groß gewesen sein, wie ein Vertrauter des englischen Hofes, Lord Horace Walpole, frotzelnd formulierte:[7]

> »Das Taschentuch ist sehr weit geworfen worden, zu Füßen einer Charlotte, Prinzessin von Mecklenburg. Ein Gesandter soll am 1. August am Hofe ihres Vaters erscheinen, falls er ihn bis dahin gefunden hat.«

Es hält sich zwar hartnäckig die romantische Erzählung, Charlotte habe als Teenager einen Brief an Friedrich den Großen geschrieben, »damit er ihr heimatliches Herzogtum vor dem Krieg verschone«. Und dieser Brief sei Georg III. von England durch Zufall in die Hände gefallen und habe ihn so sehr berührt, dass er sich in die Verfasserin verliebt habe. Wahrscheinlicher und weniger romantisch ist die Annahme, die Hochzeit, die Charlotte 1761 zu einer der mächtigsten Frauen der Welt machen sollte, sei politisches Kalkül gewesen.

In Großbritannien war die Thronfolge auf den 23-jährigen Georg III. gefallen. Dessen Mutter Augusta von Sachsen-Gotha und deren engste Berater recherchierten eifrig geeignete Kandidatinnen und verständigten sich auf ein »blaublütiges Ranking«. Es sollte vor allem eine deutsche, »nicht politische« protestantische Prinzessin aus einem kleinen Fürstentum sein, damit die Hochzeit mitten im Siebenjährigen Krieg (1756–1763) nicht zu politischen Verwicklungen führte. Und der kurhannoversche Minister Gerlach Adolph Freiherr von Münchhausen wurde beauftragt, die infrage kommenden Kandidatinnen genauer unter die Lupe zu nehmen. Ihm ist es wohl zu verdanken, dass neben den bereits bestehenden Anwärterinnen ein weiterer Name fiel: Sophie Charlotte zu Mecklenburg-Strelitz.

Und dann geht alles ganz schnell: Am 14. Juni 1761 erreicht ein Gesandter des britischen Königshauses Schloss Mirow, um das Ergebnis der Wahl mitzuteilen. Am 17. Juni 1761 diktiert Charlottes Mutter Elisabeth Albertine ihrem ältesten Sohn, dem nun weisungsbefugten Herzog von Mecklenburg-Strelitz, Adolf Friedrich IV., ein Antwortschreiben. Darin versichert sie, dass Charlotte »noch nicht verlobt und nach den Lehren Luthers erzogen worden sei« – und damit der Ehe mit König Georg III. nichts im Wege stehe. Zum Zeitpunkt dieser Korrespondenz ist Charlottes Mutter bereits schwer krank, sie empfängt den königlichen Gesandten zur Übergabe des Antwortschreibens am Krankenbett. Der fügte noch seinen persönlichen Bericht hinzu. Die 17-jährige Strelitzerin beschreibt er nicht als Schönheit, aber liebenswert:[8] »Sie sei schlank und von mittlerer Statur, mit einem schönen Teint. Ihre Augen seien sehr lebhaft und hätten eine Farbe zwischen hellem Grau und Blau. Die Nase sei gut und vor allem nicht flach. Die Haarfarbe sei hellbraun, eigentlich schon aschblond.« Er ergänzt, ihr Mund sei groß, sie habe rote Lippen und gesunde Zähne. Es fehle zwar die fürstliche Ausstrahlung, doch das gleiche sie mit Sanftmut und Natürlichkeit aus.

Brautschau im 18. Jahrhundert war im Regelfall ein »Blind Date«: Denn auch die Künstler jener Tage porträtierten ihre

Modelle und die künftigen Bräute immer mit dem Auge des jeweiligen Betrachters. Und so unterschieden sich die Porträts von Sophie Charlotte, die als Entscheidungsgrundlage für König Georg III. dienten, voneinander. Und die künftige Braut musste sich ungefragt in ihr zugedachtes Schicksal fügen. Für Spekulationen sorgt noch heute die Aussage des deutschen Arztes Freiherr Christian Friedrich von Stockmar, der Sophie Charlotte als »klein, verwachsen, ein wahres Mulattengesicht«, beschreibt.[9] Wie wohl Sophie Charlotte über Georg III. vor ihrer Hochzeit dachte? Trotz aller Randbemerkungen stand der Heiratsverabredung, in der Charlotte auch versprach, sich nicht in die englische Politik einzumischen, nun nichts mehr im Wege. Noch auf dem Sterbebett hatte Elisabeth Albertine ihre Tochter den übermittelten Antrag annehmen lassen. Die Post mit dem Einverständnis war kaum in London eingetroffen, als Georg III. am 8. Juli 1761 in der *London Gazette* verkündet:[10]

>»Ich bin zu der Entscheidung gekommen, Prinzessin Charlotte von Mecklenburg-Strelitz zu heiraten, eine Prinzessin, die sich durch jede wichtige Tugend und jede liebenswerte Eigenschaft hervortut und deren illustre Vorfahren sich immerfort mit dem größten Eifer für die protestantische Religion eingesetzt haben.«

Die Hochzeit wird geplant, ein Hofstaat von 43 Personen ausgewählt, wohl mehr, als je auf Schloss Mirow gelebt hatten. Die Vorbereitungen nehmen ihren Lauf: Ein weiterer englischer Gesandter kommt nach Neustrelitz, bringt funkelnde Geschenke und den Ehevertrag mit und berichtet nach seiner Rückkehr:[11]

>»Unsere Königin hat nur wenig von der Welt gesehen, aber ihre Klugheit, ihre Lebhaftigkeit und Heiterkeit empfehlen sie als geeignet für unseren König und werden sie zum

Liebling der britischen Nation machen [...]. Sie besitzt eine charmante Ausstrahlung, sehr hübsche Augen und ist gut gebaut. Kurz gesagt, sie ist ein ganz vortreffliches Mädchen.«

Es ist ein rauschender Abschied in Neustrelitz, den Charlottes ältester Bruder Adolf Friedrich IV. seiner Schwester bereitet. Er war wohl auch deshalb so opulent, um dem Gerücht vorzubeugen, Charlotte würde als »Bettelprinzessin«[12] nach England reisen: 40 000 Lichter, 130 Ehrengäste, ein großes Festmahl und eine Mitgift im Wert von 126 000 Reichstalern, so wird es notiert. Am Ende der Feierlichkeiten hatte sich der Bruder finanziell total übernommen.

Im Sommer des gleichen Jahres verabschiedet sich Charlotte von Adolf Friedrich, den anderen Geschwistern und von ihrer norddeutschen Heimat. Ihr Lieblingsbruder Karl begleitet sie noch auf der einige Tage dauernden Kutschfahrt bis nach Stade, bevor sie von dort nach Großbritannien mit dem Schiff weiterreisen würde. Graf von Lehndorff, »Klatschreporter« am Hofe Friedrichs II., beschreibt das britische Schiff, die *Royal Charlotte*, in seinem Tagebuch so:[13]

»Das Schiff ist entzückend, von außen ganz vergoldet, die inneren Räume mit reich vergoldeten und mit dunkelrotem Damast bezogenen Möbeln ausgestattet, die Täfelung von Mahagoniholz und überall türkische Teppiche, kurz, es ist alles vorhanden wie in einem wohnlichen Zimmer.«

Es ist *das* gesellschaftliche Ereignis seiner Zeit, Menschen drängen sich am Wegesrand, jeder möchte einen Blick auf die künftige Königin von Großbritannien aus Mecklenburg-Strelitz erhaschen. Charlotte geht an Bord und sticht mit zwei Hofdamen und sicherem Geleit der britischen Kriegsflotte mitten im Siebenjährigen Krieg in See.

Die Reise verlangt Charlotte eine Menge ab: Es stürmt, die See ist rau, das Wetter schlecht. Stürme, Regen und Seegang erschweren die Überfahrt, auf der sie der Überlieferung nach die englische Nationalhymne »God save the King« und ein paar englische Sätze übt. Denn am Neustrelitzer Hof war Englisch kein Unterrichtsfach.

Durchgerüttelt laufen die Schiffe nach zwei turbulenten Wochen am 8. September 1761 in den Hafen von Harwich ein. Und mit einer Kutsche geht es direkt nach Ankunft ins 130 Kilometer entfernte London. Charlotte muss wohl über eine gesunde Portion Selbstbewusstsein verfügt haben – denn, wie Lord Horace Walpole über die Ankunft nach der Kutschfahrt berichtet:[14] »Während der Fahrt wurde vorgeschlagen, dass sie ihr Toupet kräuseln sollte: sie erwiderte, sie denke, dass sie ebenso gut aussehe wie die Damen, die ausgesandt waren, sie abzuholen; sollte der König es gebieten, würde sie eine Perücke tragen, ansonsten würde sie so bleiben, wie sie sei.«

Aufgeregt und von den Ereignissen überwältigt beschreibt er später die Ankunft in London:[15] »15.15 Uhr. Madame Charlotte ist angekommen. Der Lärm der Kutschen, Kaleschen, Reiter, die sie durch die Parks haben vorbeifahren sehen, ist so ungeheuer, dass ich die Kanonen nicht unterscheiden kann.«

Gegenüber Charlottes letztem Wohnort Neustrelitz mit etwa 400 Einwohnern konnte der Kontrast bei ihrer Ankunft in London – mit damals 700 000 Einwohnern eine der größten Städte der Welt – nicht größer sein. Noch am gleichen Abend lernt sie ihren Bräutigam König Georg III. kennen, und sie werden noch am gleichen Tag in der Kapelle des St. James Palace getraut. Die 17-jährige künftige Königin von Großbritannien hatte bis dahin gerade einmal drei Worte mit ihrem Bräutigam gewechselt. Und da Charlotte zu dem Zeitpunkt nur wenig Englisch sprach, werden sie sich wohl standesgemäß auf Französisch oder Italienisch unterhalten haben.

Sie war nach ihrer Ankunft sofort vom Hofstaat eingekleidet worden, da begann schon die Zeremonie. Lord Horace Walpole hält hierzu fest:[16]

»Innerhalb einer Stunde hörte man nichts als Ausrufe über ihre Schönheit; alle waren zufrieden, alle entzückt. Um sieben ging man zu Hofe. Die Nacht war schwül. Gegen zehn bewegte sich die Prozession in Richtung Kapelle, und um elf kamen sie alle in den Empfangssalon.«

Und über Charlotte meint er: »Sie sieht sehr vernünftig aus, vergnügt und bemerkenswert vornehm. Ihre Diamantentiara ist sehr schön, ihr Mieder prächtig, ihr violetter Umhang mit Hermelin so schwer.« Charlotte wird durch die Krönung von Georg III. zur jüngsten Königin Großbritanniens – mit nur 17 Jahren!

Nach den Feierlichkeiten lernen sich Charlotte und Georg III. erst einmal kennen. Beide bevorzugen das ruhige und ländliche Leben und verbringen die Flitterwochen und ersten Jahre in den Sommermonaten mit der schnell wachsenden Familie in der Richmond Lodge, bevor sie sich ab 1772 im geräumigeren Palast in Kew heimisch fühlen. Den St. James Palace nutzt der König hingegen vor allem für offizielle Anlässe.

Charlotte lernt Englisch, korrespondiert, kommt ihren höfischen Verpflichtungen nach und macht lange Spaziergänge mit ihren Hofdamen, reitet aus oder musiziert. Knapp ein Jahr nach der Hochzeit kommt das erste Kind zur Welt, Sohn und Thronfolger Georg, der spätere Georg IV., König von Großbritannien. Charlotte und König Georg III. verstehen sich und fühlen sich offenbar miteinander wohl. Er nennt sie liebevoll, so heißt es, »meinen Schatz aus Strelitz«. Die Ehe wird als glücklich beschrieben, sie bleiben ein Leben lang zusammen – und bekommen zwischen 1762 und 1783 gemeinsam 15 Kinder. Charlotte fügt sich demütig in die ihr zugedachte Rolle, »nur selten beklagt sie sich

Georg III. und Queen Charlotte, porträtiert 1770, mit den sechs ältesten ihrer insgesamt 15 Kinder.

über die physischen Belastungen der vielen Schwangerschaften« – dabei habe sie, so heißt es, häufig unter Kopfschmerzen und Depressionen gelitten.

Der englische Königshof wird, bei so viel Harmonie, als der »langweiligste in Europa« beschrieben. Charlottes Hofdame Frances »Fanny« Burney vertraut ihren Tagebüchern an:[17]

> »Ihr gegenseitiges Benehmen zeugt von herzlichem Vertrauen und Glücklichsein. Der König scheint ihre Unterhaltung zu bewundern und zu geniessen; und er will alles, was er sieht und hört, mit ihr teilen. Die Königin scheint ihm dankbar ergeben, und es ist ihr sehr daran gelegen, seine Wirkung auf andere zu erhöhen, indem sie immer betont, dass sie sich

selbst, obgleich Königin der Nation, als die erste und gehorsamste seiner Untertanen betrachte. In der Tat, beide auf ihre verschiedene Art und Weise und trotz des Unterschiedes in ihrem Charakter, haben mich gleichermaßen entzückt mit ihrem Benehmen zueinander und zu mir.«

Den Kontakt in ihre alte Heimat hält Charlotte hauptsächlich über ihren Lieblingsbruder Karl. Über 440 Briefe,[18] die in Schwerin archiviert sind, geben Einblick in ihren Alltag, erzählen aber auch von ihren Sorgen und Nöten. Vor allem ihr ältester Bruder, Herzog Adolf Friedrich IV., schien sie sehr zu beschäftigen. Der lebte mit der älteren Schwester Christiane weiterhin in Neustrelitz und erwartete von seiner königlichen Schwester Charlotte, seine Schulden zu begleichen. Zu zweifelhaftem Ruhm gelangte er nach seinem Tod übrigens als Titelheld und Vorlage des 1866 erschienenen Romans *Dörchläuchting* von Fritz Reuter, in dem der Autor sich über den unreifen und ängstlichen Herzog, der sich ständig in Geldnöten befand, lustig macht. Auch zu der älteren Schwester Christiane scheint Charlotte kein besonders gutes Verhältnis gehabt zu haben; sie beschreibt sie in ihren Briefen als »nörglerisch, ständig kränkelnd und einmischend«.

Charlotte und Georg III. sind stark eingebunden in die Pflichten bei Hofe, ihre Rolle verlangt, ihr Leben ganz in den Dienst der Krone zu stellen. Da ist wenig Platz für persönliche Entfaltung. Und so entkommt Georg III. offenbar genauso gern wie Charlotte dem höfischen Stress und genießt mit ihr das Leben auf dem Land. Kew erinnerte Charlotte wohl auch ein bisschen an ihre alte norddeutsche Heimat. Und Georg III. kann dort der Landwirtschaft nachgehen. Das geliebte Hobby bringt ihm den Spitznamen »Farmer George« ein.

Als Charlottes Schwiegermutter Augusta 1772 stirbt, übernimmt Charlotte deren Schirmherrschaft über den Botanischen Garten in Kew. Schon als Jugendliche hatte sie sich besonders für

Pflanzen interessiert. Die Aufgabe erfüllt sie mit derartiger Begeisterung, dass sie die Idee ihrer Schwiegermutter fortführt, exotische Pflanzen zu sammeln und sie auszustellen. Joseph Banks, der schon James Cook auf dessen erster Weltumsegelung als Botaniker begleitet hatte und inzwischen Leiter des Botanischen Gartens in Kew war, gibt der neu entdeckten afrikanischen Pflanzenart, einer Paradiesvogelblume, Charlotte und ihrer Herkunft zu Ehren den Namen *Strelitzia reginae*[19] – und sieht dies »als eine gerechte Respektbezeigung für den botanischen Eifer und das Wissen der gegenwärtigen Königin von Großbritannien«. Gemeinsam mit seinem Mitarbeiter, dem Botaniker William Aiton, machen sie den Garten mit Charlottes vor allem finanzieller Unterstützung zum (arten)reichsten der Welt. Noch heute verfügen die Royal Botanic Gardens in Kew, mit über 50 000 lebenden Pflanzen über eine der vielfältigsten Sammlungen aller botanischen Gärten weltweit und wurden inzwischen zum UNESCO-Weltkulturerbe erklärt.

Die pflichtbewusste, fromme und bodenständig gebliebene Charlotte muss in den nächsten Jahren mit ansehen, wie ihren Söhnen offenbar die königliche Herkunft und die damit verbundenen Annehmlichkeiten zu Kopfe steigen. Der älteste Sohn und Thronfolger macht vor allem mit Glücksspiel und Frauengeschichten von sich reden. Um diesem kostspieligen, ausschweifenden Leben ein Ende zu bereiten, muss er auf Druck des Parlaments – und auf Druck seiner Eltern – schließlich seine Cousine Caroline von Braunschweig-Wolfenbüttel, Tochter der Schwester von Georg III., heiraten.

Aber nicht nur ihre Kinder bereiten Charlotte Sorgen: Georg III. erkrankt und leidet zunehmend unter einer schweren Stoffwechselstörung, der sogenannten Porphyrie. Die äußert sich in unkontrollierbaren psychotischen Schüben und Ausbrüchen, die von seinen Hofärzten als »Geisteskrankheit« diagnostiziert werden. Charlottes Lage in England spitzt sich zu: Außenpolitisch

gibt es keine Erfolge zu vermelden, ihr Mann Georg III. wird als
»wahnsinniger König« bezeichnet, das zügellose Leben der Söhne
empört auch die Bevölkerung. Und als die englische Königin mit
einer Kutsche durch London fährt, wird sie sogar attackiert, mit
Steinen beworfen und im Gesicht verletzt.

Als dann auch noch die jüngste Tochter Amalia mit nur 27 Jahren stirbt, verschlechtert sich der Zustand Georgs III. dramatisch, und er wird zusätzlich noch taub und blind. Georg III. zieht
sich unter ärztlicher Kontrolle nach Schloss Windsor, Charlotte
in seiner Nähe mit ihren unverheirateten Töchtern vor allem ins
Frogmore House zurück. Die Regierungsgeschäfte überlassen
sie dem ältesten Sohn.[20] Charlotte stirbt am 17. November 1818
im Alter von 74 Jahren in ihrem geliebten Kew, ein gutes Jahr
vor Georg III., und findet in der St. George's Chapel auf Schloss
Windsor ihre letzte Ruhestätte.

Obwohl Charlotte im Kontext ihrer Zeit keine politisch aktive
Rolle zugedacht war, hat sie sehr wohl eigene Akzente gesetzt:
So gründete sie Krankenhäuser, Sonntagsschulen, Waisenhäuser,
unterstützte kinderreiche Familien und insbesondere die Ausbildung von Mädchen. Sie liebte wie Georg III. die Musik – und
förderte Musiker am Königshof, darunter auch den achtjährigen
Wolfgang Amadeus Mozart, der, zu Besuch bei Hofe, ihr sein
»Opus 3« widmete. Als ihr Hofmusiker und Musiklehrer Johann
Christian Bach, »der Londoner Bach«, starb, übernahm sie dessen Bestattungskosten und unterstützte seine Witwe. Und weil sie
den Töpfer Josiah Wedgwood bei der Herstellung von cremefar-
benem Steingut förderte, ging seine Keramik als »Queen's ware«
in die Geschichte ein. Vor allem aber ihre Begeisterung für Pflanzen und Botanik als »Queen of Botany« hat nicht nur die Strelitzie, deren Namensgeberin sie ist, in Europa populär gemacht,
sondern der Nachwelt auch die Royal Botanic Gardens in Kew
beschert.

Königin Charlotte, häufig unterschätzt, war weit mehr als »nur die treue Gemahlin an der Seite Georgs III.«–»she held the crown upon his head« –, sondern hinterließ bis heute sichtbare Spuren ihres Engagements.[21]

Zum Weiterlesen

Wer mehr über die Geschichte der Strelitzie erfahren möchte, findet in der Bibliothek im Kulturquartier Mecklenburg-Strelitz in Neustrelitz ein Exemplar des inzwischen vergriffenen Buches *Die Strelitzie und ihre abenteuerliche Geschichte* von Karl-Ernst Jipp.

Für einen Besuch

Neustrelitz
Interessierte können die Spurensuche in der Residenzstadt Neustrelitz aufnehmen, wo sie mehrfach mit dem Symbol des Ortes, der exotischen Paradiesblume und seiner berühmten Namensgeberin, in Berührung kommen. 1818, kurz vor ihrem Tod, schenkte Queen Charlotte ihrer Familie in Mecklenburg-Strelitz eine Strelitzienstaude, die erstmals in Deutschland 1822 in Neustrelitz blühte. Da ist es nicht verwunderlich, dass die Strelitzie inzwischen (seit 1995) Stadtblume und Wahrzeichen des Ortes ist und sogar als Edelstahlskulptur unweit des Schlossgartens bewundert werden kann.

Wer mehr über die Geschichte von Mecklenburg-Strelitz erfahren möchte, findet außerdem im Kulturquartier Mecklenburg-Strelitz in Neustrelitz viele Möglichkeiten zur Recherche sowie ein vielseitiges Veranstaltungsprogramm (www.kulturquartier-neustrelitz.de).

Schloss Mirow
Um die Kindheitserinnerungen von Sophie Charlotte und die herzogliche Wohnkultur derer zu Mecklenburg-Strelitz nachzuempfinden, sollte man Schloss Mirow besuchen. Es liegt noch immer

genauso verträumt und idyllisch auf einer malerischen Insel in der Mecklenburgischen Seenplatte etwa 15 Kilometer südwestlich von Neustrelitz.

Wer das »Untere Schloss« sucht, wird es zwar finden – kann es aber leider nicht besuchen. Wann es renoviert wird und besichtigt werden kann, ist nicht bekannt.

Für eine naturnahe Entdeckungsreise vom Wasser aus empfiehlt sich eine Kanutour. Einen Verleih gibt es auch direkt in Mirow.

London

Und wer die berühmten Royal Botanic Gardens in Kew bei London besucht, findet dort nicht nur den Kew Palace vor, in dem sich Charlotte und Georg III. mit ihrer Familie so gern aufhielten. Ganz in der Nähe gelangt man auch zum bevorzugten »Frühstücksplatz« der Königin, dem von den »schönsten Glockenblumenwäldern Londons umgebenen« strohbedeckten Queen Charlotte's Cottage.

Charlotte als Namensgeberin von Städten und Gemeinden

Die Namen vieler Städte und Gemeinden in den USA und Kanada, die in der britischen Kolonialzeit gegründet wurden, gehen auf Queen Charlotte zurück, so etwa derjenige von Charlotte, der größten Stadt im US-Bundesstaat North Carolina (die noch dazu in Mecklenburg County liegt).

TILLMANN BENDIKOWSKI

Gefesselte Füße, Steine über dem Kopf

Die Untoten im mittelalterlichen Kloster Harsefeld

Irgendwann im Mittelalter dringen – wohl im Schutz der Dunkelheit – einige Männer in das örtliche Kloster ein. Vermutlich haben ihnen Mitwisser unter den Mönchen selbst die schwere Tür geöffnet und den Weg in den Kreuzgang gewiesen. Dort entfernen sie nahe des Altars die Fußbodenkacheln und öffnen das Grab eines verstorbenen Abtes. Sie heben den Sargdeckel heraus, fesseln dem Leichnam die Füße und versehen das dafür genutzte Seil noch zusätzlich mit einem eisernen Vorhängeschloss. Sicher ist sicher! Sorgfältig verschließen sie den Sarg und das Grab wieder, damit ihre Tat möglichst unentdeckt bleibt. Zumindest damit haben sie Erfolg: Das Geschehen bleibt über Jahrhunderte hinweg ein gut gehütetes Geheimnis ...

Dass Tote nicht mehr weglaufen können, ist heute eine weithin akzeptierte Tatsache. Aber das war nicht immer so, nicht im Mittelalter, und selbst in der frühen Neuzeit nicht. Damals gingen Menschen hierzulande wie selbstverständlich davon aus, dass es auch nach dem Tod für sie weitergeht: im besten Fall im Himmel, im ungünstigen Fall in der Hölle. Allerdings konnte beim

Übergang zwischen dem Diesseits und dem Jenseits auch einiges gehörig schiefgehen, und das konnte dann nicht nur für die Verstorbenen selbst, sondern vor allem für die noch Lebenden ausgesprochen ungemütlich werden. Denn dann mussten sie nämlich hier auf Erden nicht nur mit Besuch von guten Engeln aus dem Himmel oder schlimmstenfalls von bösen Dämonen aus der Hölle rechnen, sondern auch auf Begegnungen mit den gefürchteten »Wiedergängern«, den »Untoten«, gefasst sein. Das waren jene Menschen, die zwar gestorben und beigesetzt waren, die aber aus vielerlei Gründen eben nicht in Frieden ruhten. Sie konnten vielmehr aus dem Grab auferstehen, in bösartiger Absicht die Lebenden heimsuchen und unter ihnen verständlicherweise Angst und Schrecken verbreiten. In einer archäologischen Fachzeitschrift wird daran erinnert:[1]

> »Einer der schlimmsten Albträume, der die Menschheit schon von Anbeginn verfolgt, ist der von den wiederkehrenden Toten. Wohl immer und überall haben Menschen an Untote geglaubt: Von der Steinzeit bis heute, von den chinesischen Jiang Shi bis zu den ›draugr‹ Skandinaviens wimmelt unsere Geschichte von Vampiren, Wiedergängern und Nachzehrern.«

Im Nachhinein ist deutlich geworden, dass gerade in besonders schweren Zeiten viele Untote unterwegs waren. Vor allem bei Krankheiten hatten die Menschen Angst, diese Verstorbenen könnten wiederkommen und Angehörige, Freunde oder Nachbarn ins Verderben »nachziehen«. Und so kann es nicht verwundern, dass diese Vorstellung vor allem während der Zeit der Pest, die die Menschen bei der ersten großen Krankheitswelle im 14. Jahrhundert in ganz Europa in schier grenzenlosen Schrecken versetzte, eine besondere Konjunktur erlebte.
Doch zum Glück waren die Menschen den Wiedergängern

Das wollte niemand mit ansehen müssen: Ein Untoter erhebt sich aus seinem Grab – hier auf einer Darstellung aus dem 16. Jahrhundert.

nicht ganz hilflos ausgesetzt. So glaubten sie zumindest. Es gab nämlich vielerorts erprobte Mittel gegen Untote – und davon zeugen archäologische Funde im ehemaligen Kloster Harsefeld. In der heutigen Gemeinde Harsefeld zwischen Buxtehude und Stade bestand über Jahrhunderte hinweg eines der bedeutendsten Klöster zwischen Elbe und Weser. Zunächst hatte hier die Familie der Grafen von Stade ein Stift für Kleriker gegründet, das dann zu Beginn des 12. Jahrhunderts den Benediktinern übergeben wurde. Diese frommen Männer gehörten zum maßgeblichen christlichen Orden jener Zeit, und sie sorgten sich bekanntermaßen nicht nur um die Seelsorge und das Schulwesen, sondern galten zudem als Experten für die Landwirtschaft.

Und so entwickelte sich auch das Harsefelder Kloster rasch zu einem wirtschaftlichen Machtfaktor: Umfangreicher Grundbesitz, ertragreiche Felder und zahlreiche Fischteiche stärkten die wirtschaftliche Macht der Benediktiner, die sich bald großen politischen Einflusses vor Ort und auch weit über Harsefeld hinaus erfreuen konnten. Bei einem mittelalterlichen Kloster ging es nämlich nie nur um den lieben Gott und den rechten Glauben, sondern stets auch um wirtschaftliche und politische Interessen.

Weil ihr Kloster bei der Gründung direkt dem Papst in Rom unterstellt worden war, konnten die Mönche in Harsefeld im Laufe der Zeit immer unabhängiger vom Bistum agieren, in diesem Fall: von den Erzbischöfen von Bremen. Deren geistliche und politische Zuständigkeit endete nämlich an den Mauern dieses Klosters. Da liegt es auf der Hand, dass es über Jahrhunderte hinweg immer wieder zu manchmal recht handfestem Streit zwischen den Hirten in Bremen und den Harsefelder Benediktinern kam, die sich schließlich als Ausdruck ihres Machtanspruchs sogar einen »Erzabt« an ihre Spitze wählten.

Ein Blick auf einen Teil der Kloster-anlage, wie sie sich heute präsentiert. Neben der ehemaligen Abteikirche sind Fundamente der alten Gebäude zu erkennen; der Amtshof rechts im Bild wurde Mitte des 18. Jahrhunderts auf den Grundmauern der Abtei errichtet.

Doch keine Macht auf dieser Welt ist bekanntlich ewig. Zwar überstand die Benediktinerabtei Harsefeld, ebenso wie die drei nahe gelegenen Klöster Zeven, Altkloster und Neukloster zunächst die Reformation und die Einführung des lutherischen Glaubens in der Region. Denn die nunmehr evangelischen Erzbischöfe von Bremen zwangen diesen Klöstern die neue Lehre nicht auf, und so blieb auch die Abtei in Harsefeld über Jahrzehnte für Norddeutschland so etwas wie eine katholische Insel im weitgehend protestantischen Meer. Doch nach Ende des Dreißigjährigen Krieges 1648 wurde das Kloster gemäß den Verträgen des Westfälischen Friedens endgültig aufgehoben, und die Anlage verfiel zusehends. Nach einiger Zeit waren viele Gebäude baufällig und wurden wohl auch als Steinbruch genutzt. Schließlich stand nur noch die ehemalige Klosterkirche, die zu einer protestantischen Pfarrkirche wurde: die St. Marien- und Bartholomäikirche. Im Laufe der Zeit mehrfach umgebaut, erhebt sie sich heute als mächtiges neugotisches Gebäude über dem ehemaligen Klostergelände, und sie ist zugleich der letzte imposante bauliche Zeuge des einstigen monastischen Lebens in Harsefeld. Aus dem langen Dornröschenschlaf der Erinnerung erwachte der Ort erst in den 1980er-Jahren, als aufgrund archäologischer Forschungen die Geschichte wieder lebendig wurde.

Die Reste der mittelalterlichen Grundmauern wurden freigelegt, und immer mehr Bodenfunde ermöglichten neue Einsichten in die Vergangenheit des Klosters. Dies zunächst allerdings rein zufällig, etwa als in den 1960er-Jahren in der ehemaligen Klosterkirche der Altarraum umgestaltet werden sollte. Unter den Bodenfliesen wurden dabei nämlich auch die mittelalterlichen Gräber der Äbte freigelegt. Dies war zunächst einmal kein besonders überraschender Fund, denn so nah am Altar wurden damals bekanntlich immer die in der Hierarchie des Ordens besonders wichtigen Persönlichkeiten beigesetzt. Aber bei einem Grab gab es rasch Zweifel: War hier nach der Beisetzung des Abtes alles mit rechten christlichen Dingen zugegangen? Rückblickend heißt es in einer Schilderung:[2]

>»Alle lagen so in ihren Gräbern, wie es sich für gute Benediktineräbte gehört – der Kopf im Westen, die Füße im Osten und ohne Beigabe. Alle bis auf einen. Zwischen den Unterschenkeln eines Abtes lag ein großes eisernes Vorhängeschloss. Man hatte seine Beine gefesselt, um sicherzustellen, dass er nicht wieder aus dem Grab aufstehen würde.«

Ganz offensichtlich hatten einige Menschen nach dem Tod dieses Mannes ein gesteigertes Interesse daran gehabt, dass er nicht mehr ihre Kreise störte. Sie glaubten fraglos, mit Fesseln und dem Vorhängeschloss auf Nummer sicher zu gehen und damit einen der damals gefürchteten Untoten erfolgreich bannen zu können. Ob sie damit Erfolg hatten? Die Antwort darauf hängt sicherlich von der Perspektive ab. Die mittelalterlichen Menschen glaubten zweifelsohne an die Kraft solcher »Sicherheitsvorkehrungen« gegen die Wiedergänger. Diese, da war man sich sicher, waren schließlich echte Lebewesen aus Fleisch und Blut, keine körperlosen Gespenster oder Geister, sie konnten sprechen und umhergehen, sie hatten Gefühle und verfolgten persönliche Ziele – also sollte man sie doch wohl auch wie Lebende »fesseln« können, oder?

Bei ihrer Wiederkehr, so waren sich die Menschen damals sicher, wollten die Untoten entweder die Überlebenden in ihrem Tun kontrollieren (weil sie ihnen nicht trauten) oder sich sogar an einigen rächen (weil sie ihnen Böses angetan haben). Oft wurde als Ursache für ihr Erscheinen auch angenommen, dass die Bestattung nicht ordnungsgemäß vollzogen worden sei oder dass die Leiche (etwa bei Schiffbruch) nicht gefunden und also auch nicht beigesetzt werden konnte. Auch wenn die Menschen »vor ihrer Zeit« starben, also schon im Kindesalter oder als Erwachsene in einem Kampf oder durch ein Verbrechen, drohten sie zu Wiedergängern zu werden, bis ihre Zeit gekommen sein würde. Zuweilen resultierte das Umhergehen aber auch schlicht aus dem schlechten Lebenswandel der Untoten: Sie, so glaubte man, waren zu Lebzeiten oft bösartig oder streitsüchtig gewesen, sie haben womöglich schwerste Verbrechen begangen oder gehörten sogar zu den gefürchteten Hexen und Hexenmeistern.

Zur Abwehr der Untoten vertrauten unsere Vorfahren auf verschiedene Schutzmechanismen, auch das zeigt sich an den archäologischen Forschungen im Kloster Harsefeld. Das Vorhängeschloss im Grab des Abtes war als »Abwehrmaßnahme« nämlich keineswegs ein Einzelfall. Das wurde deutlich, als der heutige Kreisarchäologe Daniel Nösler Jahrzehnte nach den ersten Funden am Computer die Fotografien der Ausgrabungen seiner Vorgänger inventarisierte. Sein Augenmerk fiel dabei auch auf die Bilder eines Grabes im Kreuzgang des Klosters, und er sah dort einen riesigen Stein auf dem Schädel des Toten. Keine Frage: Dieser Stein gehörte da – jedenfalls im Sinne eines ordentlichen christlichen Begräbnisses für einen würdigen Kleriker – schlicht nicht hin. Auch wurde der Leichnam damit offenbar nicht schon bei der Beerdigung, sondern erst später beschwert. Es zeigte sich nämlich, dass das Grab und der Sarg erst einige Zeit nach der Beisetzung wieder geöffnet wurden und mindestens zwei Männer (einer allein hätte ihn kaum bewegen können) den schweren Stein auf den Sarg legten. Damit war klar, dass auch dieser Verstorbene von den Überlebenden verdächtigt wurde, ein Untoter zu sein und nach dem Tod noch umzugehen.[3]

Weitere Fälle kamen in Harsefeld ans Licht: Als Daniel Nösler sich mit seinem Kollegen Dietrich Alsdorf anschließend daranmachte, auch die Funde der übrigen Gräber im Kreuzgang noch einmal durchzugehen, wurde es zur Gewissheit, dass es an dem heiligen Ort in Sachen Umgang mit den Toten zuweilen ziemlich unchristlich zuging. Verschiedene Gräber waren verwüs-

Versteinerung eines vermeintlichen Untoten aus dem Kreuzgang des Klosters Harsefeld: Der schwere Stein sollte offensichtlich das »Aufstehen« und Umherwandern des Mannes verhindern.

tet, zertrümmerte Oberkörper lassen vermuten, dass Toten die Rippen gebrochen wurden, um das Herz herauszureißen. Andere Gräber geben bis heute Rätsel auf: Warum war der Leichnam eines Mannes auf beiden Seiten von einem weiteren Totenschädel flankiert? Und sollte ein kleines Bronzeglöckchen, das ein Verstorbener um sein Handgelenk trug, möglicherweise als »Alarmanlage« dienen, falls er wiederauferstehen und herumspuken sollte?[4]

In einem der Gräber im Kloster Harsefeld stellten die Archäologen fest, dass der Sarg sehr viel tiefer eingegraben war als in den übrigen Gräbern und obendrein auch noch mit einer zweilagigen Schicht Ziegelsteine bedeckt worden war. Als die Forscher diese entfernten, blickten sie nicht auf den Deckel eines Sarges, sondern auf dessen Boden: Der Sarg musste also nachträglich wieder ausgegraben und dann verkehrt herum wieder vergraben und mit den zusätzlichen Ziegelsteinen »gesichert« worden sein.[5] Da es zudem Indizien gibt, dass dem Toten der Unterkiefer festgebunden wurde, liegt die Vermutung nahe, dass dieser Verstorbene zu der besonders unangenehmen Unterkategorie der Wiedergänger gerechnet wurde, den sogenannten Nachzehrern. Diese machten zuweilen durch schaurige Schmatzgeräusche aus ihren Gräbern auf sich aufmerksam, weil sie nämlich an ihren Totenkleidern oder gar ihren eigenen Gliedern kauen. Sie wurden verdächtigt, weitere Menschen in den Tod »nachzuziehen«, vor allem wenn Gegenstände von Lebenden mit in den Sarg gelangten: Blumen, Bänder oder Schleifen als Grabbeilagen konnten so zu einer Gefahr für die Lebenden werden. Einige dieser Nachzehrer standen auch im Verdacht, als Blutsauger umzugehen – diese Angst mündete dann im Laufe der Neuzeit in die Vorstellungen von Vampiren.

Auch die Kirche setzte übrigens in Zeiten der Pest auf solch rustikale Methoden bei angeblichen »Nachtoten« – wenn es sich dabei nämlich um angebliche Hexen handelte. Im berüchtigten *Hexenhammer*, einem Werk des Dominikaners und Inquisitors Heinrich Kramer aus dem späten 15. Jahrhundert, wird ein Fall geschildert, in dem auf diese Art und Weise einem üblen Treiben beigekommen worden sei:[6]

>»Einer von uns Inquisitoren fand einen Ort, der infolge der Sterblichkeit unter den Menschen fast verödet war. Dort ging das Gerücht, daß ein begrabenes Weib das Leichentuch, in welchem sie begraben war, nach und nach verschlänge, und die Pest nicht aufhören könnte, wenn jene nicht das Leichentuch ganz verschlänge und in den Bauch aufnähme. Nachdem ein Rat darüber abgehalten war, gruben der Schulze und der Vorsteher der Gemeinde das Grab auf und fanden fast die Hälfte des Leichentuches durch Mund und Hals hindurch bis in den Bauch gezogen und verzehrt. Als der Schulze das sah, zog er in der Erregung das Schwert, schlug der Leiche das Haupt ab und warf es aus der Grube, worauf die Pest plötzlich aufhörte.«

Als bewährtes Abwehrmittel gegen diese Untoten galt überdies ebenso wie die Platzierung einer Münze im Mund oder – sehr viel aufwendiger – die nachträgliche Enthauptung der Leiche der zwischen die Beine gelegte Schädel. Übrigens schien es auch nie zu schaden, gleich mehrere Bannmethoden gleichzeitig bei einem verdächtigen Toten anzuwenden. So fanden Archäologen an der Mecklenburger Seenplatte das Grab eines offensichtlich sehr hartnäckigen Wiedergängers: Er wurde gefesselt, dann mit einem eisernen Schloss versehen, und anschließend wurde ihm noch ein mächtiger Findling auf den Bauch gerollt.[7] Ganz offensichtlich wollten die Lebenden endlich ihre Ruhe vor dem toten Mann haben ...

Was auch immer diese Toten zu ihren Lebzeiten angestellt haben mögen, dass die Mitmenschen ihnen nach der Beisetzung noch solche Dinge antaten – für das nachträgliche »Bannen« der Leichname gab es einen ganz zentralen Grund: Angst. Nun war Angst am Ende des Mittelalters wie zu Beginn der Neuzeit bei den Menschen eine alltägliche Sache. Es gab kollektive Ängste vor Hungersnöten und Krieg, vor Unwettern, vor Krankheiten, vor Verstümmelung und vor Seuchen. Und dann fürchteten sich die Menschen in unterschiedlicher Ausprägung vor wilden Tieren, vor Ungeheuern, vielleicht vor Blutsaugern, ganz sicher vor Gespenstern oder schlicht vor der Dunkelheit. Sie konnten sich in dieser Welt nicht sicher sein, dass sie nicht von einem Moment auf den anderen einem kleinen oder auch großen Unglück zum Opfer fallen. Und der Tod war in ihrem Alltag ohnehin ständig präsent: Die mittelalterlichen Menschen hatten fast alle schon einmal jemanden sterben sehen, sei es unter Schmerzen und Fluchen auf einem Schlachtfeld oder friedlich im Kreise der Familie. Das Sterben fand nicht im Verborgenen statt, sondern in aller Öffentlichkeit, etwa bei Hinrichtungen oder Unfällen.

Ein probates Mittel, um vor lauter Angst und Schrecken in dieser Welt nicht den Kopf zu verlieren, bot damals der christliche Glaube: Gott hält demnach die Welt in seinen Händen, er kann mit seiner Macht in alle irdischen Dinge eingreifen. Deshalb lohnt es sich, auf seine Hilfe zu vertrauen. Ein Gebet half in allen Lebenslagen, ein Vaterunser – damals selbstverständlich noch auf Latein als *Pater noster* gesprochen – war rasch gemurmelt und ein Kreuzzeichen noch schneller geschlagen. Und auch wenn es um den Tod geht, ist Gott bei den Menschen – jedenfalls machten die Priester den Menschen entsprechende Hoffnungen. Im Jenseits wartet im besten Fall der Himmel auf die Gläubigen, das Paradies. Die Kleriker kannten die Bedingungen für die Aufnahme ins Paradies, und sie sorgten dafür, dass die Gläubigen auf Erden sich so verhielten, dass es für sie mit der persönlichen Himmelfahrt auch klappte: Wer ein gottgefälliges Leben geführt, also gute Werke verrichtet und nicht zu viele schwere Sünden auf sich geladen hat, sollte beim Jüngsten Gericht – vor dem am Ende alle zu erscheinen haben – recht gute Karten haben, um tatsächlich in den Himmel zu kommen.

Das Paradies winkte sowohl den Reichen – die dafür allerdings Almosen geben und gute Werke verrichten müssen – als auch den Armen, denen nach einem gottgefälligen Leben die Erlösung von aller Not versprochen wurde. Sie sollten ganz in den Himmel kommen, während die habgierigen Menschen, die Wucherer, die Räuber und Mörder am Ende aller Tage allesamt in der Hölle schmoren würden. Und dort sollte alles noch viel schrecklicher sein, als es auf Erden je sein kann!

Da war es sicher beruhigend, dass die Kirche im Hochmittelalter die Idee vom Fegefeuer erfand, neben Himmel und Hölle fortan der dritte Ort im Jenseits. Dort bekommen die durchschnittlichen Sünder – wozu sich vermutlich die meisten mittelalterlichen Menschen rechneten – sozusagen eine zweite Chance: Sie werden dort von ihren Sünden »gereinigt« und gelangen nach diesem Zwischenstopp, über dessen Dauer allerdings auch die Kleriker leider keine genaue Auskunft geben konnten, dann doch noch in den Himmel. Da für eine Verkürzung des Fegefeueraufenthalts neben Gebeten auch die immer teurer werdenden Ablässe gehörten, verwarfen die Reformatoren um Martin Luther diesen Jenseitsort samt den dazugehörenden weltlichen Praktiken als theologischen Unfug und empörende kirchliche Beutelschneiderei. Im Protestantismus gab es deshalb kein Fegefeuer, und so hofften nach der Reformation nur noch die Katholiken im Land auf diese Bewährungsprobe im Jenseits. Voraussetzung für die Segnungen des Jenseits sind vor allem die heiligen Sakramente. Ohne eine rechtzeitige Buße können die Pläne für das Paradies schon früh durchkreuzt werden. So hatten die mittelalterlichen Menschen nicht so sehr Angst vor dem Tod, sondern vor einem vorzeitigen, weil unvorbereiteten Tod, einen Tod ohne Sterbesakramente. Denn wer ohne die Segnungen der heiligen Kirche verstirbt, so die Annahme, kann eigentlich gar nicht richtig sterben. Spektakuläre Gerüchte und Geschichten gingen um und belegten dies. So ließ einst der mächtige Kaiser Friedrich Barbarossa einen raubenden Ritter für seine Untaten hinrichten – verweigerte dem Mann aber vor seinem Gang zum Galgen die Beichte, die Buße und das Abendmahl. Dabei musste der Herrscher doch eigentlich gewusst haben, dass niemand die irdische Welt auf diese Weise verlassen kann. Und so kam es auch: Noch drei Tage nach der Hinrichtung soll sich der Delinquent gequält und Tag und Nacht um Gottes Gnade gebetet haben, um doch endlich sterben zu dürfen. Erst als schließlich ein Priester zu ihm kam, ihm die Beichte abnahm und anschließend die heilige Kommunion spendete, konnte der Mann angeblich sterben.

Für die Menschen des Mittelalters war so eine Geschichte absolut glaubwürdig. Allerdings konnten sie sich beim Übergang ins Jenseits doch nie ganz sicher sein, ob man tatsächlich nur auf die Segnungen der Kirche vertrauen sollte. Wenn es um Leben und Tod geht, waren im Grunde alle Mittel recht – auch die unkirchlichen. Und so führen auch die Funde von Harsefeld mitten hinein in die mittelalterliche Geschichte von Glauben und Aberglauben. Lange ging die Geschichtsforschung davon aus, dass das Christentum in gewisser Hinsicht »Ordnung« in Sachen Tod gebracht hätte. Doch auch die Fälle im Landkreis Stade zeigen, dass es zwischen dem angeblichen reinen christlichen Glauben und dem Volksaberglauben durchaus Überschneidungen gab (und vermutlich auch heute immer noch gibt). Am Ende des Mittelalters war es so wie schon Jahrhunderte zuvor und wohl noch Jahrhunderte danach: Wenn die christlichen Riten nicht halfen, musste der sogenannte »Volksaberglaube« wieder her. Die Kirche bezeichnete die Wiedergänger gern als Spuk des Teufels, gegen deren Auftreten das Beten helfe, das Lesen einer Messe oder auch die Teilnahme an einer Wallfahrt. Aber die Erfahrungen der damaligen Zeit zeigen, dass all diese Mittel zuweilen eben doch nicht zur Zufriedenheit der Menschen wirkten – und so griffen sie eben zu den überlieferten nicht christlichen Verfahren. Ganz so, wie Patienten bei einem Übel lieber den bewährten Hausmittelchen oder dem selbst gebrauten Trank vertrauen, wenn ihnen der Arzt ihrer Ansicht nach nicht recht weiterhelfen kann.

So lässt sich erklären, weshalb sich etwa dereinst Männer aus Harsefeld ins Kloster schlichen, um dem erwähnten toten Abt mit einem Seil die Füße zu fixieren – und weshalb über dieses streng verbotene »heidnische« Treiben sogar mancher Mönch und gute Christenmensch letztlich froh war. Die Angst und die Ratlosigkeit waren schlicht größer als alle kirchlichen Vorgaben. Die Not lehrt bekanntlich beten – doch in Fällen wie beim »untoten« Abt von Harsefeld lehrte die Not die Dorfbewohner und die Mönche etwas ganz anderes: die Rückbesinnung auf den Volksaberglauben. »Damit ist die Sachlage klar: Die Benediktinermönche billigten die heidnischen Rituale, die da in ihren Mauern praktiziert wurden – wenn sie nicht sogar, wie wohl im Falle ihres eigenen Abtes, selber mithalfen.«[8]

Jahrhunderte später ist auf dem Gelände des ehemaligen Klosters Harsefeld längst beschauliche Ruhe eingekehrt. Zwischen den sorgsam restaurierten und teilrekonstruierten Resten der Grundmauern lässt sich mit ein wenig Fantasie vorstellen, wie hier einst fromme Benediktiner lebten und beteten, wie Gläubige oder Kaufleute vorbeikamen, wie Handwerker ans Werk gingen. Die historische Stätte verdankt ihre Erhaltung der archäologischen Denkmalpflege, und so entstand auf diesem Gelände ein frei zugänglicher archäologischer Park, der schließlich um das Gelände erweitert wurde, auf dem einst die im 10. Jahrhundert entstandene Burg der Grafen von Harsefeld stand.[9]

Wer über dieses Gelände schlendert, ahnt womöglich nichts von den schauerlichen Vorgängen rund um die mittelalterlichen Untoten, die sich einst hier abgespielt haben. Sie liegen lange zurück, und heute glaubt im Prinzip niemand mehr so recht, dass es tatsächlich so etwas wie Untote gibt. Oder?

Zum Weiterlesen
Ein empfehlenswertes Werk zum Thema haben die Hamburger Wissenschaftsjournalistin Angelika Franz und der Stader Kreisarchäologe Daniel Nösler verfasst – es ist wissenschaftlich auf dem Stand der Zeit und vor allem unglaublich spannend und verständlich geschrieben: *Geköpft und gepfählt. Archäologen auf der Jagd nach den Untoten* (Darmstadt 2016).

Für einen Besuch
Die Klosteranlage Harsefeld (https://www.harsefeld.de/klosterpark/) ist ein echtes Kultur- und Naturerlebnis. Ein Spaziergang auf der zwei Kilometer langen »Klostermeile« ist ebenso zu empfehlen wie der Besuch im Harsefelder Museum. Die Grundmauern der alten Gebäude geben zudem einen guten Eindruck von der Struktur der ehemaligen Klosteranlage. Lohnenswert ist

auch ein Besuch in der St. Marien- und Bartholomäikirche, wo sich historische und moderne Kirchbauarchitektur auf beeindruckende Weise begegnen.

SABINE KNOR

Ein weißes Schloss und seine wechselhafte Geschichte

Heinrich Carl von Schimmelmann: Unternehmer, Politiker – und Sklavenhändler

Da liegt es: weiß und beinahe »unschuldig«, das imposante Renaissanceschloss Ahrensburg, wenige Kilometer nordöstlich von Hamburg. Doch wo heute Museumsbesucher vor beeindruckender Kulisse durch die Anlage schlendern, liegt ein Schatten auf der über 430-jährigen Geschichte dieses Ortes. Denn im 18. Jahrhundert herrschte hier einer der ehrgeizigsten und geschäftstüchtigsten Männer dieser Zeit: der aus Vorpommern stammende Kaufmann Heinrich Carl von Schimmelmann. Er machte auch mit Kriegen Geschäfte – vor allem aber mit dem Handel und Besitz von Sklavinnen und Sklaven aus Afrika.[1]

Ursprünglich waren das Schloss und sein großer Park nicht das herrschaftliche Domizil eines reich gewordenen Kaufmanns, sondern der Familiensitz eines einflussreichen Adelsgeschlechts.[2] Peter Rantzau (1535–1602), Ratgeber des dänischen Königs Friedrich II., aus einer der mächtigsten Familien des Landes stammend,

Schloss Ahrensburg, ursprünglich ein Herrenhaus und 1585 erbaut, gibt heute als Museum Einblicke in die adelige Wohnkultur des späten 18. und 19. Jahrhunderts.

war weit gereist und brachte aus Frankreich und den Niederlanden Ideen eindrucksvoller Architektur mit in seine Heimat. Nahe der alten Burg Ahrensfelde ließ er im Hunnautal nordöstlich von Hamburg seine Inspirationen und Vorstellungen architektonisch umsetzen – Schloss Ahrensburg entstand.

1585 war es fertig und setzte mit seinem imposanten Erscheinungsbild unmissverständliche Signale. Der Bau war eine bewusste Demonstration von Machtanspruch: Vier Türme hatte der Neubau und ähnelte damit nicht zufällig dem Schloss in Glücksburg, auf dem der Landesherr, der Herzog von Schleswig-Holstein-Sonderburg, residierte. Und wer genauer hinsieht, kann sogar ein Stück tragischer Familiengeschichte entdecken. Peter Rantzaus Bruder war nämlich als Feldherr im Krieg gefallen – von Kanonenkugeln zerrissen.[3] Daran erinnern noch heute die

Wetterfahnen auf den Ecktürmen. Sie zeigen ein Pferd, das die Vorderbeine in die Höhe hebt, während die Hinterbeine fehlen.

Schloss Ahrensburg konnte als Renaissancebau mit internationalem Flair im Ranking der schönsten Bauten des hiesigen Adels durchaus mit denen des Landesfürsten mithalten. Zum Anwesen des Schlosses gehörte, neben einem großen Landbesitz, auch das Gut Ahrensburg. Es bestand aus einer Kirche und sogenannten »Gottesbuden«, die als Wohnungen der Untertanen dienten. Die Vorstellung, Peter Rantzau habe sie aus lauter Nächstenliebe errichtet, ist allerdings ein Irrtum: Diese Art von Miteinander war Teil des gutswirtschaftlichen Systems in jener Zeit, übrigens auch auf vielen anderen Gütern in Schleswig und Holstein. Kein leichtes Leben für die Bauern, denn sie waren unfrei, lebten als Leibeigene, durften ohne Einwilligung der Gutsherren weder heiraten noch sich frei bewegen und waren der Gerichtsbarkeit ihres Herren unterstellt. Das »Recht über Hals und Hand« entschied sogar über Leben und Tod. Als Ausgleich für all diese Machtfülle war der Gutsherr aber verpflichtet, für kranke und bedürftige Untertanen zu sorgen. Die »Gottesbuden« von Ahrensburg waren Teil dieser Fürsorge.

Über die Jahre geriet ein späterer Nachfahre, Detlev Rantzau, der 1715 Gutsherr wurde, mit seinen Untertanen in Streit – vor allem, weil er die Frondienste drastisch erhöhte. Die Leibeigenen begehrten auf, sie sollten immer mehr Erträge erbringen, konnten aber ihre Familien nicht mehr ernähren. Es kam zu Auseinandersetzungen um Land und Abgaben, jahrelange Gerichtsprozesse waren die Folge, die schließlich im sogenannten Ahrensburger Bauernkrieg mündeten. Am Ende setzte sich der Gutsherr durch – und seine Einnahmen stiegen sogar noch erheblich. All das nutzte am Ende nichts: Sein Sohn Christian erwies sich als weit weniger geschäftüchtig, und er musste das Gut hoch verschuldet verkaufen. Damit endete der Traum eines Familienbesitzes von Peter Rantzau nach sieben Generationen.

Der Makler fand schnell einen neuen Käufer: Heinrich Carl Schimmelmann, ein wohlhabender, neureicher Kaufmann aus Vorpommern, erwarb 1759 die Gutsanlage samt Herrenhaus, dreier Dörfer, 3000 Hektar Land, 319 Leibeigener, ihrer Kinder – und jeder Menge Vieh.[4] Für Schimmelmann war die Kaufsumme kein Problem: Er galt als einer der reichsten Männer Nordeuropas und investierte in Ahrensburg vor allem aus repräsentativen Gründen.

Heinrich Carl Schimmelmann kam – ohne Adelstitel – im Jahr 1724 in Demmin, Vorpommern, zur Welt.[5] Eigentlich sollte er in die Fußstapfen seines Vaters treten und Kaufmann werden, brach aber mit 16 Jahren die Lehre ab. Schimmelmann wollte früh hoch hinaus und wandte sich zunächst dem Kolonialwarenhandel zu. Zu Schimmelmanns Masterplan für ein Leben in der High Society gehörte auch eine strategisch klug eingefädelte Ehe und eine vorausschauende Familienplanung. Er heiratete mit 22 Jahren die erst 17-jährige Caroline Tugendreich Friedeborn aus traditionsreichem Hause. Die ebenfalls bürgerliche Tochter eines preußischen Oberstleutnants und Pflegetochter des Kursächsischen Geheimrats Heinrich Ernst von Gersdorff in Dresden galt als höfisch exzellent ausgebildet.

Seine Frau brachte all das mit in die Ehe, was ihm fehlte: Höfische Umgangsformen, Kontakte, Ansehen, den richtigen »Stallgeruch«. Berühmt war Caroline vor allem für ihr Talent, mit Charme und Geschick glänzende Feste zu organisieren und somit für den passenden gesellschaftlichen Rahmen zu sorgen. Lauter Eigenschaften, die Schimmelmann bei seinem ehrgeizig verfolgten gesellschaftlichen Aufstieg aus der kaufmännischen Bürgerlichkeit in höhere Kreise helfen sollten. Neben den geschäftlich-gesellschaftlichen Ambitionen wollte sich Schimmelmann auch familiär ein Denkmal setzen, ein Familienimperium gründen, um die Macht der Familie auch für die nächsten Generationen zu festigen.

Bei allem Kalkül Schimmelmanns waren wohl auch – insbesondere für seine Familie – Gefühle im Spiel, wie man der umfangreichen und hier beispielhaften Korrespondenz aus einem (vom Historiker Bernd Reher sprachlich aktualisierten) Brief von 1773 aus Kopenhagen an seine Frau Caroline entnehmen kann:

»Meine liebe Carolina, wenn Du Liebe und Freundschaft für mich hegst, dann geh für zwei oder drei Wochen, bis ich wieder zu Dir nach Ahrensburg kommen kann, nach Wandsbek, und nimm Deine Kinder, einen Teil von den Leuten mit, damit Du unter Menschen bist. […] Adieu, mein Engel, ich bin, bis der Atem mir ausgeht, Dein Liebender Schimmelmann.«[6]

Das Paar bekam neun Kinder, von denen fünf das Erwachsenenalter erreichten.[7]

Schimmelmann war auch ein wirtschaftlicher Profiteur des Siebenjährigen Krieges (1756–1763), in den nahezu alle europäischen Mächte verwickelt waren. Während des Krieges versorgte er das preußische Heer mit Getreide. Zum Dank durfte er die von König Friedrich dem Großen konfiszierten Lagerbestände der Meissener Porzellanmanufaktur zu günstigen Konditionen kaufen. Ein Superdeal! Denn Schimmelmann erwarb die sächsische Kriegsbeute zur Hälfte des eigentlichen Wertes, ließ das Porzellan nach Hamburg schaffen und mit erheblichem Gewinn auf einer Auktion versteigern. Und 1759 half er dem Preußenkönig auch mit undurchsichtigen Geldtransaktionen, bei denen er offenbar mit Münzverfälschung auffiel.[8]

Schimmelmann kaufte sich und seiner Familie mit dem Gewinn über einen Mittelsmann, weil ihm das Hamburger Bürgerrecht verwehrt war, in Hamburg ein luxuriöses Stadtpalais unterhalb der Michaeliskirche, wo er sein Kontor eröffnete. Den Hamburger Kaufleuten war der Neureiche mit seinem fürstlichen Gehabe,

»barocker Opulenz« und lauten Festen[9] allerdings suspekt – sie lehnten ihn ab und wollten nichts mit ihm zu tun haben.

Sein kaufmännisches Geschick machte allerdings andernorts Eindruck: Dänemark und Preußen buhlten um den ehrgeizigen Kaufmann, er konnte sich seinen nächsten Karriereschritt meistbietend aussuchen. Und so entschied sich Schimmelmann für Dänemark. Für die Sanierung der dänischen Finanzen aus Schimmelmanns persönlichem Reichtum bedankten sich König Friedrich V. und sein Nachfolger König Christian VII. mit Titeln und Ämtern und erhoben Schimmelmann zunächst zum »Generalkommerzintendant«, dann zum »Schatzmeister« und vom Baron schließlich zum Grafen.

Schimmelmann ordnete aber nicht nur das dänische Finanzwesen, er machte auch Eindruck mit Reformen in der Landwirtschaft und im Gesundheitswesen – wofür er in Ahrensburg ein frühes Beispiel gab –, sorgte für die Ausweitung des dänischen Handels, unterstützte mit Stiftungen die Kirche, Schulen, Armenversorgung und Krankenpflege. Auch der Bau des Schleswig-Holstein-Kanals, Vorläufer des Nord-Ostsee-Kanals, begann 1784 unter seiner Ägide. Und als ihm 1768 die Vermittlung des sogenannten Gottorper Vergleichs gelang (mit dem Hamburg nach jahrhundertelanger Auseinandersetzung gegen eine hohe Ablösesumme die Anerkennung der Reichsstandschaft durch Dänemark durchsetzte), machte diese politische Leistung besonders großen Eindruck am dänischen Königshof, und er war dort ein gern gesehener Gast. Parallel zur politischen Karriere hatte sich so auch sein gesellschaftlicher Aufstieg vollzogen.

Als Politiker und Kaufmann in Personalunion konnte Schimmelmann – jetzt *von* Schimmelmann – seine wirtschaftlichen Interessen noch besser und weiter ausbauen. Er war dort angekommen, wo er mit seiner Familie immer hinwollte: ganz oben. Und da er 1759 schon eine Million Taler besaß, konnte er sich, seinem neuen adeligen Stand angemessen, für repräsentative Treffen in höfischer Gesellschaft auch Schloss Ahrensburg leisten. Dort weilte er mit der Familie in den Sommermonaten, im Winter samt Dienerschaft in Kopenhagen. Hinzu kamen weitere Schlösser, Paläste und Landgüter in Berlin, Lindenborg und Wandsbek. Dort, in Wandsbek, witterte der umtriebige Schimmelmann nämlich Chancen auf neue Geschäfte. Die Nähe zu Hamburg schien ihm gerade recht. Er ließ, als Alterssitz gedacht, 1772 bis 1778 ein Schloss bauen und wurde Förderer der Wandsbeker Industrie. Seine Absicht: Das bis dahin verpönte Wandsbek sollte ein »aufblühender Gewerbeort« werden. Dass Schimmelmann mit seinen Geschäften und Investitionen weit über Wandsbeks Grenzen hinaus bekannt wurde, verdankte er der von ihm initiierten Zeitung *Der Wandsbecker Bothe* und dessen Redakteur, dem Hamburger Dichter und Journalisten Matthias Claudius – der für Schimmelmanns Geschmack der Ökonomie allerdings zu wenig Raum gab.[10] *Der Wandsbecker Bothe* war übrigens die erste deutsche Volkszeitung.

Der als herrschsüchtig, dann mal als wohltätig und extrem ehrgeizig beschriebene Schimmelmann polarisierte. Er wollte vor allem eines: wirken:[11] »Den großen Mann spielen, von den eigenen Leuten und von den Hamburgern bewundert werden, das liebte Schimmelmann.« Mit diesem Ehrgeiz war er weit gekommen: Sein vollständiger Name lautete jetzt Heinrich Carl von Schimmelmann, Graf zu Lindenborg, Herr auf Ahrensburg und Wandsbek. Zu seinen Besitztümern gehörten außerdem die größte Zuckerraffinerie Nordeuropas in Kopenhagen, Baumwollwebereien, eine Brauerei und eine Branntweinbrennerei in Wandsbek, die einzige Waffenproduktion Dänemarks in der Nähe von Hellebæk (die er dem zunehmend geistesschwachen dänischen König Christian VII. günstig abgeluchst hatte) sowie die vier größten Zuckerplantagen mitsamt Sklaven auf den Dänisch-Westindischen Inseln in der Karibik[12] Und das war noch nicht alles: Schimmelmann war außerdem Großaktionär zweier großer dänischer Gesellschaften – der Westindischen und der Ostasiatischen Handelskompagnie.

Schimmelmanns Plantagen, seine Landgüter, Fabriken und Manufakturen vernetzten geschickt Handel, gewerbliche und landwirtschaftliche Produktion und Kapital. Er schuf einen Wirtschaftskreislauf, »das System Schimmelmann«[13], in dessen Mittelpunkt der transatlantische Dreieckshandel stand, der Waren- und Menschenhandel zwischen Europa, Afrika und Amerika. Seine Schiffe brachten Baumwollstoff, Waffen und Schnaps aus Europa an die Guineaküste, wo diese Waren gegen Sklaven eingetauscht wurden. Nach der Atlantikpassage von Westafrika in die Karibik wurden die Sklaven im Hafen der zu Dänemark gehörenden Insel Saint Thomas auf die benachbarten Inseln oder aufs amerikanische Festland weiterverkauft, und der Kreislauf schloss sich mit der Verschiffung der karibischen und amerikanischen Plantagenerzeugnisse (Zuckerrohr, Baumwolle) nach Europa zur Weiterverarbeitung in den eigenen Manufakturen im heutigen Hamburger Stadtteil Wandsbek und in Kopenhagen.

Schimmelmann erwies sich auch in anderen Geschäften als ausschließlich am Gewinn orientierter Großunternehmer, nicht nur im transatlantischen Sklavenhandel, sondern auch in seinen Manufakturen in Norddeutschland und Dänemark: So ließ er etwa Waisenkinder als besonders billige Arbeitskräfte lange Arbeitstage hindurch im »Ahrensburger Waisenhaus und Cattunfabrique« schuften.[14]

Dazu stiftete er ein »Erziehungshaus« in Ahrensburg, in dem 50 Kinder unterrichtet wurden, um auf das spätere Spinnen und Weben in seinen Manufakturen vorbereitet zu werden. Schimmelmann selbst, so der Historiker Christian Degn, sah sein Engagement ganz anders – ihm zufolge sei es nicht um Ausbeutung und Ausnutzung billiger Arbeitskräfte gegangen, sondern um Fürsorge.[15] Gleichwohl investierte er so in kommende Geschäfte.

Zu Schimmelmanns Lebzeiten war der transatlantische Sklavenhandel schon seit über 200 Jahren im Gange. Er begann Anfang des 16. Jahrhunderts und erreichte im 18. Jahrhundert seinen Höhepunkt. Mehr als zwölf Millionen afrikanische Männer, Frauen und Kinder wurden im Laufe von 350 Jahren gefangen, in Ketten gelegt und vor allem nach Amerika verschifft. Dort mussten sie auf Plantagen schuften, wurden unter schlechtesten Bedingungen zum Anbau von Kaffee, Kakao, Indigo, Baumwolle, Tabak und vor allem Zucker eingesetzt. Händler aus Schweden, Dänemark, Frankreich, Großbritannien, den Niederlanden und Portugal gründeten über 30 Sklavenhandelsposten an der westafrikanischen »Goldküste« und legten eigene Häfen für den Sklavenexport von Senegal bis nach Angola an.

Aber auch im Heiligen Römischen Reich deutscher Nation sowie in Dänemark waren viele Kaufmänner und Herrschaften rege am Sklavenhandel beteiligt und profitierten davon. Alle wollten mitverdienen am skrupellosen Geschäft mit Menschen, so etwa in Berlin und im damals dänischen Altona. Heinrich Carl von Schimmelmann hatte sich da strategisch günstig zwischen Hamburg mit seinen Produktionsstätten in Wandsbek und der Region rund um Kopenhagen platziert. Und über die wichtigsten Häfen im Kolonialhandel, Cádiz, Lissabon, Bordeaux, Nantes, Rotterdam, Liverpool und London, gingen die durch Plantagenwirtschaft und Sklavenhandel betriebenen Tauschgeschäfte zwischen Ende des 17. Jahrhunderts und Anfang des 19. Jahrhunderts hin und her, in die neben Schimmelmann viele Hundert Großhändler aus deutschen Landen involviert waren, so der Historiker Klaus Weber in einer grundlegenden Studie zur Rolle deutscher Kaufleute im Atlantikhandel.[16]

Das Geschäft mit Menschen war lukrativ – auch für die Herrscher in Afrika, die ihre Landsleute versklavten und an die Europäer verkauften. Und wer dann die Überfahrt überstand, hatte, so heißt es, nach der Verkaufsauktion am Hafen, dem Einbrennen des Besitzerzeichens und der besonders harten Arbeit auf den Zuckerplantagen noch ungefähr sechs Jahre zu leben.[17, 18]

Mit rund 1000 Sklaven im eigenen Besitz galt der Kaufmann Heinrich Carl von Schimmelmann als einer der größten Sklavenhändler und -halter seiner Zeit.[19] Und nicht nur er: Im Familienimperium Schimmelmann machte er auch andere Familienmitglieder zu Plantagenbesitzern oder Anteilsinhabern. Den kleinen Kreis seiner Teilhaber und Vertrauten wählte er mit Bedacht, bestehend aus Experten, langjährigen Weggefährten und Familienmitgliedern, verpflichtete sie zu absoluter Verschwiegenheit und spannte sie geschickt mit Gewinnbeteiligung für seine Interessen ein.[20] Schimmelmanns unternehmerisches Erfolgsrezept: exakte Buchführung, regelmäßige Berichtspflicht von allen Standorten und strenge Kontrollen.

Außerdem sorgte er dafür, dass die Kinder des Schimmelmann-Clans möglichst gut – also adelig – verheiratet wurden.[21] So kaufte er beispielsweise der verarmten Familie Baudissin Gut Knoop bei Kiel ab, um es seiner Tochter Caroline als Mitgift bei ihrer Hochzeit mit Heinrich Friedrich Graf von Baudissin zu überlassen. Seine Tochter Julia heiratete den Diplomaten und Gutsbesitzer Friedrich Karl von Reventlow, sein Sohn Friedrich Joseph ehelichte die Tochter des Pinneberger Drosten Hans von Ahlefeldt. Für die wirtschaftlichen Interessen des Familienimperiums knüpfte er geschickt auch privat aussichtsreiche nationale und internationale Verbindungen.

Während Schimmelmann seinen inzwischen unermesslichen Reichtum vor allem mit Sklaverei und Menschenhandel vergrößerte, mussten die versklavten Männer, Frauen und Kinder Unmenschliches erleiden: Sie wurden zusammengetrieben, auf Schiffe geladen und nach Süd-, Mittel- und Nordamerika transportiert. »Middle Passage« nannte man diese Überfahrten, auf denen zwischen dem 16. Jahrhundert und 19. Jahrhundert etwa 54 000 Menschen registriert wurden, zwischen 1780 und 1790 sogar 78 000 Sklaven – jeweils pro Jahr![22]

Auf der im Durchschnitt zehnwöchigen Überfahrt wurden

Auf der zehnwöchigen Überfahrt wurden die Sklavinnen
und Sklaven in Ketten gelegt und zusammengepfercht –
unmenschliche Zustände, die häufig zum Tode führten.

die zwischen 140 und 600 Sklaven platzsparend zusammenge-
drängt und angekettet. Die Bedingungen an Bord waren katas-
trophal. Die Männer infizierten sich ob der schlechten hygieni-
schen Bedingungen häufig mit tödlichen Krankheiten wie Ruhr
und Pocken. Frauen »durften« beim Kochen helfen und sich bewegen, wurden jedoch regelmäßig Opfer sexueller Gewalt der
Seemänner.[23]
Täglich wurden die Ketten überprüft, Verstorbene über Bord
geworfen. Die Essensrationen bestanden meist aus einem Brei
aus Pferdebohnen, Süßkartoffeln, Zwieback, Kochbananen und
manchmal Fleisch und wurden in Eimern »serviert«. Ein geteil-
ter Essenseimer bedeutete gleichzeitig ein großes Infektionsri-
siko und eine schnelle Verbreitung tödlicher Krankheiten. Auch
die Mannschaft an Bord war dem ausgesetzt: »Von den Besatzun-

gen der Sklavenschiffe, die 1787 in Liverpool ablegten, kehrten weniger als die Hälfte zurück.«Aber Sklavenhändler und Kapitäne wurden sich immer mehr ihrer »wertvollen Fracht« bewusst, die nur lebend Gewinn brachte: Die Vorschriften wurden strenger, und die Sterberate sank kontinuierlich vom 16. Jahrhundert an.

Zurück zu Schimmelmann: Diejenigen, die die Überfahrt auf seinen Sklavenschiffen überlebt hatten, kamen im Hafen der dänischen Karibikinsel Saint Thomas an und wurden auf die benachbarten Inseln St. Croix und St. Jan (John) verteilt. Dort mussten sie harte Arbeit auf den Zuckerrohr- und Baumwollplantagen Schimmelmanns leisten. Die Sterberate und der Verschleiß an Menschenleben, bedingt durch harte Arbeit, Bestrafung oder Seuchen, waren hoch.[24]

Heinrich Carl von Schimmelmann betrachtete Sklaven als Ware und Besitz. Neben den der Arbeit auf den Plantagen zugedachten Sklaven kaufte er auch, beispielsweise für den dänischen König, Kinder auf Bestellung – diese galten als exotisch und ausgesprochen chic.[25] Und man muss davon ausgehen, dass auch bei Schimmelmanns ihren afrikanischen Familien entrissene Kinder Dienst taten.

Aber Schimmelmann war kein Einzelfall:[26] »Mehr als 200 Portraits solcher ›Hofmohren‹ hat ein Forscherteam um die Bremer Historikerin Rebekka von Mallinckrodt für ein Projekt zu Sklaven im Heiligen Römischen Reich in Archiven entdeckt.« Solche »Mohren« dienten insbesondere der Repräsentation und Arbeiten bei Hofe, als Musiker oder beim Militär.[27] Schimmelmann ließ außerdem einige der männlichen Sklaven nach Ahrensburg holen und in Handwerksberufen oder als medizinische Hilfskräfte ausbilden, um sie dann – für mehr Gewinn – auf seinen Plantagen als qualifiziertes Personal einzusetzen. So schreibt ein Plantageninspekteur an Schimmelmann zu dessen Bestellung am 22. Mai 1765:[28]

Heinrich Carl von Schimmelmann vor einem Bild seiner Frau Caroline, einer Büste des dänischen Königs Friedrich V. und einem bediensteten afrikanischen Jungen.

»Der Vorschlag wegen Anlernung junger Neeger zu diversen Handwerkern findet zwar seine Schwierigkeit, dennoch wird d.H. Captain Schopen 8 stck. mitbringen, die er ausgesucht und die ihm zu Erlernung von Handwerken am bequemsten zu sein scheinen. Gleichgestalt wird er einen hübschen Neeger-Jungen für die gnädige Frau Baronesse mitnehmen.«

Auch Tochter Caroline auf Gut Knoop bekam offenbar zu ihren Diensten einen »Kammermohren« auf Bestellung, namentlich Christoph Tafeldecker (die Namensgebung »Tafeldecker« beschrieb seine ihm zugedachte Arbeit im Herrenhaus von Knoop in Schleswig-Holstein).

Die »schwarzen Jungens«, die Schimmelmann auch nach Ahrensburg bringen ließ, sollten fachlich ausgebildet werden – und Sklaven bleiben. So schreibt Schimmelmann am 30. August 1765 an seinen Agenten in Kopenhagen: »Die 7 Schwartzen Menschen wollen Sie über Lübeck absenden und jemand mitgeben, der sie […] gleich nach Ahrensburg bringt; ich will selbige unter alle Arten von Handwerker vertheilen.«

Wie viele Sklaven Schimmelmann am Ende nach Ahrensburg zur Ausbildung – als Investition, zur Gewinnoptimierung auf den Plantagen – nach Europa geholt hat, lässt sich nicht mit Bestimmtheit sagen. Auch wie viele der beispielhaft »7 Schwartzen Menschen« tatsächlich und überhaupt zurück auf die Plantagen gelangten – oder schon vorher an europäischen Krankheiten starben –, ist ungewiss. Der Sklave Heinrich Carl Ambach aber, der zu Ehren seines Herrn dessen Vornamen erhalten hatte und vorher Joseph genannt worden war, hat Spuren hinterlassen: So wurde er nicht nur laut Kirchenbucheintrag am 10. September 1769 als Zwölfjähriger in Ahrensburg getauft, sondern war offenbar auch im Norden geblieben und hatte wohl 1786 in Eppendorf geheiratet, wie die weiteren Recherchen des Stadtarchivs Ahrensburg nahelegen.

Von der Arbeit der Sklaven auf den Plantagen wurde Schimmelmann übrigens nur berichtet, er war selbst nie vor Ort. Bekannt ist aber, dass er ungefähr 1000 Sklaven »besessen« haben muss. Sein Zeichen »BvS« (Baron von Schimmelmann) wurde jedem »neu erworbenen Stück« auf die Brust gebrannt. In den Inventarlisten waren sie als »Ware« neben Gerätschaften und Vieh aufgeführt. Die Strafen der Verwalter auf Schimmelmanns Plantagen – darunter sein Neffe Ludwig Heinrich Schimmelmann – dürften sich an einem sogenannten dänischen »Reglement für Sklaven« von 1755 orientiert haben, das, je nach »Vergehen«, neben Prügelstrafe, Brandmarkung der Stirn, Schlägen, Abschneiden der Ohren oder der Ober- oder Unterschenkel auch die Todesstrafe vorsah.[29]

Ganz im Menschenbild und in der Logik des 18. Jahrhunderts gefangen, argumentierten Heinrich Carl von Schimmelmann und andere Sklavenhalter, dass »die Wilden« ja von ihren eigenen Leuten versklavt worden seien und dass »sie es bei christlichen Herren besser hätten als bei ihren heidnischen Landsleuten.«[30] Schimmelmann hat im Kontext seiner Zeit den Sklavenhandel nie infrage gestellt, für ihn war die Ungleichheit der Menschen »gottgegeben«. Schimmelmann, der nach kurzer schwerer Krankheit am 15. Februar 1782 auf dem Höhepunkt seiner wirtschaftlichen Macht in Kopenhagen starb, wurde an seinem Lieblingsort Wandsbek bestattet. Seine Frau Caroline überlebte ihn noch um dreizehn Jahre und fand, neben ihrem Mann begraben, ebenfalls in Wandsbek ihre letzte Ruhestätte.

In vielen Ländern Europas wurde inzwischen über die Rechtmäßigkeit von Sklaverei diskutiert. Das beeinflusste auch Schimmelmanns Sohn Ernst Heinrich, der von seinem Vater nicht nur ein Vermögen geerbt hatte, sondern auch einer der größten Besitzer von Sklavinnen und Sklaven geworden war. Nach Bildungsreisen in Europa war er mit humanistischem Gedankengut über Selbstbestimmung, Freiheit und Menschenrechte zurückgekehrt und galt fortan als aufgeklärter Unternehmer. Er machte, wie zuvor sein Vater, in der dänischen Politik Karriere, wurde erst Handels- und dann Finanzminister des Landes und stieß, beeinflusst von den humanistischen Ideen, zahlreiche Reformen an.

Und so ist es wohl insbesondere auf ihn zurückzuführen, dass Dänemark das erste Land war, das 1792 zumindest das Ende des *Handels* mit Sklaven beschloss.[31] Er tat dies allerdings recht halbherzig mit einer »Eingewöhnungsfrist« von über zehn Jahren, bis dieses Verbot sowie das Ende der Leibeigenschaft in Dänemark in Kraft traten. Der *Besitz* von Sklaven war hingegen weiter erlaubt. Ob hinter dem Engagement Ernst Heinrich von Schimmelmanns Läuterung oder Kalkül steckte?[32] Wohl doch eher Letzteres, denn er war immer noch stark von der Ideologie der Sklaverei eingenommen: »Unsere Sklaven«, schrieb Schimmelmann, sollten als Kolonie angesehen werden, »welche sich durch sich selbst vermehren und erhalten könne«.[33]

Es sollte noch bis 1848 dauern, bis sich die Sklaven auf den dänischen Karibikinseln – heute Teil der US-Jungferninseln – ihre Freiheit erkämpften. Nach Dänemark verbot auch Großbritannien 1807 den Sklavenhandel, weitere Länder folgten. Bremen gab am 20. Februar 1837 das »Strafgesetz wider den Sklavenhandel« bekannt.

Der deutsche Kolonialismus und seine norddeutschen Profiteure, wie stellvertretend Heinrich Carl von Schimmelmann als einer der größten Sklavenhalter und -händler seiner Zeit, stießen bisher nur auf wenig öffentliche Aufmerksamkeit. Doch das ändert sich. Als in Hamburg-Wandsbek im Jahr 2006 eine mit privaten Mitteln finanzierte Ehrenbüste aufgestellt wurde, protestierten Hamburger Bürgerinnen und Bürger erfolgreich dagegen – und die Büste wurde 2008 wieder entfernt.

Schloss Ahrensburg blieb übrigens über sechs Generationen bis 1938 im Besitz der Familie Schimmelmann. Seit 1955 steht es nun Besucherinnen und Besuchern als Museum offen und erzählt von seiner wechselhaften Geschichte ...

Zum Weiterlesen

Wissenswertes über Deutschlands koloniale Vergangenheit und seine – auch norddeutschen – Profiteure haben Eva-Maria Schnurr und Frank Patalong in *»Deutschland, deine Kolonien«* (München 2022) zusammengetragen.

Das Buch *Schloss Ahrensburg – Ein Kleinod in Schleswig-Holstein mit über 400jähriger Geschichte* informiert anschaulich und reich bebildert über die Geschichte des Schlosses bis zur Gegenwart – und ist vor Ort zu beziehen.

Für einen Besuch

Nach einem Spaziergang durch den Park geben heute die Museumsräume von Schloss Ahrensburg einen Einblick in die adelige Wohnkultur des späten 18. und 19. Jahrhunderts. Eine Führung (nach Vereinbarung) über »Freud und Leid« erzählt beispielsweise anhand der Porträtsammlung die Lebensgeschichten seiner ehemaligen Bewohner – so auch derjenigen Schimmelmanns. In Wandsbek kann man Schimmelmanns Mausoleum besichtigen, das etwas versteckt hinter der modernen Christuskirche liegt. Auf dem einstigen Wandsbeker Schlossgelände – heute Hamburg-Marienthal – stehen jetzt Villen und Wohnhäuser. Das Schloss wurde 1865 abgerissen, Teile des Schlossgartens gehören zum »Wandsbeker Gehölz«. Straßennamen wie Schlossstraße, Schlossgarten oder Rantzaustraße erinnern noch an herrschaftliche Zeiten. Dafür stehen die steinernen Löwen, die einst die Einfahrt zu Schimmelmanns Anwesen in Wandsbek markierten, als Kopie auf dem Wandsbeker Marktplatz, die Originale hingegen im Zentrum für Wirtschaftsförderung, Bauen und Umwelt. Dort können sie während der Öffnungszeiten besichtigt werden.

In der Michaelisstrasse in der Hamburger Innenstadt finden sich heute keine Spuren mehr vom ehemaligen Stadtpalais Schimmelmanns. Nur die Sphinxen, die dort einst Eindruck heischend und weltmännisch an der Auffahrt standen, wachen heute weniger spektakulär am Eingang des Hamburger Eichtalparks.

TILLMANN BENDIKOWSKI

Die Schlacht im Wiehengebirge

In Kalkriese schlugen die »Germanen« vor 2000 Jahren die Römer

E ine Wanderung durch Norddeutschland kann auch im Herbst eine schöne Sache sein – solange das Wetter mitspielt, die Pfade leidlich ausgebaut und freundliche Einheimische den Weg der Fremden kreuzen. Doch all das traf nicht zu, als vor 2000 Jahren eine wohl 15 Kilometer lange Kolonne schwer bewaffneter römischer Legionäre durch diese Region marschierte, die sie als »Germania« zu bezeichnen pflegten: Das Wetter war ungastlich, norddeutsch feucht, und die Wege waren vom tagelangen Regen unter den Tritten der Soldaten, der Pferde und Zugtiere längst rutschig und tief geworden. Ein römischer Geschichtsschreiber notierte anschließend: »Der Boden, um die Wurzeln und Stämme her schlüpfrig geworden, machte jeden Schritt höchst unsicher.«[1]

Aber damit nicht genug: Überdies trafen die Römer an für sie strategisch denkbar ungünstiger Stelle entlang eines kleinen Höhenzugs – mit waldigen Anhöhen auf der einen und einem höchst ungastlichen Moor auf der anderen Seite – auf Eingeborene, die ihnen keineswegs freundlich gesonnen waren: schwer bewaffnete und gewaltbereite Germanen, die den Legionären nach dem

Das Museumsgebäude mit dem mächtigen Turm: Kennzeichen von Museum und Park Kalkriese, einem außergewöhnlichen Ort von Geschichtsforschung und -präsentation.

Leben trachteten. Das Ergebnis dieser Begegnung war eine mehrtägige Schlacht, bei der Tausende von Menschen starben und die lange als »Schlacht im Teutoburger Wald« bekannt war. Wer heute die antike Schlachtstätte sucht, sollte sich allerdings nicht von dieser Bezeichnung leiten lassen, denn dieser Ort liegt vermutlich im Wiehengebirge, jenem noch heute bewaldeten Höhenzug, der sich nördlich von Osnabrück nach Osten bis zur Porta Westfalica im Weserbergland erstreckt. Und das Fleckchen Kalkriese steht für die Einsicht, dass die Weltgeschichte zuweilen auch tief in der Provinz geschrieben wird – und das lohnt auf jeden Fall einen Besuch.

Wer sich heute dem antiken Schlachtfeld nähert, tut dies selbstverständlich vergleichsweise zeitgemäß und weithin ungefährdet: Kalkriese erreichen die meisten Besucher mit dem Auto, wenn sie von der nahen A 1 Richtung Bramsche abbiegen. Bequem geht es entlang der sanften Anhöhen des Wiehengebirges bis zu jener Stelle, wo linker Hand ein weithin sichtbares architektonisches

Ausrufezeichen steht: der mächtige eiserne Turm des »Museum und Park Kalkriese«, der die Bäume ringsum weit überragt.

Mit einer Höhe von 40 Metern ist er das Ergebnis einer mutigen Architektur, die an diesem Ort nicht auf Kitsch und mögliche Rekonstruktion einer vergangenen Zeit setzt, sondern auf eigene Gestaltung – und auf eine eigene Interpretation des historischen Geschehens. Seit 2002 kommen jährlich Zehntausende Geschichtsinteressierte nach Kalkriese. Sie sind neugierig auf die Ausstellungen des Hauses, vor allem aber auch auf das inzwischen zugängige Schlachtfeld, auf dem die Archäologinnen und Archäologen bis heute im wahrsten Sinne des Wortes alte Geschichten ausgraben und unser Wissen von dem unglaublichen Geschehen vor mehr als 2000 Jahren Stück für Stück erweitern. Aber das Wichtigste – auch wenn im Grunde auf dem weiten Gelände am wenigsten zu sehen ist – ist das Schlachtfeld selbst. Hier also erlebte das so mächtige römische Imperium im Jahr 9 n. Chr. seine historische Niederlage? Doch der Reihe nach ...

Was sich vor über 2000 Jahren abgespielt hat, trägt heute die Bezeichnung »Varusschlacht« – und sie verweist damit auf das traurige Schicksal des römischen Heerführers Publius Quinctilius Varus. Der Statthalter von Germanien erhielt damit posthum die wenig schmeichelhafte und in der Geschichtsschreibung höchst selten zugesprochene »Ehre«, als Verlierer einer Schlacht dieser seinen Namen zu leihen. So galt Varus der Nachwelt bald als Versager, und selbst der große deutsche Althistoriker Theodor Mommsen weidete sich im 19. Jahrhundert noch an der angeblichen Unfähigkeit des Römers:[2]

»Der Statthalter Publius Quinctilius Varus war wohl der Gemahl einer Nichte des Kaisers und ein Mann von übel erworbenem, aber fürstlichem Reichtum und von fürstlicher Hoffart, aber von trägem Körper und stumpfem Geist und ohne jede militärische Begabung und Erfahrung.«

Bei allem Respekt gegenüber dem Träger des Literaturnobelpreises: Das ist im Grunde nichts anderes als üble historische Nachrede, denn der gute Varus war tatsächlich besser als sein späterer Ruf. Im Jahr 9 n. Chr. zählt er mit seinen 55 Jahren fraglos zu den erfahrensten politischen und militärischen Köpfen im Dienste des römischen Kaisers Augustus; die von Theodor Mommsen erwähnten entfernten verwandtschaftlichen Beziehungen zum Herrscherhaus mögen bei seiner Karriere nicht hinderlich gewesen sein, aber ausschlaggebend waren sie keineswegs. Schon als junger Mann darf er Kaiser Augustus zu einer ausgedehnten Orientreise begleiten, mit 33 Jahren wird er dann zu einem der beiden Konsuln in Rom ernannt. Damit bekleidet er das höchste militärische und zivile Amt, das der Kaiser zu vergeben hatte. Und als Konsul scheint Varus Augustus nicht enttäuscht zu haben, denn bald schon erhält er neue Aufgaben im weitgespannten römischen Imperium. Zunächst wird er als Statthalter mit der Verwaltung der wichtigsten Provinz im Reich betraut: der Provinz »Africa«, zu der in etwa das heutige Tunesien und Teile Libyens gehörten. Dann folgt die Statthalterschaft über Syrien, eine besonders wohlhabende, aber auch strategisch bedeutsame Provinz. Hier ist Publius Quinctilius Varus als kluger Stratege und geschickter Diplomat gefragt.[3]

Varus befehligt in Syrien das sogenannte Euphrat-Heer, die größte römische Streitmacht im Osten des Reiches, mit dessen Hilfe vor allem das angrenzende mächtige Heer der Parther auf Distanz gehalten wird. Aber auch innerhalb der Provinz ist der Statthalter gefordert: Als König Herodes, den die Römer als Herrscher über das Land der Juden eingesetzt hatten, im Jahr 4 n. Chr. stirbt, erschüttern Unruhen das Land. Der Statthalter schlägt daraufhin die sich in ganz Judäa ausbreitende Erhebung gegen die römische Herrschaft nieder, dabei lässt er Hunderte von Aufständischen kreuzigen und gibt auch den Befehl zur völligen Zerstörung der Stadt Emmaus. Und in Jerusalem kommt es zur ersten Brandschatzung des Tempelbezirks und zur Plünderung des Tempels durch die Römer. Bei aller Brutalität: Aus römischer Perspektive hat Varus eine militärisch und politisch brenzlige Situation gemeistert.

Wenngleich wir heute nicht mehr genau wissen, was Varus nach seiner Zeit als Statthalter in Syrien gemacht hat – die nächste große Aufgabe, mit der ihn sein Kaiser betreut, ist nur zu bekannt: Er schickt ihn nach Germanien, weil ihm die Lage der dort stationierten römischen Truppen Sorgen bereitet. Deren eigentlicher Oberbefehlshaber Tiberius muss abgezogen werden, um eine Rebellion südlich der Donau niederzuschlagen. Die Wahl des neuen Befehlshabers am Rhein fällt nicht ohne Grund auf Varus. Mit seiner Erfahrung soll er dafür sorgen, dass in Germanien nach zahlreichen Konflikten endlich Ruhe einkehrt, und dies soll er in der bewährten Mischung aus kluger Diplomatie und militärischer Härte erreichen. Mögliche Aufstände gilt es früh zu erkennen und niederzuschlagen, aber ganz sicher erwartet niemand von ihm weitreichende Eroberungen in den Tiefen Germaniens.

Diese Region, die Varus nun für Rom sichern und verwahren sollte, nennen die Römer »Germania« – und meinen damit ein Gebiet zwischen Nord- und Ostsee, dem Rhein und der Weichsel bis hin zur Donau und den Alpen. Doch die Menschen, die hier leben, nennen sich nicht »Germanen«, weil diese sich nicht als einheitliches Volk verstehen. Sie gehören zu unterschiedlichen Stämmen: Friesen oder Chauken, Sachsen, Brukterer, Tenkterer, Cherusker oder Chatten. Weil sie selber keine Schriftkultur besitzen, können sie der Nachwelt auch keine Zeugnisse über ihr Leben und ihre Kultur überlassen. Das rächt sich, denn so werden nur die Berichte der Römer überliefert – und sie erklären diese Menschen in ihrer Gesamtheit schlicht zu »Barbaren«. Schon dieses Germanien, so erklärt der große römische Geschichtsschreiber Publius Cornelius Tacitus, sei wenig einladend: »Das Land zeigt zwar im Einzelnen einige Unterschiede; doch im Ganzen machte es mit seinen Wäldern einen schaurigen, mit seinen Sümpfen einen widerwärtigen Eindruck.«[4]

So finster wie die Wälder seien auch die Bewohner – wilde Gesellen, die am liebsten ein Saufgelage an das nächste reihen, so glaubt jedenfalls Tacitus: »Tag und Nacht durchzuzechen ist für niemanden eine Schande. Streitigkeiten sind häufig (es handelt sich ja um Betrunkene); sie enden selten mit bloßen Schimpfreden, öfters mit Totschlag und Blutvergießen.«[5] Denn das dürfe nicht übersehen werden, so diktieren die römischen Autoren ihren Schreibern: Diese Barbaren sind stets gewaltbereit und deshalb auch für andere eine permanente Gefahr. Man müsse ihnen immer misstrauen, und so ist die angebliche Hinterlist als Grundzug des barbarischen Wesens in Rom beinahe schon sprichwörtlich. Velleius Paterculus erklärt: »Die Leute dort sind aber – wer es nicht erfahren hat, wird es kaum glauben – bei all ihrer Wildheit äußerst verschlagen, ein Volk von geborenen Lügnern.«[6]

Nun ja, der gute Paterculus kennt als Militärtribun wenigstens das Land und die Leute, über die er schreibt, weil er lange hier stationiert war und an Feldzügen gegen die Germanen teilgenommen hat. Aber dennoch ist seine Sicht stets die eines Besatzers auf ein Volk, das den Römern aus gutem Grund mehr als skeptisch gegenübersteht: Die Menschen hier haben die Römer ja nicht gerufen, sie wollen nicht unter einer römischen Rechtsprechung leben, und sie wollen auch keine Abgaben zahlen. Es geht im Verhältnis zwischen Germanen und Römern also nicht um einen gepflegten Kulturaustausch auf Augenhöhe, sondern um den fortwährenden und immer wieder mit Gewalt ausgetragenen Konflikt zwischen Einheimischen und Besatzern.

Als Publius Quinctilius Varus in Germanien eintrifft, herrscht hier lediglich eine trügerische Ruhe. Einige Stämme sind entweder militärisch geschlagen oder mit »politischen« Mitteln gezähmt worden, müssen also beispielsweise die Einsetzung loyaler Stammesführer oder die Entwaffnung der Krieger akzeptieren. Die

Römer operieren weithin von der gut befestigten Rheinlinie aus, verfügen aber auch im rechtsrheinischen Gebiet über ein System von Militäranlagen, um dort Präsenz zu zeigen und die Vorgänge wenn möglich politisch zu kontrollieren. Auch der neue Statthalter ist da regelmäßig mit von der Partie: Im Landesinneren spricht er Recht, regelt das Eintreiben der Zwangsabgaben und greift im Sinne seiner eigenen Interessen vermittelnd in stammesinterne wie stammesübergreifende Konflikte ein. Mit einem Abstand von 2000 Jahren lässt sich heute kaum mehr feststellen, wie geschickt oder ungeschickt Varus mit den Germanen nun wirklich umging. Er weiß als erfahrener Statthalter an verschiedenen Ecken des römischen Imperiums nur allzu gut, dass eine permanente Unzufriedenheit selbst in militärisch beherrschten Regionen langfristig keinen Frieden garantiert – er kann den Herrschaftsanspruch Roms aber auch nicht schmälern.

Sicher ist hingegen, dass der neue Statthalter rasch Bekanntschaft mit einem jungen Mann macht, der in seinen Diensten steht: ein 25-Jähriger aus einer der führenden Familien der Cherusker, der von den Römern Arminius genannt wird. Dieser hatte sich wie auch sein Bruder einer römischen Hilfstruppe, einer sogenannten Auxiliareinheit, angeschlossen. Und er hat in römischen Diensten rasch Karriere gemacht. Arminius wird in den antiken Quellen als begabter und kluger junger Mann beschrieben, der so gar nicht zum Bild von einem germanischen »Barbaren« passen will: »In seiner Miene und in seinen Augen spiegelte sich ein feuriger Geist. Im letzten Feldzug hatte er beständig auf unserer Seite gekämpft und hatte mit dem römischen Bürgerrecht auch den Rang eines römischen Ritters erlangt.«[7]

So preist Velleius Paterculus den jungen Arminius – und begeht damit wie andere Römer auch einen folgenschweren Fehler: Er sieht in ihm einen verlässlichen Vasallen, auf den sich Rom im chronisch unruhigen Germanien verlassen kann. Das Gegenteil ist der Fall. Arminius ist zwar inzwischen Anführer einer römischen

Auxiliareinheit und kämpft Seite an Seite mit den Legionären – aber er ist noch immer der cheruskischen Stammeswelt verbunden, in der er augenscheinlich nicht nur Freunde hat. Um aus diesen innercheruskischen Rivalitäten als Sieger hervorzugehen und sich womöglich die Führung des Stammes zu sichern, gibt es ein ganz sicheres Mittel: ein erfolgreicher Aufstand gegen die Römer.

Über die Voraussetzungen, um so einen Schlag gegen die Besatzer in die Tat umzusetzen, verfügt Arminius ohne Frage, schließlich ist er selbst ein versierter militärischer Führer, der überdies die römische Armee, ihre Ausrüstung und Taktik – und damit auch ihre verwundbaren Stellen – aus eigener Anschauung bestens kennt.

Für einen Angriff auf die römische Armee braucht es allerdings den richtigen Ort, den richtigen Zeitpunkt und eine perfekte Vorbereitung. Arminius weiß, dass eine offene Feldschlacht gegen die Legionen Roms völlig aussichtslos ist, und auch die Belagerung eines gut gerüsteten römischen Lagers dürfte wohl kaum Erfolg haben. Verwundbar ist selbst eine große römische Streitmacht allerdings immer dann, wenn sie während eines Marschs attackiert wird – und dies möglichst noch völlig überraschend und in einem Gelände, das die Römer nicht kennen und das wenige Möglichkeiten für eine effiziente Verteidigung bietet. Dafür hat Arminius den richtigen Ort schon im Auge …

Es geht in diesem Jahr 9 n. Chr. auf den Winter zu, und den verbringen die römischen Legionen selbstverständlich nicht irgendwo in den tiefen Wäldern Germaniens, sondern in einem der gut ausgestatteten befestigten Lager am Rhein. Das gilt auch für die Männer der XVII., XVIII. und XIX. Legion: Sie ziehen Ende September aus dem Inneren Germaniens Richtung Westen, um rechtzeitig das Lager Vetera, nahe dem heutigen Xanten, oder Oppidum Ubiorum, das heutige Köln, zu erreichen. Es sind über 15 000 Männer, überwiegend Infanteristen, die begleitet werden von germanischen Hilfstruppen, von privaten Sklaven sowie Frauen und vermutlich auch Kindern – insgesamt wohl über 20 000 Menschen. Die Soldaten sind zumeist altgediente Kämpfer. Sie vertrauen gleichermaßen ihrer Ausrüstung, ihrer Ausbildung und dem taktischen Können der Offiziere mit ihrem Oberbefehlshaber Varus an der Spitze. Und sie zählen nicht zu jenen, die bei der erstbesten Begegnung mit angreifenden Germanen in Angst und Schrecken verfallen und sich widerstandslos ihrem Schicksal ergeben. Aber sie wissen ja auch noch nicht, was auf sie wartet ... Arminius hat Varus eine gezielte Falschinformation über einen angeblichen kleineren Aufstand zukommen lassen, den die Römer nun bei ihrem ohnehin anstehenden Zug ins Winterquartier sozusagen im Vorübergehen niederschlagen wollten. Dass sie dafür eine andere Route nehmen müssen, ist kein großes Problem, denn ihre Kenntnisse des Landes sind gut genug, damit sie durchaus wissen, wo sie sich befinden. Allerdings sind die Wege eng und unbefestigt, sodass sich der Lindwurm mehr und mehr in die Länge zieht.

Damit ist das erste Ziel von Arminius erreicht, und nun setzt er sich samt den germanischen Hilfstruppen unter einem Vorwand von den Legionen ab. Doch bald darauf kommen sie – zusammen mit anderen germanischen Kämpfern – völlig überraschend als Angreifer aus dem Hinterhalt zurück. Noch bevor sich die römischen Legionäre so richtig auf einen Kampf einstellen konnten, sind die Germanen schon da. Cassius Dio, ein griechisch-römischer Geschichtsschreiber, berichtet später: »Zuerst schossen sie nur aus der Ferne, dann aber, als niemand sich wehrte und viele verwundet wurden, rückten sie näher an die Gegner heran.«[8]

Römische Legionäre sind es eigentlich gewohnt, Schulter an Schulter mit ihren Nebenleuten zu kämpfen und sich dadurch gegenseitig zu schützen. Doch auf den engen Wegen können sie keine reguläre Verteidigungsphalanx aufbauen. Zunächst werden sie mit Speeren beworfen, dann gehen die Germanen zum Nahkampf über – und ziehen sich rasch wieder zurück. Manchmal haben die Legionäre gar nicht recht Zeit, sich überhaupt für den Kampf zu präparieren. Ganze 15 Sekunden, so wurde später einmal berechnet, braucht ein Soldat in einer normalen Marschformation, um überhaupt kampfbereit zu sein. Zunächst muss er die Hände frei bekommen: Mit der einen Hand hält er die Stange mit dem Marschgepäck, die er über der Schulter trägt. Die kann er nicht einfach fallen lassen oder wegwerfen, ohne aber die neben und hinter ihm marschierenden Kameraden zu behindern. Nun muss er den langen Speer, den er in der anderen Hand hält, kurz weglegen oder in den Boden rammen (wenn dessen Beschaffenheit das zulässt). Dann erst kann er den ledernen Gurt an seinem Oberkörper lösen, den daran befestigten Schild greifen und mit der linken Hand zur Verteidigung vor den Körper ziehen. Nun noch rasch mit der rechten Hand nach dem Speer greifen – und endlich ist er kampfbereit.[9] Allerdings ist der Legionär bis zu diesem Moment wertvolle Sekunden wehrlos, und die angreifenden Germanen, bewaffnet vor allem mit ihren kleineren und leichteren Speeren und Kurzschwertern, haben den Römern währenddessen schon empfindliche Verluste zugefügt und sich wieder zurückgezogen.

Diese »Guerillaattacken«, die an diesem Tag wohl über Stunden andauern, fordern viele Opfer, aber die lange Kolonne kann ihren Marsch fortsetzen. Und so sammelt Varus am Abend des Tages seine Legionen, um für die Nacht ein voll funktionstüchtiges Lager aufzuschlagen. Für die Soldaten, die nun wahrlich schon einen schweren Tag hinter sich haben, bringt das wieder Schwerstarbeit. Sie müssen einen langen Graben rund ums Lager ausheben, mit der Erde einen Wall aufschütten, auf dem dann angespitzte Eichenpfähle zu einer schützenden Wand verbunden werden. Aber die Arbeit lohnt sich: Die Germanen würden einen Angriff auf so ein Lager sicher nicht wagen!

In dieser Sicherheit kann Varus sich mit seinen hohen Offizieren besprechen. Vermutlich hegen sie die Hoffnung, dass das

Diese Maske eines römischen Gesichtshelms gehört zu den zahlreichen Exponaten, die auf dem Schlachtfeld gefunden wurden und heute im Museum in Kalkriese zu bewundern sind.

Schlimmste für die Legionen bereits überstanden ist. Jedenfalls kommen sie überein, dass sie nicht umkehren und erneut jene Wege zurückmarschieren würden, an denen eben erst die Germanen gelauert haben. So lassen sie am nächsten Morgen alle nicht unbedingt erforderlichen Teile der Ausrüstung, vor allem schwere Fuhrwerke, zurück, um schneller voranzukommen. Doch sollten die Römer gehofft haben, dass am zweiten Tag die Angriffe nachlassen, sehen sie sich rasch getäuscht. Schon bald nach dem Aufbruch, so schreibt Cassius Dio, werden sie wieder attackiert:[10]

> »Von dort gerieten sie aber wieder in Wälder, und hier mussten sie sich gegen die Angreifer wehren, wobei sie aber gerade die schwersten Verluste erlitten. Denn auf engem Raum zusammengepresst, damit Schulter an Schulter Reiter und Fußvolk den Feinden entgegenstürmen könnten, stießen sie vielfach aufeinander oder gegen die Bäume.«

Die ständigen Angriffe fordern ihren Preis, und in der Summe haben die Legionen immer mehr Tote zu verzeichnen. Obwohl die römischen Soldaten jetzt vorbereitet und etwas besser geordnet sind, müssen sie immer wieder Wälder durchqueren, in denen sie fortwährend attackiert werden. An diesem zweiten Tag verlieren sie die Schlacht: Als sie am Abend ihr Nachtlager aufschlagen, kann von einem nach römischen Ansprüchen geordneten Lager nicht mehr die Rede sein. Vermutlich müssen sie am Morgen die meisten Baugerätschaften zurückgelassen haben, und für die nächsten Nächte reicht es dann nur noch für den Bau von zunehmend provisorischen Lagern. In der Forschung wird inzwischen von einer mehrtägigen Ereigniskette gesprochen: Wieder und wieder werden die römischen Legionen attackiert und regelrecht aufgerieben.

Auch auf dem Gebiet des heutigen Kalkriese stürzen sich immer wieder Germanen auf eine offensichtlich schwächere Gruppe des römischen Heerzugs. Viele Legionäre werden Richtung Moor abgedrängt und dort in Kämpfe verwickelt, andere versuchen den eingeschlagenen Weg mit aller Macht weiterzugehen, um der Situation zu entfliehen. Ob an diesem Ort wirklich die mehrtägige Schlacht beendet wurde oder ob römische Einheiten noch weiterzogen und dort vernichtet wurden, kann derzeit noch nicht abschließend beurteilt werden. Aber an der furchtbaren Realität der Ereignisse ändert das nichts: Die Kämpfe werden mit unerbittlicher Härte Mann gegen Mann ausgetragen, Tote und Verwundete bedecken förmlich das Feld. Vermutlich wurden auf römischer Seite in diesen Tagen zwischen 15 000 und 20 000 Menschen getötet, auf germanischer Seite dürfte die Zahl der Toten deutlich geringer ausgefallen sein. Rom hat eine historische Niederlage erlitten, drei Legionen – fast ein Siebtel der römischen Streitmacht – sind irgendwo in Germanien verloren gegangen!

Irgendwo in Germanien? Da waren sich vor 2000 Jahren die Römer sicher. Aber wo denn nun genau? Das Wissen ging über die Jahrhunderte hinweg verloren, auch weil die Römer selbstverständlich nur begrenztes Interesse daran hatten, sich diesen Ort der Katastrophe allzu gut zu merken. So versank das Wissen um diese Schlacht für nahezu anderthalb Jahrtausende in eine Art Dornröschenschlaf!

Erst mit dem 16. Jahrhundert »erwacht« das historische Ereignis erneut – und damit auch die Frage, wo genau diese entscheidende Schlacht denn stattgefunden hat.[11] Es beginnt eine Suche, die mindestens so aufregend ist wie die Varusschlacht – aber zum Glück deutlich unblutiger, wenn auch in höchstem Maße unterhaltsam. Zuweilen tippen manche sogar auf einen Ort nahe Düsseldorf, doch die klaren Favoriten kommen aus Norddeutschland. Weil nach Ansicht von Tacitus die Schlacht »nicht weit entfernt von dem Teutoburger Wald« – »haud procul Teutoburgiensis saltur« – stattgefunden haben soll,[12] erscheint die Bezeichnung »Schlacht im Teutoburger Wald« naheliegend. Auch wird inzwischen übrigens von der »Hermann(s)schlacht« gesprochen, weil der historische Arminius im Zuge allgemeiner Deutschtümelei inzwischen zu Hermann »umgetauft« wurde. Was selbstverständlich völliger Quatsch ist, denn so hat der Cherusker mit absoluter Sicherheit nie geheißen!

Ende des 19. Jahrhunderts spitzen sich die Diskussionen um den Ort der Schlacht zu. So wird im Fürstentum Lippe beim Städtchen Detmold 1875 das monströse »Hermannsdenkmal« eingeweiht. Irgendwo rund um Detmold soll es damals gewesen sein. Doch zehn Jahre später setzt der bereits erwähnte Althistoriker Theodor Mommsen ein wichtiges Zeichen. Diese unbestrittene Koryphäe der deutschen Altertumswissenschaft hat sich intensiv mit römischen Münzen beschäftigt, die seit dem 18. Jahrhundert im Osnabrücker Land bei Kalkriese – genauer: der dortigen kleinen Bauernschaft Barenau am Venner Moor – gefunden wurden. Mommsen schaut, kombiniert – und erklärt schließlich in einem Aufsatz: »Meines Erachtens gehören die in und bei Barenau

Kein Schlachtfeld weit und breit - so steht das »Hermanns-denkmal« bei Detmold seit 1875 lediglich für den nationalen Geschichtskitsch rund um die »Germanen«.

gefundenen Münzen zu dem Nachlass der im Jahre 9 n. Chr. im Venner Moore zugrunde gegangenen Armee des Varus.«[13] Der Meister hat gesprochen – für ihn ist die Angelegenheit damit geklärt. Nebenbei lästert Mommsen noch über die »deutschen Localforscher, die lieber mit den beliebten patriotisch-topographischen Zänkereien die kleinen und grossen Klatschblätter«[14] füllen, statt sich an einer koordinierten wissenschaftlichen Recherche zu beteiligen. Denn noch immer fehlen ausreichende archäologische Belege für Mommsens Hypothese.

Es dauert noch ein gutes Jahrhundert, bis es neue, aufregende Funde gibt: 1987 sucht der in Osnabrück stationierte britische Major Tony Clunn in Absprache mit der zuständigen Stadt- und Kreisarchäologie das Gelände bei Kalkriese mit einem Metalldetektor ab. Rasch stößt er auf römische Münzen, im folgenden Jahr dann endlich auf die ersehnten militärischen Relikte: zunächst drei Schleudergeschosse aus Blei, wie sie einst römische Hilfstruppen im Mittelmeerraum benutzt haben. Grabungen bringen dann große Mengen militärischer Ausrüstung ans Licht, darunter die Gesichtsmaske eines römischen Helms, die später zum Logo des Museums in Kalkriese wird. Nun war der Weg bereitet, und eine gründliche archäologische Begutachtung des Geländes wurde unausweichlich. Seither wird gegraben – und immer mehr gefunden. Heute steht fest: Hier in Kalkriese haben Römer und Germanen gegeneinander gekämpft, und hier haben die Legionen Roms eine massive Niederlage erlitten.

Aber war es tatsächlich die legendäre Varusschlacht? Selbst die Wissenschaftlerinnen und Wissenschaftler in Kalkriese sind heute ein wenig zurückhaltender geworden. Der einst lautstark daherkommende Besitzanspruch auf das welthistorische Ereignis ist heute weithin einer ruhigen und kooperativen Arbeitsatmosphäre gewichen – Theodor Mommsen hätte sich gefreut! Die zuweilen absurden medialen und lokalpatriotischen Scharmützel über den »wahren« Ort der Varusschlacht haben sich in den vergangenen Jahren wohltuend abgekühlt. Und sicher ist: Kalkriese ist der Ort einer ganz außergewöhnlichen antiken Schlacht, und deshalb heute zu Recht einer der sehenswertesten Museumsstandorte nicht nur Norddeutschlands.

Und mehr noch: In Kalkriese sorgen Forscherinnen und Forscher derzeit dafür, dass die Geschichte über Römer und Germanen im Osnabrücker Land ständig fortgeschrieben wird. Denn an diesem aufregenden Ort der archäologischen Forschung kommt nicht nur mit jeder weiteren Grabung immer wieder ein neues Stück Vergangenheit ans Licht. Zugleich sorgt das Team in Kalkriese auch dafür, dass die neuen Funde stets neu interpretiert werden. Alte Forschungspositionen werden aufgegeben, zeitgemäße Hypothesen aufgestellt und neue Deutungen der archäologischen Funde offen diskutiert. Die Leidenschaft, mit der dies hier geschieht, zeigt zugleich: Die Geschichte der Varusschlacht ist noch lange nicht vorbei!

Zum Weiterlesen

Eine gute Einführung in das historische Thema bietet Reinhard Wolters mit seiner Darstellung *Die Schlacht im Teutoburger Wald: Arminius, Varus und das römische Germanien* (München 2008, aktualisiert 2017).

Für einen Besuch

Das Museum und Park Kalkriese sind ein Muss für jeden Geschichtsinteressierten. Hier gibt es solide und unterhaltsam dargebotene wissenschaftliche Informationen sowie zahlreiche Angebote auch für Kinder; neben der Dauerausstellung sind auch die Sonderausstellungen eine echte Empfehlung. Ein Tipp: Gerade bei schönem Wetter von vornherein viel Zeit für das Außengelände und zum Besteigen des Turms einplanen – das lohnt sich.

Auch das nahe Osnabrück ist auf jeden Fall einen weiteren Ausflug wert. Als »Friedensstadt«, in der 1648 mit dem Westfälischen Frieden der Dreißigjährige Krieg beendet wurde, passt sie thematisch gut zur Varusschlacht. Ein Spaziergang durch die Altstadt, ein Besuch im historischen Rathaus, im romanischen Dom und auch im Felix-Nussbaum-Haus sind zu empfehlen.

Überdies ist Kalkriese auch immer ein geeigneter Startpunkt für eine lohnenswerte Wanderung durch das Osnabrücker Land. Wie vor 2000 Jahren gilt es dabei auf das spezifisch norddeutsche Wetter und die Beschaffenheit der Wege zu achten. Die Einheimischen sind inzwischen ganz überwiegend gutmütig ...

SABINE KNOR

»Good-bye Deutschland« 1929

Else Arnecke wandert aus: Mit 17 von Bremerhaven nach Amerika

Bis heute beflügelt der Mythos »Vom Tellerwäscher zum Millionär« die Fantasie der Menschen: Koffer packen und aufbrechen in ein neues Leben. Das haben sich nicht nur später prominent gewordene Deutsche des 18. und 19. Jahrhunderts wie Heinrich Steinweg, später als Henry Steinway, Gründer der Klavierfabrik Steinway & Sons, oder Levi Strauss, Erfinder der Levi's Jeans, gesagt. Alles hinter sich zu lassen – das sind vor allem auch die Geschichten der vielen »kleinen Leute«, die sich in Amerika ihren Lebenstraum erfüllen wollten.

Millionen Deutsche verließen insbesondere im 19. Jahrhundert ihre Heimat und sagten für immer »Good-bye«. Meistens flohen sie vor Armut, vor politischer oder religiöser Verfolgung. Viele träumten von Freiheit und einem Neubeginn, vor allem in den Vereinigten Staaten von Amerika. Eine von ihnen war Else Arnecke, ein Teenager aus Bremerhaven, die sich schon in jungen Jahren auf den Weg nach Übersee machte.

Die europäische Einwanderung in das Gebiet der heutigen USA

begann mit ersten Händlern und Siedlern bereits im 16. Jahrhundert und nahm vor allem ab dem 17. Jahrhundert zu. Seitdem strömen unablässig Zuwanderer in »God's own Country«, um sich dort ein neues, besseres Leben aufzubauen. Zwar gab es schon seit Bestehen der USA Einwanderungsbeschränkungen, doch durch eine Quote[1] wurde die Immigration erstmals 1921 im sogenannten Quota Act reguliert. Einreisepapiere mussten seitdem ein »Quota-Actum-Visum« enthalten, 1924 wurde das Einwanderungsrecht durch den National Origins Act oder Immigration Act of 1924 verschärft.[2] Pro Jahr wurde die Zahl der Immigranten seitdem auf 2 Prozent der bereits aus diesem Land stammenden Bevölkerung beschränkt. Dann wurden die Höchstgrenzen nach Weltreligionen festgelegt und Einwanderer nach Familienzusammenführung und beruflicher Qualifikation in die USA gelassen. Seit 1995 ist die Gesamteinwandererzahl auf 675 000 Menschen pro Jahr begrenzt.[3]

Bremerhaven war schon seit dem 19. Jahrhundert als »Stadt der Abschiede« berühmt,[4] als Else Arnecke 1911 das Licht der Welt erblickte. Sie wurde hineingeboren in eine Zeit der Entbehrungen und der Perspektivlosigkeit. Mit ihrer Mutter und den zwei Brüdern lebte sie in Bremerhaven-Mitte in einem bürgerlichen Viertel. Ihre Eltern hatten sich scheiden lassen, der Vater ging nach New York. Vielleicht war auch dies ein Grund für sie aufzubrechen. Auf jeden Fall stand ihr Entschluss schon als Teenager fest: »Ich will mehr.« Sie wollte aus ihrem Leben »das Beste machen«. In Bremerhaven gab es zu dieser Zeit viele junge Frauen, die nach Amerika aufbrachen, um der Perspektivlosigkeit zu entkommen. Simone Blaschka, Direktorin des Deutschen Auswandererhauses in Bremerhaven, sagt hierzu:[5]

»Im Rückblick wundert man sich vielleicht, dass jemand 1929 auswandert, Else Arnecke ist aber vor dem Zusammenbruch der Börse gegangen. Dass junge Frauen in den 1920er-Jahren

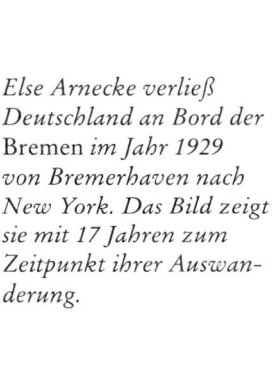

Else Arnecke verließ Deutschland an Bord der Bremen *im Jahr 1929 von Bremerhaven nach New York. Das Bild zeigt sie mit 17 Jahren zum Zeitpunkt ihrer Auswanderung.*

in die USA ausgewandert sind, war relativ typisch. Mit dem Ziel, nicht nur für sich selbst Geld zu verdienen, sondern auch die Familie in Deutschland zu unterstützen.«

Schon um 1900 zog es übrigens vermehrt Frauen allein hinaus in die Welt, um vor allem in Frankreich und den Vereinigten Staaten im Servicebereich zu arbeiten.[6] Bis Mitte des 19. Jahrhunderts sah das noch anders aus. Da waren allein reisende Frauen eher die Ausnahme, und ganze Familienverbände machten sich noch gemeinsam auf den Weg.

Es ist der 16. Juli 1929, die Sonne strahlt, der Lloyd-Passagierdampfer *Bremen* geht auf Jungfernfahrt nach New York. Am Pier stehen Hunderte Menschen, die Kapelle spielt »Muß i denn zum Städele hinaus und du mein Schatz bleibst hier ...«. Mit an Bord:

die 17-jährige Else Arnecke.[7] Der Passagierliste ist zu entnehmen, dass Else in der dritten Klasse reiste – der günstigsten Variante. Dort standen den Passagierinnen und Passagieren einfache Mehrbettkabinen für bis zu vier Personen zur Verfügung, wobei immer zwei Betten übereinander angebracht waren. Ein Vorhang vor jeder Schlafstatt ermöglichte den Reisenden ein wenig Privatsphäre. Zudem enthielten die Kabinen mit eingebauten Waschbecken einfache Waschgelegenheiten.[8] Entsprechend ihrer gebuchten Reiseklasse nahm die 17-Jährige ihre Mahlzeiten im Speisesaal für die dritte Klasse ein. Im Gegensatz zur prunkvollen Gestaltung der Speisesäle in den oberen Passagierklassen war dieser weitestgehend schmucklos und schlicht gehalten. Doch das Essen wurde auch hier an eingedeckten Tischen von bordeigenem Servicepersonal serviert.[9]

Keine sechs Tage später endet die Überfahrt im Hafen von New York. Else ist beeindruckt, kann ihren Augen nicht trauen: ein gewaltiger Empfang, die Feuerwehr mit Spritzbooten, Amerikaner auf ihren riesigen Yachten, die Freiheitsstatue im Abendsonnenschein. Fast sicher wird Else Arnecke die Spannung während der Reise mitbekommen, vielleicht sogar mitgefiebert haben; denn die *Bremen* fuhr schnell, sehr schnell, und als sie schließlich am Pier 4 in Brooklyn, New York, einlief, wurde sie von einer jubelnden Menge empfangen. Mit einer Durchschnittsgeschwindigkeit von 27,83 Knoten hatte sie durch ihre Jungfernfahrt das Blaue Band errungen, die seitens der Reedereien umkämpfte Auszeichnung für die schnellste Atlantiküberquerung. Nach 22 Jahren ging der Preis damit erstmals wieder an ein deutsches Schiff.[10]

Als Else in New York ankommt, ist sie mit 17 Jahren ja noch ein Teenager. Sie saugt die neuen Eindrücke der Weltstadt auf: die Hitze, das exotische Obst an den Marktständen, die Hilfsbereitschaft und Offenheit der Menschen, der Stadtteil Manhattan, den sie mit dem »Subway Express« erreicht, das unbeschreibliche Häusermeer. Else ist begeistert, das Leben kann beginnen!

Sie geht in New York auf Jobsuche, kommt zunächst bei Bekannten unter. Das deutsche Netzwerk in Amerika funktioniert hervorragend, schon in Bremerhaven hatte sie sich mithilfe von Mundpropaganda vorbereitet. Nach knapp drei Wochen findet sie ihre erste Anstellung als Au-pair in Great Neck, an der Nordküste von Long Island, bekannt auch als »Old Village«. Die Dame des Hauses war in Heidelberg geboren und als Baby nach Amerika gekommen. Das Paar hat zwei schulpflichtige Töchter und nimmt Else wie eine dritte Tochter auf. Sie lernt dort kochen, betreut die Mädchen, genießt das familiäre Zusammensein – und nimmt umgehend Englischunterricht. Als die Weltwirtschaftskrise Ende Oktober 1929 die USA und Europa erschüttert, ist Else als Au-pair noch vor Arbeitslosigkeit geschützt – im Gegensatz zu den vielen anderen Bedürftigen, die sie auf den Straßen New Yorks wahrnimmt. Sie wechselt in eine neue Familie, einen jüdischen Haushalt am Riverside Drive, ursprünglich aus Polen stammend. Auch dort erlebt sie Familienzusammenhalt: Drei Generationen versammeln sich täglich beim abendlichen Dinner. Else ist berührt und beeindruckt vom Umgang der Familienmitglieder untereinander.[11]

Nach zwei Jahren in reichen New Yorker Familien will Else weiterkommen und mehr verdienen. Ihre Englischkenntnisse werden immer besser, sie traut sich eine neue Herausforderung zu und bewirbt sich im Savarin, einem der vier Restaurants im berühmten, gerade wiedereröffneten luxuriösen Hotel Waldorf-Astoria. Das Waldorf-Astoria in Manhattan an der Park Avenue, Ecke 49. Straße, war damals das größte, höchste und teuerste Hotel der Welt, das erste mit einer Klimaanlage, 1931 eine Sensation! 1893 hatte der reiche Unternehmer William Waldorf Astor, übrigens Nachkomme deutscher Auswanderer, an der Fifth Avenue das Waldorf Hotel eröffnet, vier Jahre später tat es ihm sein Cousin John Jacob Astor IV. – der übrigens 1912 beim Untergang der *Titanic* ums Leben kam – mit dem Astoria Hotel direkt da-

Das New Yorker Hotel Waldorf-Astoria, in dem Else Arnecke arbeitete, galt 1931 als das größte und teuerste Hotel der Welt.

neben gleich. Die beiden fusionierten ihre benachbarten Hotels, und das Waldorf-Astoria war geboren, das erste Hotel mit Stromanschluss, Bad in jedem Zimmer, 24-Stunden-Service und Telefonen in allen Zimmern. 1929 musste es dem Empire State Building Platz machen, um zwei Jahre später an der Park Avenue in einem prächtigen Art-déco-Bau wiedereröffnet zu werden.[12]

Else bekommt den Job, ein neuer Lebensabschnitt beginnt, ihre »Selfmade«-Karriere nimmt – obwohl draußen Rezession und Prohibition herrschen – mächtig Fahrt auf. Es ist eine aufregende Zeit für Else: Sie bekommt eine rosenholzfarbene Uniform, kleine weiße gefaltete Schürzen aus Batist, weiße Schuhe und Strümpfe. Servieren hatte sie bisher nicht gekonnt, und es war für sie eine echte Herausforderung: vier Teller gleichzeitig, zwei oder drei Tassen Kaffee ohne »Fußbad« zu servieren!

Sie liebte dieses andere Leben, die kulinarischen Besonderheiten wie den »Waldorf-Salat«, eine Mischung aus Äpfeln, Sellerie, Walnüssen und Mayonnaise, der auf die Luxusherberge zurückgeht. Fast ehrfurchtsvoll beschreibt sie beispielsweise das Erntedankfest der Amerikaner, den Thanksgiving Day mit »Turkey-Essen«:[13]

> »Übergroße blaue Teller aus englischem Porzellan mit buntem Gemüse, helles oder dunkles Fleisch, Rosenkohl, Steckrübenpürree, gebackene Kartoffeln, Pilze in Sahne, eine gut gewürzte Puter-Mischung aus Maronen, Cranberry-Sauce. Und zum Nachtisch Pumpkin Pie mit Eiscreme, ein Waldorf-Salat mit Äpfeln und Sellerie in Sahne mit Walnüssen [...] und dazu Apfelsaft.«

Die ersten Wochen im Waldorf-Astoria waren eine harte Probe, aber Else genießt die Begegnungen mit Berühmtheiten, vor allem aber den persönlichen Austausch mit Menschen. Und so ist sie im Service immer wieder gern dabei behilflich, vor allem deutschsprachigen Gästen die angebotenen Speisen ins Deutsche zu übersetzen. Wer hätte schon gewusst, dass es sich bei *Boston Clam Chowder* um eine Fischsuppe handelte! Elsie, wie sie im Hotel genannt wird, ist fleißig und ehrgeizig.

Von der Kellnerin und Hostess wird sie zur Kassiererin befördert, einem der wichtigsten und verantwortungsvollsten Posten im Hotel. Nebenbei besucht sie dreimal die Woche das Junior College, belegt Ökonomie, Stenografie und Schreibmaschineschreiben. Das kostet Kraft: Sie arbeitet von früh bis spät, büffelt abends in Kursen, ist oft erschöpft und müde. Aber ihre Mühe wird belohnt: Else steigt weiter auf und wechselt 1936 in die Verwaltung, trägt als Führungskraft Verantwortung für 50 Angestellte in der Inventurabteilung – und bricht 1937 in die Ferien »nach Hause« auf.

Als Else bei ihrem Heimatbesuch in Deutschland 1937 in Bremerhaven ankommt und von ihren Erlebnissen aus ihrer neuen Welt in New York erzählt, vom Waldorf-Astoria, von Klimaanlagen und »Promi-Dichte«, wird sie für eine Spinnerin gehalten. Vieles hatte sich in ihrer alten Heimat geändert – die Weltwirtschaftskrise hatte auch der NSDAP in Bremerhaven Auftrieb verschafft, bereits 1931 waren die ersten Parteigenossen in die Stadtverordnetenversammlung eingezogen.[14] Doch auch Else hatte sich verändert. Sie führte jetzt ein selbstbestimmtes Leben, hatte sich in Amerika aus eigener Kraft bewiesen und war mit 26 Jahren eine erwachsene, selbstständige Frau. Else nimmt die Kriegsvorzeichen wahr – und die bereiten ihr große Sorgen. Außerdem setzen ihr die Auseinandersetzungen mit einem der Brüder zu, der überzeugter Nationalsozialist ist – sie lehnt seine Überzeugungen ab. Else sehnt sich bald zurück nach New York, und nach vier Wochen Heimatbesuch in Deutschland geht sie wieder an Bord.[15]

In ihren Mittzwanzigern erlebt sie nun die schönste Zeit ihres Lebens, wie sie später sagt: Sie war erneut befördert worden. Ihr Alltag an der Hauptkasse im Waldorf-Astoria ist aufregend und abwechslungsreich, sie ist jetzt angekommen, beruflich und privat. Das Hotelteam empfindet sie als Geschenk und Familienersatz. Die Kolleginnen sind es auch, die ihr nach der Rückkehr aus Deutschland Halt geben: Sie hatte sich nämlich in New York in einen amerikanischen Offizier verliebt, sie waren verlobt – doch während ihres Deutschlandaufenthalts hatte er sie tief enttäuscht.[16] Else löst die Verbindung.

Aber für Liebeskummer hat Else keine Zeit, im Hotel pulsiert das Leben. Prominente wie Lilian Harvey, gekrönte Häupter wie Leopold III. von Belgien, Gustav Adolf von Schweden oder der Herzog von Windsor (der vormalige König Eduard VIII.) mit Gemahlin Wallis Simpson und ihrem legendären Mops gehen hier ein und aus. Die Begegnungen mit dem Herzog von Windsor hat sie allerdings nicht in guter Erinnerung – er hatte von ihr wohl mehr Bewunderung –»mindestens aber einen Knicks«– erwartet. Es ist eine bunte, scheinbar grenzenlose Welt, in die Else täglich eintaucht. Ein Zauber aus Farben und Licht. Jährlicher Höhepunkt ist die Ballsaison im Waldorf-Astoria. Aufwendige Dekorationen verwandelten den Ballsaal in ein Blumenmeer, das berühmte »Xavier Cugat and his Waldorf Astoria Orchestra« spielt auf, Frauen bewegen sich in eleganten Abendkleidern, Luxus pur. Ein Paralleluniversum – und Else mittendrin!

Doch von einem Tag auf den anderen ist nichts mehr, wie es war: Else erinnerte sich noch genau, sie kam gerade aus der Kirche, als sie in großen Lettern der Tageszeitung *Times* las: »Deutschland im Krieg«. Ein Schock. Die Post der Mutter erreichte sie nun nur noch zensiert, zum Vater in New York hatte sie wohl keinen Kontakt, beide Brüder waren eingezogen und kämpften an der Front. Else spürte einen großen Zwiespalt: die Mutter allein in Deutschland – aber ihre eigene Zukunft lag in Amerika. Was sollte sie tun? Ein amerikanischer Oberst hatte ihr im Hotel den Rat gegeben, nach Deutschland zurückzukehren, um der Mutter zur Seite zu stehen.

Zunächst nimmt sie aber eine Stelle als Telefonistin an der deutschen Botschaft in Washington D.C. an, wohl weil sie annahm, diese Tätigkeit und die damit einhergehende Immunität würden ihr bei der Rückkehr nach Deutschland helfen. Der Abschied nach knapp zehn Jahren Waldorf-Astoria fällt Else schwer. Sie löst ihren Haushalt in New York auf und zieht nach Washington. Mit Kriegseintritt der USA im Dezember 1941 wird Else, wie das übrige deutsche Botschaftspersonal in Washington unter Militärattaché Friedrich von Bötticher, interniert.[17] Else darf allerdings ein komfortables Haftquartier beziehen: Sie kommt im Fünfsternehotel The Greenbrier unter, mitten in der atemberaubenden Berglandschaft von West Virginia.

The Greenbrier ist bis heute ein nationales historisches Wahrzeichen und Resort, das seit 1778 Gäste aus aller Welt beherbergt.

Mit seinen 11 000 Hektar ist es ein beliebtes Ziel von Hochadel, Prominenten und Wirtschaftsgrößen. Else bezieht ein Zimmer mit Aussicht auf einen großen Park, genießt großzügige Speisen, einen exzellenten Service, nutzt die Freizeitangebote und besucht abends ein hoteleigenes Kino. Die sechsmonatige Internierung ähnelt eher einem Wellnessurlaub. Das Hotel füllt sich: Neben den deutschen Botschaftsangestellten aus Washington beziehen auch die Angestellten der Generalkonsulate von Costa Rica, Argentinien, Chile und Italien die Zimmer des Anwesens, insgesamt werden 650 Deutsche und 250 Italiener in Kriegszeiten dort untergebracht.

Der Journalist und Autor Brad McElhinny beschrieb die Situation vor Ort:»Die Idee war, sie wie normale ›Greenbrier‹-Gäste zu behandeln, also aßen sie dieselben Speisen und waren in denselben Räumen untergebracht, wie reguläre Gäste. […] Sie waren Kriegsgefangene und hatten Schokolade auf ihren Kopfkissen.«[18] Else Arnecke kann ihr Glück gar nicht fassen:»Es ging mir noch nie so gut. Es gab einen Swimmingpool, Tennis-Plätze, Golf – wir durften auch mit den Pferden ausreiten. Wir hatten keine Minute das Gefühl, in einem Gefängnis zu sein.«[19] Im Bewusstsein, dass sich noch viele Amerikaner in Europa aufhielten, wollte die amerikanische Regierung die Diplomaten, die die Feinde repräsentierten, besonders gut behandeln. Der US-Grenzschutz und die Polizei arbeiteten als Wachpersonal, und das FBI hatte Agenten eingeschleust, die sich hilfreiche Informationen von den Diplomaten erhofften.[20] Ob das FBI Informationen von Else Arnecke bekam, ist nicht überliefert. Auf jeden Fall hatte sie in der Botschaft als Telefonistin einen direkten Draht nach ganz oben.

Gefühlt war der Krieg für Else noch ganz weit weg: Sie unterrichtet die Kinder der Botschaftsangestellten in einem kleinen Häuschen auf dem Gelände und fasst ihre Erlebnisse später so zusammen:[21]»Somit war ich auch Kindergärtnerin. Was man nicht alles kann, wenn man nur will! Später, in Berlin, bekam ich auch noch einen Orden für Volkspflege im Ausland! In Deutschland bekommt man eine Auszeichnung – in Amerika eine Gehaltserhöhung!« Nach sechs Monaten werden die deutschen Diplomaten und Botschaftsangestellten gegen amerikanische ausgetauscht, und so gelangt Else 1942 über Europa zurück ins Deutsche Reich, mitten hinein in den Krieg.

Es ist ein Abschied mit gemischten Gefühlen: Else Arnecke liebt ihre neue Heimat Amerika, das Land der unbegrenzten Möglichkeiten – sie will aber auch ihrer Mutter in Bremerhaven zur Seite stehen. Jetzt muss sie zurück in ihre alte Heimat Deutschland, von der sie sich auch gefühlsmäßig immer weiter entfernt hatte. Von New York über Lissabon geht es für Else und die übrigen Botschaftsangestellten dann mit dem Zug weiter durch Portugal, Spanien und Frankreich bis nach Frankfurt. Dort werden sie und die anderen Botschaftsangestellten, die »heim ins Reich gekommen waren«, festlich und mit allen Ehren im Rathaus empfangen.[22]

Die Mutter war im Krankenhaus, in schlechter körperlicher Verfassung und abgemagert. Else pflegt sie in Bremerhaven, bis es ihr besser geht. Beide bleiben zunächst in der elterlichen Wohnung. Dann wird Else ins Auswärtige Amt nach Berlin berufen. Sie bricht auf und kommt bei ihrer Cousine unter.

Dann der Schock: Ihre Mutter hatte den schwersten Bombenangriff auf Bremerhaven am 18. September 1944 nur knapp überlebt. 206 Lancaster-Bomber der Royal Air Force hatten innerhalb von 20 Minuten das Stadtzentrum in Schutt und Asche gelegt, 618 Menschen wurden getötet, 1193 Menschen verletzt und über 30 000 obdachlos, 2670 Gebäude waren zerstört. Else will ihre Mutter nicht schutzlos zurücklassen und auch aus Berlin vor dem Vormarsch der Russen fliehen. Und mit einer List gelang es ihr, sich selbst eine Ausreisegenehmigung auszustellen: Das Reichstagssiegel lag bewacht im Safe im Büro des Berliner Auswärtigen Amtes. In einem günstigen Moment kann sie das Siegel unbemerkt benutzen – und gelangt mit ihren selbst ausgestellten Papieren zum Bahnhof. Die Route führte über Potsdam, sie erinnert sich an das ohrenbetäubende Krachen und die immer näher kommenden bedrohlichen Explosionen der russischen Kanonen. Sie ist allein im Abteil, als die Tür aufgerissen wird. Zwei SS-Männer in Uniform verlangen: »Heil Hitler, Ihre Ausweise!« Else hat große Angst, entdeckt zu werden, Sekunden werden zu Stunden – aber sie darf nach der Kontrolle ihre Reise fortsetzen!

In Bremen angekommen, der nächste Schock: »Sofort in den Luftschutzbunker, Bremen ist unter Beschuss!«[23] Der Bahnhofsplatz ist komplett zerstört, Else rettet sich mit anderen Reisenden, Frauen, Kindern und alten Menschen in den Bahnhofsbunker. Die Tür wird von den Explosionen verschüttet. Es vergehen Stunden voller Angst und Ungewissheit, ohne Licht, ohne Wasser, ringsum weinende Menschen voller Verzweiflung – bis sie befreit und aus dem Bunker herausgeschaufelt werden. Weiter geht es zu Fuß auf den Gleisen, der Fußmarsch führt sie mit Hunderten anderer Kriegsflüchtlinge über Ritterhude. Eine kurze Strecke geht es mit dem Zug weiter und dann zu Fuß nach Stubben und Beverstedt. Ohne Proviant, ohne Wasser. Else ist ein gläubiger Mensch, der Glaube hat ihr auch in den schwierigsten Momenten Kraft und Hoffnung gegeben: »In schweren Stunden habe ich mich nie alleine gefühlt. Es war immer, als wenn jemand neben mir stand. Alleine, und doch nicht alleine. Mein Schutzengel war bei mir.«[24]

In Beverstedt trifft Else ihre Mutter. Wie es gelungen ist, sich in den Kriegswirren wiederzufinden, woher Else wusste, wo ihre Mutter war, ist nicht überliefert. Aber Else und ihre Mutter hatten überlebt! Der Krieg war endlich vorbei. Deutschland lag in Schutt und Asche. Als die Alliierten eintrafen, wird für die in Süddeutschland stationierten US-Truppen Bremerhaven zur logistischen Drehscheibe, zum *Port of Embarkation*. Und Else kommen ihre Sprachkenntnisse zugute: Sie arbeitet im amerikanischen Marinelazarett, bekommt täglich eine warme Mahlzeit, die sie mit der Mutter teilt, kann duschen und hat es im Winter warm.

Die Nachkriegszeit erlebt Else, wie Millionen Deutsche, in großer Not: Es gab keine Wohnungen, keine Arbeit, die Lebensmittel waren knapp, eine Ausgangssperre galt ab 22 Uhr. Else registriert, dass Nazis verhaftet und Soldaten entlassen wurden – und andere in Kriegsgefangenschaft kamen, kommentiert es in ihrer Autobiografie aber nicht. Ein großes Schweigen liegt über dieser Zeit, auch bei Else. Es ist ein Nachkriegsalltag im Überlebenskampfmodus. Der harte und lange Winter 1946/1947 zermürbt die Menschen bis Ostern. Der Job im amerikanischen Lazarett hilft Else und ihrer Mutter, diese Zeit zu überstehen.

Mit der Währungsreform im Frühjahr 1948 beginnt ein neues Leben:[25] Auch Else tauscht 40 Reichsmark gegen 40 Deutsche Mark ein, es gibt wieder Lebensmittel, das Geld ist trotzdem knapp. Else bekommt einen neuen Job, um sich und die Mutter zu ernähren. Als Englischlehrerin unterrichtet sie am Nachmittag Kinder im Amerika-Haus in Bremerhaven, abends die Erwachsenen. Das Gehalt reicht, um der Mutter in Bremerhaven eine Wohnung einzurichten und für sie zu sorgen. Sie stirbt 1951.

Else wollte dann nur noch eins: zurück in ihre »gefühlte Heimat«, nach Amerika, zurück in das Land, das sie als junge Frau geprägt hatte – »und das gut zu ihr war«.[26] Sie freut sich auf das Leben in New York, wird nach zehn Jahren in Deutschland herzlich im Waldorf-Astoria empfangen, das sie wieder einstellt. Einige Kolleginnen waren inzwischen verheiratet, andere zu Kriegswitwen geworden.

Der Kolleginnenkreis war genauso international wie die Gäste des Hotels. Die Zeit verging, Else macht weiter Karriere, verdient besser und hat sich ein kleines Appartement gemietet. Stillstand gibt es für Else nicht, immer wieder übernimmt sie neue Herausforderungen. Zunächst im feinen Hotel St. Regis an der Ecke Fifth Avenue / 55. Straße in Midtown Manhattan. Die Ausstattung war vornehm: 182 Zimmer und 74 Suiten, speziell angefertigtes Mobiliar im Stil Louis XIV., Wandtäfelungen, Stuckdecken, bronzevergoldete Marmorbäder, Perserteppiche, eine Kulisse voller Luxus und Eleganz. Und Else wieder in einer verantwortungsvollen Position, als Kassiererin, mittendrin.

Auch hier trifft Else auf internationale Prominenz: Gern erinnerte sie sich an Prinz Johannes von Thurn und Taxis als besonders freundlichen Gast, der sich regelmäßig nach ihrem Befinden erkundigte. Das Leben erwachte nach dem Krieg, die Menschen waren hungrig nach Abwechslung und Glamour. Auch Else. Die 50er-Jahre brachten Stars wie Ingrid Bergman oder Maria Schell ins Hotel, die gerade *Die Brüder Karamasow* drehte. Ob Yul Brynner, Anita Ekberg, Kim Novak – die Berühmtheiten aus Hollywood gaben sich im St. Regis die Türklinke in die Hand. Als der aufstrebende David Niven im Hotel wohnen wollte, aber noch kein Geld für ein Zimmer hatte, war er sogar bereit, notfalls in der Besenkammer zu nächtigen. Besonders an die täglichen Begegnungen mit langjährigen treuen Gästen wie dem Maler Salvador Dalí in Begleitung seiner Frau Gala, erinnert sich Else gern:[27] »Gala hielt ihn kurz, sie war eine kluge Frau. Man sagte: jede Skizze, die er in den Papierkorb steckte, holte sie heraus, er setzte ein ›D‹ darunter, und sie ging für 50–100 Dollar weg. Geschäft ist Geschäft.«

Else liebt das Leben, genießt es in vollen Zügen: Sie macht Urlaub, reist nach Europa, besucht Paris, Zürich, Mailand, Rom. Bald schon bringen Ozeanriesen auch deutsche Touristen und Auswanderer in die amerikanische Metropole. »In den anderthalb Jahrzehnten zwischen 1946 und 1961 gingen insgesamt 780 000 Deutsche nach Übersee. 385 000 hatten die Vereinigten Staaten als Ziel«, so Jochen Oltmer, Professor für Migrationsforschung an der Universität Osnabrück. Für Deutsche waren die Auswanderungsmöglichkeiten unmittelbar nach Kriegsende noch sehr beschränkt, und es gab weltweit kaum ein Land, das deutsche Einwanderer zugelassen hätte. Deshalb belief sich die Zahl der deutschen Überseeauswanderer zwischen 1945 und 1948 zunächst

Einbürgerungsurkunde der USA: Else Arnecke erhält am 6. Mai
1957 die US-amerikanische Staatsbürgerschaft.

auch nur auf rund 32 000. »Erst mit der Gründung der Bundesrepublik wurde die Auswanderung wieder freigegeben, und auch
die wichtigsten Einwanderungsländer USA, Kanada und Austra-
lien zeigten sich bereit, die Einreise von Deutschen zu akzeptieren« – was zur Folge hatte, dass die Auswandererzahlen Anfang
der 1950er-Jahre explodierten, so Oltmer.[28]

Else fühlt sich in den Vereinigten Staaten zu Hause und er-
hält 1957 die US-amerikanische Staatsbürgerschaft. Sie ist jetzt
»echte« Amerikanerin – und hat sich ihren Lebenstraum erfüllt!
Inzwischen ist sie zur Abteilungsleiterin aufgestiegen, übernimmt
Aufgaben in weiteren Nobelhotels wie dem Regency und dem
Carlyle.

Als bei ihr 1971 ein Herzfehler diagnostiziert und ihr maximal
noch fünf Jahre Lebenszeit prognostiziert wird, kehrt sie end-

gültig als US-amerikanische Staatsbürgerin nach Bremerhaven zurück. Sie erhofft sich in Deutschland eine bessere medizinische Versorgung. Tatsächlich überlebt sie die Prognose um viele Jahre und fasst es mit trockenem Humor so zusammen: »Der Arzt hat mir gesagt, dass ich mein Leben genießen und nach Bremerhaven zurückkehren solle. Tja, da hat er mir gesagt, ich würde das nicht überleben. Aber wisst ihr was: Der ist lange tot, und ich lebe immer noch.«[29]

Im hohen Alter stellt Else Arnecke fest, nie nach Deutschland, dafür aber nach den USA Heimweh gehabt zu haben. Dort habe sie »die besten Jahre ihres Lebens gelebt und gewirkt«.[30] Sie hatte 24-mal mit dem Schiff oder dem Flugzeug den Ozean überquert – und war doch immer wieder in ihre Wahlheimat Amerika zurückgekehrt. Eine Liebe für ein ganzes Leben!

Ihre tagebuchähnlichen Aufzeichnungen, Dokumente und Gespräche mit engen Weggefährten zeichnen das Bild einer beeindruckenden, stolzen und selbstbewussten Frau im Spiegel ihrer Zeit. Ihr Mut, der feine, trockene, norddeutsche Humor, ihre Stärke, ihre Offenheit und ihr Erfindungsreichtum haben sie weit gebracht. Amerika ist ihr zur Heimat geworden. Dort hat sie aus eigener Kraft Karriere gemacht – vom Au-pair-Mädchen bis zur Abteilungsleiterin und Führungskraft in einigen der feinsten und bedeutendsten Hotels New Yorks.

Als der erste US-amerikanische Pass von Else Arnecke 2004 – da ist sie bereits 93 Jahre alt – bei der feierlichen Eröffnung im Grundstein des Deutschen Auswandererhauses in Bremerhaven eingemauert wird[31], ist das für sie ein ganz besonderer Moment. Er macht sie unvergesslich. Ihre Geschichte würde künftig für all die Frauen stehen, die über Bremerhaven den Sprung in die große weite Welt gewagt und dort ihr Glück versucht haben, frei nach dem Motto: »Lebe deinen Traum und träume nicht dein Leben.«

Else Arnecke stirbt 2011 im Alter von 99 Jahren in Bremerhaven.

Zum Weiterlesen

Das Buch *In die neue Welt! Deutsche Auswanderer in drei Jahrhunderten* von Simone Blaschka-Eick zeichnet historisch eingebettet spannende Auswanderungsgeschichten nach und erzählt von weiteren Frauen und Männern und ihren bewegenden Schicksalen.

Für einen Besuch und Ausflüge

Heute steht das Deutsche Auswandererhaus in Bremerhaven für die Erinnerung an Millionen Menschen, die über diese Hafenstadt nach Übersee aufbrachen. In diesem Museum werden die realen Lebens- und Migrationsgeschichten – wie die von Else Arnecke – lebendig, und man kann dort den Spuren von Auswanderern aus ganz Europa, die in der Neuen Welt auf ein besseres Leben hofften, folgen. Mehr unter www.dah-bremerhaven.de.

Das Stadtbild Bremerhavens ist von Auswanderung geprägt, wie die zeitgenössischen Bilder mit Abschiedsszenen an der Lloydhalle oder am Columbusbahnhof zeigen. Der Leuchtturm »Roter Sand«, der seit 1885 in der Außenweser steht, soll Bremerhavens Pendant zur New Yorker Freiheitsstatue sein und das Auswandererdenkmal des Detroiter Bildhauers Frank Varga auf dem Willy-Brandt-Platz Abschied und Aufbruch symbolisieren.

Zeuge der Stationierung der Amerikaner bis 1994 und Publikumsmagnet ist bis heute eine Bronzetafel von 1958, die daran erinnert, dass Elvis Presley, der als US-Soldat in Hessen stationiert war, am 1. Oktober 1958 in Bremerhaven von Bord ging. Auch Presley hatte übrigens deutsche Vorfahren: Johannes Valentin Bressler, der 1710 nach Amerika auswanderte.

TILLMANN BENDIKOWSKI

Der Mord an den vier Priestern

1943 werden Geistliche aus Lübeck hingerichtet

10. November 1943: Johannes Prassek weiß, dass er am Abend dieses Tages enthauptet wird. In diesem Bewusstsein greift der 32-jährige Priester noch einmal zum Bleistift und beginnt einen Brief an seine Familie. Es wird ein Abschiedsbrief, wie ihn nur ein tiefgläubiger Mensch schreiben kann:[1]

»Ihr Lieben! Heute Abend ist es nun so weit, daß ich sterben darf. Ich freue mich so, ich kann es Euch nicht sagen, wie sehr. Gott ist so gut, daß er mich noch einige schöne Jahre hat arbeiten lassen. Und dieses Ende, so mit vollem Bewußtsein und in ruhiger Vorbereitung darauf sterben dürfen, ist das Schönste von allem. Worum ich Euch um alles in der Welt bitte, ist dieses: Seid nicht traurig! Was mich erwartet, ist Freude und Glück, gegen das alles Glück hier auf der Erde nichts gilt.«

Johannes Prassek glaubt fest an die Auferstehung der Toten und erwartet freudig sein – glückliches – Weiterleben im Reich Gottes. Damit keine Zweifel aufkommen: Prassek, der seit März 1939 in der Herz-Jesu-Gemeinde in Lübeck als Geistlicher wirkt, liebt das Leben. Er liebt die Menschen, und er liebt es vor allem, seine Berufung als Priester ausleben zu können. Er ist gern in Gesellschaft, greift dabei auch schon mal zur Gitarre. Fotos zeigen ihn auch, wie er sich in einem Strandkorb erholt, mit Lektüre in der Hand und genüsslich eine Pfeife rauchend. Der 32-Jährige ist schlicht ein fröhlicher junger Priester. Doch die Zeiten sind nicht fröhlich – nicht für Johannes Prassek und nicht für die Deutschen …

Das Land befindet sich seit vier Jahren in einem Krieg, mit dem die Deutschen zunächst ihre Nachbarländer überzogen haben und der inzwischen ins Land zurückgekommen ist: Immer mehr deutsche Städte werden zum Ziel feindlicher Luftangriffe, die Tod und Zerstörung bringen. Dieses kollektive Elend ist das Ergebnis des deutschen Angriffskriegs auf Polen 1939 und die Entfesselung des Weltkriegs durch das Deutsche Reich. Zugleich ist die deutsche Gesellschaft in den zehn Jahren seit Beginn des »Dritten Reichs« politisch und moralisch auf den Hund gekommen. Deshalb auch ist es überhaupt möglich, dass an diesem 10. November 1943 Johannes Prassek und mit ihm die katholischen Geistlichen Eduard Müller und Hermann Lange sowie der evangelische Pastor Karl Friedrich Stellbrink nach einem Gerichtsverfahren, das jeglicher ordentlicher Rechtsprechung spottet, hingerichtet werden können.

Zugleich markiert ihr Schicksal das kollektive Versagen der Deutschen: Diese vier Männer sind eine Ausnahmeerscheinung in der deutschen Geschichte, weil sie der Nachwelt gezeigt haben, was in Deutschland als Widerstand gegen die Nazi-Barbarei möglich gewesen wäre – wenn es den Willen dazu gegeben hätte. Dass die Gottesmänner für ihren Mut mit ihren Leben bezahlen mussten, macht aber zugleich auf deprimierende Weise deutlich, dass das »Dritte Reich« auch nach vier Jahren Weltkrieg noch immer

Johannes Prassek,
1911–1943.

über viele treue Diener verfügte. Der Mord an den vier Priestern ist somit ein historisches Ereignis, das viel aussagt über die Deutschen und ihr Verhalten während der NS-Zeit.

Die drei katholischen Geistlichen sind etwa gleich alt: Geboren 1911 (Müller und Prassek) und 1912 (Lange), stammen sie alle aus der katholischen Diaspora Norddeutschlands und empfangen ihre Priesterweihe im Dom von Osnabrück. Das dortige Bistum ist zu diesem Zeitpunkt das flächenmäßig größte in Deutschland und umfasst auch Hamburg, Schleswig-Holstein und Mecklenburg. Dort leben ganz überwiegend Protestanten, und die katholische Kirche versteht ihr Wirken dort in einem ganz klassischen Sinne auch als Missionsaufgabe – gegenüber den evangelischen Christen …

Noch klingt der lang anhaltende Glaubenskrieg zwischen Protestanten und Katholiken nach, und die deutsche Gesellschaft ist tief gespalten. Heute lässt sich das Ausmaß dieses Konflikts kaum noch erahnen: Seit der Reformation kommen die Konfessionen in Deutschland nicht mehr friedlich zueinander, die jeweils anderen waren schließlich die »Ungläubigen« oder die »Ketzer«. Und im Laufe des 19. Jahrhunderts eskalierten die Auseinandersetzungen

Hermann Lange, 1912–1943, und Eduard Müller, 1911–1943.

wieder einmal und erfassten die Menschen in Deutschland auch in ihrem Alltag. Das Land war voller »Protestantenfresser« oder »Katholikenfresser«, wie es der Historiker Thomas Nipperdey einmal so anschaulich nannte,[2] es gab katholische und protestantische Vereine, Zeitungen und Stadtteile, getrennt gingen die Christen beider Konfessionsgrenzen nicht nur in die Kirche, sondern auch an den Wahlurnen trennte die Glaubensgrenze – und die katholische Zentrumspartei wurde zum politischen Ärgernis des deutschen Protestantismus. Sogar der Himmel war geteilt: Gläubige Katholiken gingen selbstverständlich davon aus, dass Protestanten nicht in den Himmel kamen – und umgekehrt glaubten diese, dass sie dort zumindest nach ihrem Tod vor den Katholiken sicher seien.[3]

Selbst durch die Familien ging der Riss: wenn Sohn oder Tochter mit einem »falschen« Partner heimkamen, wenn die Eltern einen katholischen Schwiegersohn oder eine evangelische Schwiegertochter nicht ertragen wollten. Da gab es unter deutschen Dächern viele Tränen und überdies zahllose Konflikte, an denen sich auch die Pfarrer mit großer Leidenschaft beteiligten. Selbst wenn solche »Mischehen« dann doch zustande kamen, war der Streit nicht vorbei – dann ging es um die Frage, in welcher Konfession die Kinder aufwachsen sollten.

Wer in dieser Welt katholischer Priester wurde, hatte sich zunächst einmal um die Katholiken selbst zu sorgen, gerade dort, wo sie als kleine Minderheit sozusagen religiös »verloren« im weithin protestantischen Norddeutschland lebten. Das wussten auch Hermann Lange, Eduard Müller und Johannes Prassek, die allesamt aus überwiegend evangelischen Landstrichen stammten – aus Leer, aus dem holsteinischen Neumünster und aus Hamburg. Sie treffen 1939/40 schließlich in Lübeck aufeinander, wo sie ihren Dienst in der Herz-Jesu-Kirche aufnehmen. Die war so etwas wie der katholische Stachel im protestantischen Fleisch der stolzen Hansestadt, erst vor gut 50 Jahren wurde das Gotteshaus unweit des mächtigen protestantischen Doms als erste katholische Kirche seit der Reformation überhaupt in Lübeck geweiht.

Als Prassek, Lange und Müller hier eintreffen, ist das katholische Leben in der Stadt allerdings nicht mehr nur vom traditionellen Gegensatz zum Protestantismus geprägt, sondern vor allem auch von den alltäglichen Bedingungen der Diktatur: Seit fast sieben Jahren hatte das »Dritte Reich« besonders den deutschen Katholizismus im Visier – in einer Mischung aus Umarmung und Verfolgung. Hatte die katholische Kirche 1933 noch gehofft, dass die Regierung Hitler ihre Rechte anerkennt und ihre Einrichtungen schützt, so war dieser Einschätzung längst bittere Ernüchterung gefolgt: Das einst so stolze katholische Vereinswesen leidet unter den Drangsalierungen, vor allem die Jugendverbände sind längst verboten. Missliebige Priester werden sogar verhaftet, die meisten allerdings verfallen angesichts der Bedrohung ebenso wie ihre Bischöfe in politischer Hinsicht sicherheitshalber in Schweigen.

Johannes Prassek, Eduard Müller und Hermann Lange stürzen

sich in die Gemeindearbeit, und sie bringen gerade in schwierigen Zeiten den Elan und den Mut junger Seelsorger mit. Johannes Prassek scheut keine Kritik an den Verbrechen gegen die Zivilbevölkerung in den von Deutschland besetzten Gebieten, und er nimmt sich auch der katholischen polnischen Zwangsarbeiter an, die hier arbeiten und leben müssen. Wie andere Geistliche auch lernt er Polnisch und kann so im Verborgenen Seelsorge für diese Menschen anbieten. Derweil macht sich Eduard Müller vor allem bei den Jugendlichen der Gemeinde beliebt, die örtliche Hitler-Jugend schaut bald neidisch auf den Geistlichen, der die Kinder und Jugendlichen mit seiner Ansprache, mit den gemeinsamen Ausflügen und mit seiner Bereitschaft für offene und kluge Gespräche begeistern kann.

Alle drei Priester vereint die Kritik an der Diktatur, an der Unmenschlichkeit der Politik und an der Fortsetzung des Krieges. Hermann Lange geht in Gesprächen mit Soldaten sogar so weit, die Teilnahme an diesem Krieg als im Grunde unvereinbar mit dem christlichen Glauben zu bezeichnen. Und in den Gesprächskreisen im Pfarrhaus der Gemeinde direkt neben der Herz-Jesu-Kirche werden die Geistlichen immer deutlicher. Auch die im Zuge der »Euthanasie« betriebene Ermordung von geistig und körperlich Behinderten ist bald schon ein Thema. Hier wirken die Predigten des Münsteraner Bischofs Clemens August Graf von Galen als Ermutigung. Dieser nimmt im Sommer 1941 kein Blatt vor dem Mund; er prangert nicht nur die Übergriffe auf katholische Einrichtungen und kirchliche Mitarbeiter an, sondern zeigt sich auch empört, dass wehrlose Patienten aus den Anstalten abtransportiert und ermordet werden. Für Christen sei das nicht hinnehmbar:[4]

»Wer gemeinsame Sache macht mit jenen, die unsere Jugend dem Christentum entfremden, die unsere Ordensleute berauben und vertreiben, mit jenen, die unschuldige Menschen, unsere Brüder und Schwestern, dem Tode überliefern, mit dem wollen wir jeden vertrauten Umgang meiden, [...] damit wir nicht angesteckt werden von seinem gotteswidrigen Denken und Handeln.«

Solche Textstellen werden nun auch im Pfarrhaus der Lübecker Herz-Jesu-Gemeinde vervielfältigt – also mühselig mit der Schreibmaschine samt Durchschlägen abgetippt. Zugleich haben die katholischen Seelsorger einen unerwarteten Mitstreiter gefunden: Karl Friedrich Stellbrink, evangelischer Pastor an der Lübecker Lutherkirche. Der 1894 geborene Theologe hat zu diesem Zeitpunkt eine beeindruckende politische Kehrtwende hinter sich: Der strikt deutschnational eingestellte Stellbrink war früh in die NSDAP eingetreten und hatte sich für die »Deutschen Christen« engagiert, die eine ideologische Verschmelzung von Nationalsozialismus und Protestantismus anstrebten. Der Pastor war also politisch ein strammer Nazi, ein erklärter Antisemit und kirchlich überdies einer der erwähnten »Katholikenfresser«. Aber die Jahre im »Dritten Reich«, vor allem der Beginn und der Verlauf des Krieges, bewirken bei ihm einen nachhaltigen Wandel: Zunehmend gerät er in Konflikte mit den »Deutschen Christen«, schließlich wird Stellbrink Ende 1937 aus der NSDAP ausgeschlossen.

Vermutlich im Mai 1941 trifft Karl Friedrich Stellbrink am Rande einer Trauerfeier auf den katholischen Geistlichen Johannes Prassek, wobei die beiden rasch ihre kritische Haltung zum »Dritten Reich« feststellen. Intensive Kontakte zwischen den Geistlichen der unterschiedlichen Konfessionen sind eine echte Rarität – aber in diesem Fall entwickelt sich ein reger Austausch zwischen den vier Geistlichen. Sie hören verbotenerweise ausländische Radiosender, tauschen die dabei gesammelten Informationen ebenso aus wie illegale Flugblätter oder auch Hirtenbriefe. Es ist nicht übertrieben zu behaupten, dass binnen Monaten nicht

Karl Friedrich Stellbrink,
1894–1943.

nur ein vertrauensvoller Kontakt, sondern durchaus Freundschaft zwischen den Männern entsteht. Doch in einer Stadt wie Lübeck bleiben diese Gespräche nicht unentdeckt, und selbst in den vermeintlich geschützten Kreisen der Pfarrhäuser lauern Verräter. Es haben sich bereitwillige Spitzel gefunden, die der Geheimen Staatspolizei haarklein berichten, worüber gesprochen und gepredigt wurde, welche Witze über die NS-Größen gerissen und welche Nachrichten ausländischer Sender weiterverbreitet wurden. Das hat Folgen: Zunächst wird am 7. April 1942 Pastor Stellbrink verhaftet, er hatte kurz zuvor angesichts des schweren Bombenangriffs auf Lübeck in bester protestantischer Tradition gepredigt. Dabei verurteilte er nicht den Angriff selbst, vielmehr – so wurde es der Gestapo zugetragen – konnte man seine Worte so interpretieren, als sei das Geschehen eine Strafe Gottes für die gottlosen Deutschen gewesen. Im Mai und Juni 1942 werden dann auch Prassek, Lange und Müller verhaftet. Für alle vier Geistlichen beginnt eine lange Haftzeit: Über 500 Tage sitzen sie in Lübecker Gefängniszellen, die meiste Zeit im Gefängnis am Burgtor und im Gefängnis Lauerhof, zwischenzeitlich auch in Hamburg-Fuhlsbüttel.

Historische Aufnahme vom ehemaligen Gefängnis am Burgtor in Lübeck, heute Teil des Europäischen Hansemuseums.

Es werden quälend lange Monate, mit Verhören, Isolation und Ungewissheit, wie es mit ihnen selbst und auch mit den Freunden und Familienangehörigen weitergehen wird. Halt gibt den Priestern ihr Glauben; die Haushälterin der katholischen Geistlichen, Johanna Rechtien, schmuggelt auch Hostien und Messwein in die Zellen, in denen die Männer dann heimlich die heilige Messe feiern können – für sie eine regelrechte Überlebenshilfe. Doch die seelischen und körperlichen Qualen bleiben. Johannes Prassek beschreibt in einem Brief aus der Zelle im Dezember 1942 den immerwährenden Hunger:[5]

»Dieses grausige dumpfe Gefühl im Kopf, wie wenn einer von allen Seiten mit Zentnerlasten dagegendrückt, wenn Du aufstehst, mußt Du Dich erst festhalten, damit Du vor Schwindel nicht umfällst, dann dreht sich erst einmal alles, es wird Dir schwarz vor den Augen, bis sich das Blut gesetzt hat. Was es zu essen gibt, frißt Du weg: Pellkartoffeln mit Pelle natürlich, damit keine Stärke verloren geht, altes, schimmeliges Brot holt man sich aus dem Abfalleimer [...]. Das abgegessene Gehäuse eines Apfels, wenn auch schon etwas faulig, wird trotzdem nicht verschmäht, wegen eines Stückchens Brot könnte ich jemanden umbringen [...]. Das ist Hunger; und das ist seit Monaten mein Begleiter gewesen.«

Die Tochter des evangelischen Pastors Stellbrink kann ihre Mutter bei einem der Besuche im Gefängnis begleiten; sie erinnert sich kurz nach dem Krieg an den Anblick ihres Vaters:[6]

»elend, bleich, abgemagert und verhärmt, mit geschwollenen Augenlidern und tiefen, schwarzen Schatten darunter [...] Nie vergesse ich den Augenblick, da uns der Wärter allein ließ und da mich mein Vater fragte: ›Wie steht es mit

Deutschland? Hat es sich noch nicht erhoben, um die Fesseln der Knechtschaft von sich zu werfen?‹ Was hätte ich da drum geben mögen, ihm antworten zu können: ›Ja, Deutschland ist erwacht, es wird sich und damit Dich befreien!‹ So aber mußte ich verneinend den Kopf schütteln. Da erschrak ich vor der abgrundtiefen Trauer und Enttäuschung in seinem verdüsterten Auge.«

Es dauert nach der Verhaftung über ein Jahr, ehe der 2. Senat des sogenannten Volksgerichtshofs im Juni 1943 zur Verhandlung im alten Lübecker Landgericht am Burgkloster anreist. Die Todesurteile – nicht untypisch für den Zustand der deutschen Gerichte in der Diktatur – stehen allerdings schon zu Beginn fest, und so gefällt sich das Gericht vor allem darin, die Angeklagten zu demütigen und zu beschimpfen. Dann werden Stellbrink, Prassek, Müller und Lange »wegen Zersetzung der Wehrkraft in Verbindung mit landesverräterischer Feindbegünstigung und Rundfunkverbrechen«[7] offiziell zum Tode verurteilt.

Übrigens stehen auch 18 Laien vor Gericht; sie waren im Herbst 1942 als Wegbegleiter der Priester ebenfalls festgenommen und in Lübecker Gefängnissen eingesperrt worden. Fieberhaft versucht die NS-Führung, durch die zermürbenden Haftbedingungen, durch Verhöre und Druck auf die Familienangehörigen der Inhaftierten Hinweise auf mögliche Verbindungen zu anderen Widerstandsgruppen in Deutschland zu bekommen, die es aber offensichtlich nicht gab. So werden 16 dieser Laien zu Haftstrafen verurteilt, die aber mit der Untersuchungshaft abgegolten sind, zwei Mitarbeiter des katholischen Pfarramtes werden zu einem beziehungsweise fünf Jahren Zuchthaus verurteilt und bleiben in Haft.[8]

Alle Versuche, für die vier Priester noch eine Begnadigung zu erreichen, bleiben ohne Erfolg – egal ob Stellbrinks Frau direkt an Adolf Hitler schreibt oder der Osnabrücker Bischof Berning im

Reichsjustizministerium vorstellig wird. Am 10. November 1943 werden die vier Geistlichen im Hamburger Untersuchungsgefängnis am Holstenglacis mit dem Fallbeil hingerichtet. Die Toten werden eingeäschert, die Asche von Johannes Prassek und Eduard Müller im nahe gelegenen KZ Hamburg-Neuengamme verstreut.

Es ist in Deutschland im Herbst 1943 für das Regime offensichtlich kein Risiko, vier Geistliche töten zu lassen. Dabei scheute es die Regierung Hitler im Grunde, allzu offensiv gegen Kritik und Widerstand aus der Kirche vorzugehen – den eigentlichen Kampf gegen die Kirchen im Land wollten die Machthaber auf die Zeit nach dem Krieg verschieben. Die Diktatur brauchte die Kirchen schließlich noch in Zeiten der Not – und zudem waren bei Beginn des Krieges ja rund 95 Prozent aller Deutschen Mitglieder einer christlichen Kirche! Dennoch kam es überall im Reich zu Bespitzelungen, Denunzierungen und auch Verhaftungen von kirchlichem Personal und weiteren Einschränkungen des kirchlichen Lebens. Doch wenn der Widerstand zu heftig wurde, schreckte die NS-Führung vor öffentlichkeitswirksamen Reaktionen zurück. Das hatte sich 1941 gezeigt, als katholische Bischöfe Kritik an dem staatlichen Mordprogramm der »Euthanasie« äußerten. Allen voran hatte sich dabei der weiter oben erwähnte Münsteraner Bischof Clemens August Graf von Galen als Wortführer bei diesem deutlichen Akt des öffentlichen Widerstands hervorgetan. Am liebsten hätte das Regime den Bischof beseitigt – aber es traute sich angesichts der Popularität des Mannes schlicht nicht an ihn heran. Und Adolf Hitler selbst musste das Euthanasie-Programm zumindest offiziell sogar stoppen, auch wenn die Morde in anderer Form weitergingen.[9]

In Lübeck hingegen schien es möglich, gegen Geistliche vorzugehen. Die Zahl der Katholiken war gering, der zuständige Bischof saß im vergleichsweise fernen Osnabrück, und es fanden sich Denunzianten, Zuträger, Polizisten und Juristen bereit, Haft und Verurteilung der Männer systemgetreu zu organisieren.

Die drei katholischen Priester erhielten vor allem geistlichen Zuspruch, es wurden Kassiber oder Hostien in die Zellen geschmuggelt, und auch ihr Bischof setzte sich für sie ein. Aber einen öffentlichen Aufschrei der Empörung gab es nicht. Nicht in Lübeck und nicht im übrigen Deutschland. Das katholische Deutschland wollte nach zehn Jahren Diktatur offenkundig seine gesellschaftliche Macht nicht einsetzen.

Den geringsten Rückhalt hatte übrigens der evangelische Pastor Stellbrink, der wegen seiner Äußerungen angesichts der alliierten Bombardierung Lübecks nach entsprechenden Hinweisen der Gestapo selbst von seiner Kirche im Stich gelassen wird: Er wird seines Amtes enthoben, und die Kirchenleitung leitet ein Disziplinarverfahren gegen ihn ein. Die protestantische Kirche in Deutschland war tief gespalten in die nationalsozialistischen »Deutschen Christen« und die regimekritische »Bekennende Kirche«, und der tiefe Riss ging hierzulande mitten durch viele Kirchengemeinden. Stellbrink, wie bereits erwähnt, anfangs ebenfalls ein glühender Nazi und Wegbereiter der »Deutschen Christen«, hatte sich angesichts der Schrecken des Krieges zum Kritiker des »Dritten Reiches« gewandt – und sich damit auch seine alten Weggefährten zu Gegnern gemacht. Nach seiner Verhaftung bleiben er und seine Familie ohne Unterstützung der Kirche. Seine Hinrichtung ruft erwartungsgemäß keine öffentlichen Proteste hervor. Die Ankläger haben sogar die Unverschämtheit, der Witwe von Stellbrink einige Monate später die Kosten für das Verfahren, für die Anreise »des Untersuchungsrichters des Volksgerichtshofs« und sogar die Vollstreckungskosten selbst in Rechnung zu stellen – rund 1500 Reichsmark.[10] Erst nach dem Krieg wurde Stellbrinks Rehabilitierung durch seine Landeskirche in Gang gesetzt, umgesetzt wurde sie allerdings erst im Jahr 1993.

Der Trauer der Angehörigen und Freunde über die Hinrichtung der vier Geistlichen folgte das Gedenken; schon ein Jahr nach der Hinrichtung, am 10. November 1944, versammeln sich einige Gläubige, um ihrer zu gedenken. Eine Tradition, die bis heute Bestand hat. Das Schicksal der Männer aus Lübeck ist bereits über die Grenzen der Hansestadt hinaus bekannt; so erinnert schon bald nach Kriegsende der in Lübeck geborene Willy Brandt, der die Barbarei im Exil überlebt hat, an sie. In Deutschland habe es zwischen 1933 und 1945 eben nicht nur »Verbrecher« gegeben, weshalb Brandt eine Lanze für die »guten Deutschen« brechen will. Die vier Geistlichen seiner Heimatstadt rechnet er neben anderen Widerstandskämpfern, von denen er unmittelbar nach dem Kriegsende Kenntnis hat, ausdrücklich dazu. Aber er weiß auch: »Im Verhältnis zum gesamten deutschen Volk waren es wenige.«[11]

Heute ist das Erinnern an Prassek, Lange, Müller und Stellbrink von den Kirchen und von einer theologischen Deutung des historischen Geschehens dominiert. Sie werden inzwischen selbstverständlich als die »Lübecker Märtyrer« bezeichnet, weil sie Zeugnis abgelegt hätten von Gottes Wort, weil sie auch in Zeiten größter Not und Bedrängnis an der christlichen Wahrheit festgehalten und schlicht Gott mehr gehorcht hätten als den Menschen. Dafür haben sie sogar den Tod in Kauf genommen, als Zeugen und Vorbilder christlichen Glaubens. Im Jahr 2011 wurden Johannes Prassek, Eduard Müller und Hermann Lange von Papst Benedikt XVI. seliggesprochen; des Pastors Karl Friedrich Stellbrink wurde dabei ehrend gedacht, als Protestant kann er schließlich nicht katholisch seliggesprochen werden – so weit geht selbst heutzutage keine Ökumene ...

Das Gedenken an die Geistlichen hat inzwischen einen festen Ort in der norddeutschen Erinnerungslandschaft. Nicht nur in Ostfriesland, in Osnabrück oder in Hamburg finden sich Hinweise auf das Wirken der Geistlichen, sondern vor allem auch in der Lübecker Herz-Jesu-Kirche. Hier hat eine beeindruckende Dauerausstellung ihren Platz gefunden, und als Krypta dient der frühere Kohlenkeller der Kirche, den einst Eduard Müller mit

Jugendlichen der Gemeinde selbst zu einem Jugendtreff umgestaltet hat. Und auch in der evangelischen Lutherkirche, an der Pastor Stellbrink wirkte, erinnert eine Ausstellung an die »Lübecker Märtyrer«. Dabei ist der Begriff »Märtyrer« außerhalb des kirchlichen Lebens längst eine schwierige Bezeichnung geworden. In Zeiten eines weltweit auftretenden religiösen Fundamentalismus, der auf angebliche Weisungen Gottes handelnde Attentäter auch vor Terror gegen Menschen nicht zurückschrecken lässt und jene auch noch als »Märtyrer« preist, hat der Begriff seine positive Bedeutung eindeutig eingebüßt. Und auch das nationalsozialistische Deutschland der Jahre 1933 bis 1945 hatte ja seine eigenen »Märtyrer«: Nazis, die im Kampf für diese Barbarei gestorben sind.

Doch abgesehen von der konkreten Bezeichnung: Fraglos flößt jedem heutigen Betrachter die Glaubensgewissheit der vier Männer, mit der sie die Verfolgung und schließlich den Gang zum Schafott ertrugen, Respekt und Bewunderung ein. Doch was ihr Schicksal für die Deutschen von heute so außergewöhnlich macht, ist die Einzigartigkeit ihres konfessionsübergreifenden Handelns: In einer Zeit, als die katholische und protestantische Kirche einander zumindest sprachlos, ganz sicher distanziert oder zuweilen immer noch feindlich gegenüberstanden, fanden Stellbrink, Prassek, Lange und Müller als Menschen zueinander. Sie überwanden im Kleinen die tiefe Spaltung der Christen. Und ihre Verfolgung und ihre Hinrichtung machen vor allem deutlich, was in Deutschland möglich gewesen wäre, wenn die Kirchen gemeinsam gegen Terror, Unmenschlichkeit und Krieg entschlossen aufgestanden wären. Denn jede Diktatur – und das gilt auch für das »Dritte Reich« – ist letztlich immer auch auf die Loyalität und Gefolgschaft eines Volkes angewiesen. Die vier Geistlichen aus Lübeck haben diese verweigert.

Zum Weiterlesen

Die Gedenkstätte »Lübecker Märtyrer« präsentiert im Internet ausführliche und ansprechend aufgemachte Informationen in sechs Sprachen: https://www.luebeckermaertyrer.de/de/index. html.

Für einen Besuch

Die Propsteikirche Herz Jesu in Lübeck beheimatet die Gedenkstätte für die Lübecker Märtyrer und bietet am historischen Ort beeindruckende Einblicke in das Leben und Wirken der vier Geistlichen: https://www.luebeckermaertyrer.de/de/index.html. Auch in der Lutherkirche, in der einst Pastor Stellbrink gewirkt hat, erinnert eine Ausstellung an die Lübecker Märtyrer: https:// www.gedenkstaette-lutherkirche.de/ausstellung/.

Zudem sind im ehemaligen Burgkloster, das heute zum Ensemble des Europäischen Hansemuseums gehört, zwei historische Gefängniszellen für die Besucher zugänglich. In diesem Gefängnis verbrachten einige der Lübecker Märtyrer, aber auch andere politische Gefangene ihre Haftzeit.

TILLMANN BENDIKOWSKI

Wer sah das erste deutsche U-Boot?

1762 wird der Plan
für den »Steinhuder Hecht« vorgelegt

W as sich in den Tiefen eines Meeres so alles verbirgt, hat zu
allen Zeiten die Fantasie der Menschen bewegt: Ob ver-
sunkene Schätze, Ruinen längst vergessener Städte oder Seeun-
geheuer in allen nur erdenklichen Größen – unter der Wasser-
oberfläche können sich grundsätzlich die wundersamsten Dinge
verbergen, da waren sich die Menschen sicher. Gilt das auch für
den größten See in Niedersachsen, das Steinhuder Meer? Gingen
auch dort einst wundersame Dinge unter Wasser vor sich? Das ist
auf den ersten Blick kaum vorstellbar, denn dort, wo sich heute
vor allem im Sommer Ausflügler und Touristen tummeln, war das
Leben über Jahrhunderte eigentlich recht überschaubar, und es
hatte den Menschen in der Region selten spektakuläre Ereignisse
zu bieten. Das Steinhuder Meer, das selbstverständlich kein Meer
ist, sondern ein Binnensee, schätzten sie in erster Linie wegen seines Fischreichtums, weshalb er eine willkommene sichere Nah-
rungsquelle war. Vor rund 200 Jahren hieß es in einer Naturbe-
schreibung dementsprechend über die Artenvielfalt des Sees:[1]

»Verschiedene Sorten Fische sind in demselben zu finden; die besten und wohlschmeckendsten sind die Aale, die sich vorzüglich in dem morastigen Theile des Sees aufhalten, und am besten in denen aus Weiden geflochtenen Aalkörben gefangen werden, ferner die Baarse [Barsche], Hechte und Karpfen.«

Wohl dem Fischer, der seinerzeit den einen oder anderen fetten Karpfen aus dem Wasser zog oder eben einen Hecht, der mit etwas Glück über einen Meter groß werden kann. Er galt schon immer als beliebter Speisefisch – außer natürlich, es handelt sich um ein ganz besonderes Exemplar, nämlich den »Steinhuder Hecht«. Denn den hätte nicht einmal der stärkste Fischer aus dem Wasser ziehen können, schließlich handelte es sich bei ihm um einen Koloss aus Holz und Metall, vielleicht 30 Meter lang und überdies mit bis zu 30 Mann Besatzung – wenn es ihn je gegeben hat. Dieser »Hecht«, im Jahr 1762 entworfen, zählte damals fraglos zu den spektakulärsten Entwürfen der Schifffahrtsgeschichte, blieb aber wohl reines Wunschdenken. Aber auch mit dem Abstand von mehr als zwei Jahrhunderten schauen die Nachgeborenen noch immer fasziniert auf dieses Projekt, um das es bis heute zahlreiche Rätsel gibt …

Die Geschichte vom »Steinhuder Hecht« ist in gewisser Weise zunächst einmal eine durchaus typische Geschichte für das 18. Jahrhundert. Es ist eine Epoche, die einerseits von optimistischen technischen und wissenschaftlichen Aufbrüchen, aber politisch noch immer von der weithin unumstrittenen Herrschaft der Fürsten geprägt war. Die führenden Adelsfamilien nahmen wie schon seit Jahrhunderten ganz selbstverständlich für sich in Anspruch, von Gottes Gnaden über Land und Leute zu herrschen. Das hatte für das konkrete Leben der Menschen Vor- und Nachteile; es hing halt alles davon ab, ob der Regent ein begabter und weitsichtiger Mensch oder ein politischer und moralischer

Versager war – für beide Varianten kennt die Geschichte ausreichend Beispiele. Ganz Deutschland war damals in der Hand von wenigen großen, vor allem aber von vielen kleinen Herrschern. Auch in Norddeutschland saß allüberall ein Friedrich oder ein Wilhelm, ein August oder Georg als Landesherr auf einem mehr oder weniger großen Thron.

Zu diesen Landesherrn zählte auch jener Wilhelm, der im Jahr 1748 als 24-Jähriger die Herrschaft über die Grafschaft Schaumburg-Lippe von seinem Vater übernahm. Es war ein kleines Territorium mit einer Fläche von etwas über 340 Quadratkilometern, das sich im Norden bis ans Steinhuder Meer und im Süden zu den Bückebergen mit der Hauptstadt Bückeburg erstreckte. Rund 17 000 Menschen lebten hier Mitte des 18. Jahrhunderts – zum Vergleich: Hamburg zählte zu diesem Zeitpunkt bereits etwa 75 000 Einwohner. Schaumburg-Lippe hatte zwei große und mächtige Nachbarn, nämlich neben dem Königreich Preußen auch das Kurfürstentum Hannover, mit dem es sich zu dieser Zeit recht gut stellte. Beide Länder verband die guten Verbindungen nach London, zu diesem Zeitpunkt waren die Kurfürsten von Hannover ja zugleich die Könige von Großbritannien.

Aber Schaumburg-Lippe musste sich auch mit anderen Herrschern wie vor allem den Landgrafen von Hessen-Kassel arrangieren, was – um es diplomatisch auszudrücken – oft alles andere als einfach war. Schließlich sorgten in dieser Region wie anderswo in Deutschland zu dieser Zeit sowohl komplizierte Erbfolgeverfahren als auch kleinere oder größere Konflikte und Kriege immer wieder für territoriale Veränderungen. Mit anderen Worten: Auch die Welt der regierenden Adelsfamilien glich manchmal einem machtpolitischen Haifischbecken, und kein Graf einer kleineren Herrschaft durfte sich allzu sicher fühlen – eben auch nicht jener Wilhelm zu Schaumburg-Lippe, der im Schloss von Bückeburg residierte.

Da traf es sich für dieses kleine Land eigentlich recht gut, dass der junge Graf sich schon vor Beginn seiner Regentschaft für alles Militärische begeistern konnte, zudem in früher Kindheit gut ausgebildet wurde und viele fremde Länder aus eigener Anschauung kannte. Geboren 1724 in London, wollte Wilhelm eigentlich in der britischen Armee Karriere machen. Da aber sein älterer Bruder als planmäßiger Thronfolger bei einem Duell getötet worden war (Herren von Stand begaben sich damals zuweilen allzu leichtfertig in Gefahr), zog er 1742 als Zweitgeborener nach Bückeburg, um an der Seite seines Vaters die Herausforderungen einer Regentschaft in der Praxis kennenzulernen.

Aber es zog Wilhelm immer wieder aus Schaumburg-Lippe hinaus: Die nächsten Jahre verbrachte er mit Reisen, hielt sich in Italien auf, aber sammelte dann vor allem militärische Kampferfahrung: Als 19-Jähriger nahm er 1743 im Österreichischen Erbfolgekrieg an einer großen Schlacht teil, später kämpfte er als regierender Graf mit seiner Armee an der Seite Preußens und des Kurfürstentums Hannover (und damit Großbritanniens) im Siebenjährigen Krieg (1756–1763). 1762 folgte seine größte militärische Bewährungsprobe: Wilhelm trat auf Wunsch des britischen Königs in den militärischen Dienst Portugals, das sich einem Angriff Spaniens und Frankreichs gegenübersah. Er befehligte erfolgreich die vereinten portugiesischen und britischen Truppen, und nach seinem Sieg wurde ihm fortan das Verdienst angerechnet, damit die Unabhängigkeit Portugals gesichert zu haben. Entsprechend hoch dekoriert sollte er auch in den nächsten Jahren enge Kontakte nach Portugal pflegen.[2]

Zwei Jahre blieb Graf Wilhelm für diese Unternehmung auf der Iberischen Halbinsel, dann machte er sich auf den Heimweg. In Zeiten des Absolutismus war es für die Entwicklung des eigenen Landes bekanntlich nie gut, wenn der Herrscher allzu lang in der Fremde weilte. Also ab nach Hause! Nun war eine Reise von Lissabon nach Bückeburg allerdings zu diesem Zeitpunkt durchaus so etwas wie eine kleine Weltreise: Auf dem Landweg hätte der

Graf rund 2500 Kilometer mit einer Kutsche zurücklegen müssen, mindestens zwei Monate hätte eine solche Fahrt gedauert.

Zudem führte diese Route direkt durch Frankreich und Spanien, die zu diesem Zeitpunkt indes einem Heerführer in portugiesischen Diensten nicht wohlgesonnen waren. Durch diese Länder zu reisen war also keine gute Idee.

Blieb nur der Seeweg: Mit dem Schiff stets im respektvollen Abstand an der spanischen und französischen Küste entlang, durch den Ärmelkanal in die Nordsee bis Bremen, dann über Land Richtung Bückeburg. Eine solche Passage war nicht ungefährlich, bei hohem Seegang alles andere als komfortabel und dauerte ebenfalls viele Wochen – und genau hier kam der eingangs erwähnte »Steinhuder Hecht« ins Spiel ...

Es ist der 16. Mai 1762 – wenige Tage nachdem spanische Truppen in Portugal eingefallen sind –, als Jakob Chrysostomus Praetorius seinen Namenszug unter eine spektakuläre Zeichnung setzt. Der 32-Jährige steht seit drei Jahren als »Ingenieur-Geograph«, Kartograf und Leutnant in Diensten des Grafen zu Schaumburg-Lippe. Als solcher hat er seinen Landesherrn auch bei der militärischen Expedition nach Portugal begleitet. Und dort legt er jetzt den Plan für eine völlig neuartige Konstruktion vor, für ein besonders schnelles Schiff – eine »Advis Jagt«, wie er es nennt:

»Idee einer Bückeburgischen Advis Jagt, welche so eingerichtet ist, daß man damit in Zeit von 6 Tagen, daß Wetter sey wie es wolle, von der Weser (Petershagen gegenüber) bis Lissabon ohnfehlbar fahren kan; und könte dienen Briefe, Sachen, und Personen mit Sicherheit ab und zu zuführen, ohne nöthig zu haben, selbige durch frembde Hände gehen zu lassen.«

Von der heimischen Weser bis zur portugiesischen Küste völlig ungefährdet und wetterunabhängig in nur sechs Tagen? Das wäre absolut machbar, verkündet jedenfalls Jakob Praetorius – aber er

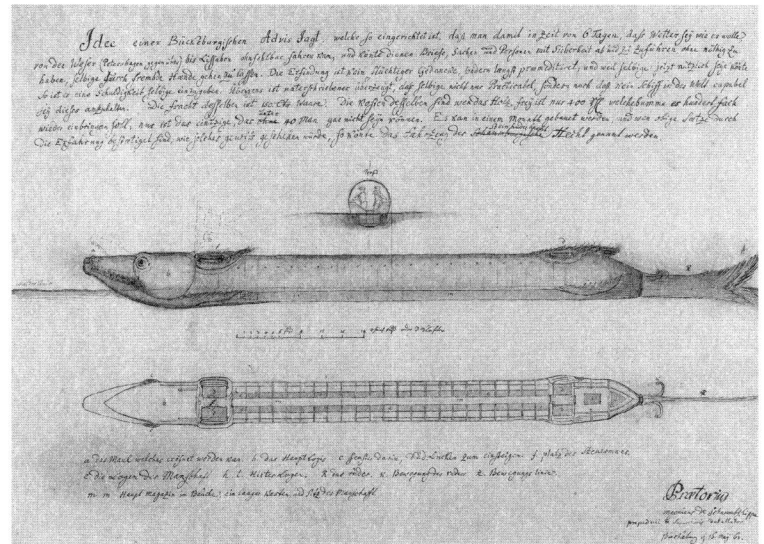

Mit dieser imposanten und detailreichen Zeichnung warb Jakob Praetorius 1762 für den »Hecht«.

hat augenscheinlich doch etwas Sorge, dass seinem Landesherrn dieses neuartige Schiff dann doch ein wenig zu utopisch erscheint. Wahrscheinlich aus diesem Grund beteuert er noch einmal ausdrücklich die Machbarkeit des Vorhabens:

»Die Erfindung ist kein flüchtiger Gedancke, sondern laengst praemeditiret; und weil selbige jetzt nützlich seyn könte so ist es eine Schuldigkeit selbige einzugeben. Übrigens ist unterschriebener überzeugt, daß selbige nicht nur Practicabel, sondern auch daß kein Schiff in der Welt capabel sey dieses anzuhalten.«

Es zeigt sich, dass der Herr Ingenieur nicht nur technisch versiert ist, sondern auch sehr geschickt mit Worten umgehen kann.

Er schreibt ja nicht nur mit unverkennbarem Selbstbewusstsein, dass seine Idee viel zu genial sei, um sie dem Landesherrn zu verschweigen – er verspricht dem Grafen im Grunde genommen eine wahre maritime Wunderwaffe: Von keinem Schiff der Welt, also nicht einmal von denen der französischen oder spanischen Flotte, könne dieses Gefährt aufgehalten werden! Das wäre schon für den zivilen Einsatz eine höchst reizvolle Sache, denn damit schien in ganz praktischer Hinsicht ein störungsfreier und damit gewinnbringender Handel möglich. Aber da Wilhelm zu Schaumburg-Lippe auch ein militärisch denkender Herrscher ist, muss dieser Hinweis auch sein strategisches Interesse wecken; gerade zu diesem Zeitpunkt, da Wilhelm so weit weg von zu Hause ist und er sich stets Gedanken machen muss, wie seine Anweisungen für die heimischen Regierungsgeschäfte und vor allem auch geheime politische und militärische Nachrichten zwischen Lissabon und Bückeburg sicher und schnell hin- und hertransportiert werden könnten. Hat sein Chefingenieur tatsächlich die Lösung für dieses Problem gefunden?

Jakob Praetorius ist in seinem Umfeld bekannt für seine ausgefallenen technischen Ideen, gerade wenn es um militärische Innovationen geht. Mit diesen, das weiß er, kann er auch seinen Landesherrn immer begeistern – allerdings muss er stets befürchten, von weniger wagemutigen Mitmenschen wegen seiner utopischen Ideen belächelt zu werden. So hat er schon im Jahr zuvor, 1761, den höchst ungewöhnlichen Plan für ein kleines Amphibienfahrzeug mit der Bezeichnung »Hippopotame« vorgelegt: ein Ein-Personen-Boot in Gestalt eines Pferdes, das auf Land von einem Soldaten wie eine Schubkarre geschoben werden konnte, das aber auf einem Fluss oder einem See schwimmfähig war und den Soldaten über Wasser transportieren konnte. Praetorius beschrieb das Gefährt als »ein sehr leichtes und geschwindes Waßer-Fahrzeug für einen Mann in Form eines Pferdes, worauf man sicher, ungehindert, und mit Vorteil durch die gantze Welt reisen kann«.[3]

Allerdings blieb es bei der Idee, und nie reisten Schaumburger Soldaten mit diesem »Hippopotame« tatsächlich durch die »ganze Welt«. Vielleicht war dem Grafen die Idee dann doch zu gewagt. Und sie löste zudem keineswegs seine Schwierigkeiten mit der Übermittlung von Nachrichten zwischen Lissabon und Bückeburg.[4]

Aber im Jahr 1762 soll das neue schnelle Schiff in Fischgestalt den Grafen Wilhelm von Praetorius' Erfindergeist überzeugen. Trotz seiner Größe und seiner außerordentlichen Leistungsfähigkeit sei das geplante Gefährt vergleichsweise preiswert zu haben, verspricht Praetorius, und die ohnehin geringen Kosten werde das Schiff schon bald ganz bestimmt »hundertfach wieder einbringen«. Außerdem sei für die Realisierung nur gut ein Monat zu veranschlagen; auch einen Namen hat der Konstrukteur schon parat – »so könnte das Fahrzeug Steinhuder Hecht genant werden«. Wobei die Originalzeichnung zugleich verrät, dass Praetorius zunächst die Bezeichnung »Schaumburger Hecht« notiert hatte, diese aber wieder durchstreicht und schließlich durch »Steinhuder Hecht« ersetzt.

Ein Blick auf die Konstruktionszeichnung zeigt, dass das Schiff diesen Namen zu Recht trägt: Der Hecht ist bekanntlich ein Raubfisch – und der »Steinhuder Hecht« hat tatsächlich die Gestalt eines Raubtieres: Schlank und lang liegt er auf dem Wasser, der Bug ist erkennbar dem Maul eines Fisches nachempfunden, auch Augen und Kiemen sind deutlich zu erkennen. Das Heck bildet ein riesiger Schiffsschwanz, der als Ruder dient, aber durch wuchtige Seitwärtsbewegungen, für die die Besatzung mittels langer Seile hätte sorgen müssen, möglicherweise auch als Antrieb.

Das Maul kann laut Konstruktionszeichnung geöffnet werden, die Augen des Hechts sind beweglich und mit Fenstern versehen. Vorn und hinten finden sich insgesamt vier Luken (vorn sind sie in den »Ohren« eingebaut) für den Einstieg ins Schiffsinnere. Denn der »Steinhuder Hecht« verfügt nicht über ein übliches Deck wie

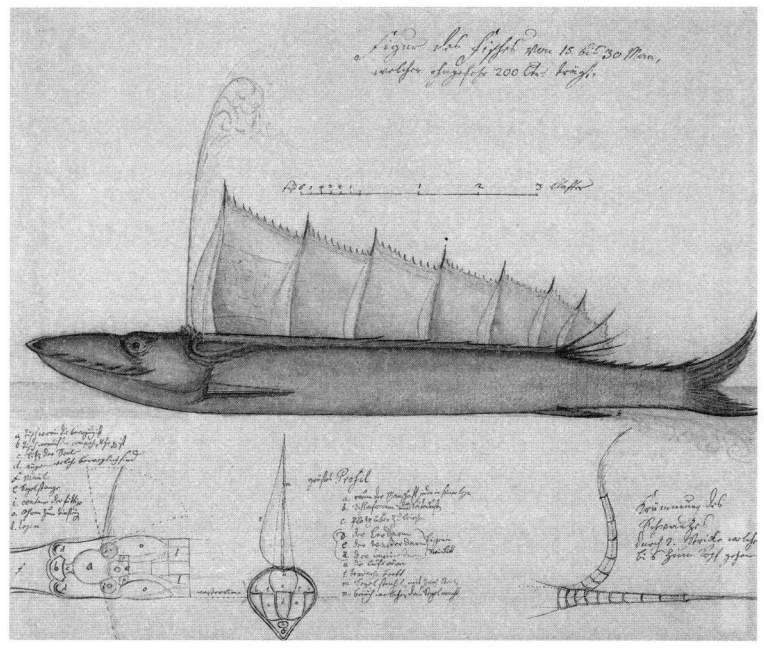

*Die mächtige und bewegliche Schwanzflosse sollte nach dieser
Zeichnung dem Schiff die nötige Geschwindigkeit verleihen.*

alle anderen bekannten Schiffstypen. Stattdessen finden alle Ladung und die Besatzung – von einem möglichen Ausguck direkt am »Kopf« einmal abgesehen – ausschließlich im Bauch des Schiffes Platz. Wie in einer langen Röhre sind die engen Kabinen für die Mannschaften eingezeichnet, die Versorgung soll über ein System von »Därmen« erfolgen: Der »waßer Darm« ist vermutlich für den Transport von Trinkwasser vorgesehen, der »unreine Darm« kann möglicherweise der Entsorgung der Abwässer und Fäkalien dienen. Welche Funktion der »Lerdarm« haben sollte, muss auch rückblickend hingegen offenbleiben.

So ein Schiff beflügelte schon damals die Fantasie der Menschen – und es sollte auch die Nachwelt noch in Aufregung versetzen. Noch heute wollen etwa zahlreiche Betrachter in dem Entwurf von Jakob Praetorius nicht weniger als die Anleitung für den Bau eines Unterseebootes sehen, obwohl der »Steinhuder Hecht« auf den beiden einzigen erhaltenen Entwurfszeichnungen doch erkennbar *über* Wasser fahren sollte. Und dass die technischen Angaben auf den Entwürfen so knapp gehalten sind und sich deshalb zentrale Fragen einer Unterwasserfahrt, etwa das Unter- und Auftauchen oder das Navigieren unter Wasser, gar nicht beantworten lassen, stört manche ebenfalls kaum. So kam auch der Schriftsteller Curd Ochwadt schon Mitte der 1960er-Jahre zu dem Schluss, dass es sich hier um den Plan für ein Unterseeboot gehandelt hat:[5]

>»Die Masten heißen in Anlehnung an das Vorbild der Flosse ›Segelstachel‹; zum Tauchen sollten sie niedergelegt werden, um weniger Widerstand zu bieten [...]. Unter Wasser und wohl auch beim Manövrieren über Wasser sollte der ›Steinhuder Hecht‹ durch Ausschläge des Fisch-Schwanzes angetrieben werden.«

Wurde also am Hofe Wilhelms zu Schaumburg-Lippe tatsächlich das erste deutsche U-Boot erdacht? Das wäre fraglos eine Sensation. Sogenannte »Tauchboote« gab es zwar schon vor dieser Zeit, doch ihre Tauchfähigkeit, ihre Sicherheit und vor allem die Fähigkeit, unter der Oberfläche kürzere oder längere Strecken zurückzulegen, waren mehr als dürftig. Erst im 19. Jahrhundert sollte mit der Nutzung des elektrischen Stroms hier der entscheidende technische Durchbruch gelingen. War Jakob Praetorius in Bückeburg vielleicht Mitte des 18. Jahrhunderts der Entwicklung einfach nur um Längen voraus? Das wollen bis heute viele glauben.

Unzweifelhaft fest steht hingegen, dass der fraglos wunderschön anzusehende »Steinhuder Hecht« in Wirklichkeit nie gebaut wurde. Womöglich hatte Graf Wilhelm nach dem siegreich beendeten Krieg der Portugiesen gegen Spanien und Frankreich keinen unmittelbaren militärischen Zweck für ein »Raub-Schiff« auf der Route nach Lissabon mehr gesehen. Aber völlig abwegig war die »Hecht«-Idee aus Sicht des Landesherrn dann wohl doch nicht. Jedenfalls darf sein Ingenieur Praetorius offensichtlich weiterdenken und entwerfen, so auch ein anderes Schiff, für das sich die weniger räuberische Bezeichnung »Fisch« einbürgerte. Anfang der 1770er-Jahre, also mindestens zehn Jahre nach dem ersten Plan für einen »Steinhuder Hecht«, soll dieses Boot nicht nur gebaut worden sein, sondern angeblich auch für etwa zwölf Minuten erfolgreich im Steinhuder Meer getaucht haben. Selbst der erwähnte Regionalforscher Curd Ochwadt musste allerdings eingestehen, dass die Angaben über dieses Ereignis einem exklusiven »Bericht« entstammen, der trotz intensiver Suche bis heute nicht gefunden wurde. Was dringestanden haben soll, gab er dennoch begeistert wieder:[6]

> »Der Bericht soll enthalten haben: daß das Boot ein aus Eiche gefertigtes Periskop mit Spiegeln zur Sichtübertragung beim Tauchen (und zur Lüftung? Wie sollte Luft nachkommen, sobald unter Wasser der Tauch-›Darm‹ ausgepumpt wurde?) hatte, für acht Mann Raum bot (die für Boote von Steinhuder Meer-Größe fast hohe Zahl erklärt sich durch die Notwendigkeit, den Fisch-Schwanz zu ziehen) und etwa zwölf Minuten getaucht habe. Graf Wilhelm, der von sehr hoher Gestalt war, soll bedauert haben, das enge Boot nicht mitbesteigen zu können.«

Was sich in diesen Jahren auf und im Steinhuder Meer tatsächlich zugetragen hat, ist allerdings nur schwer zu rekonstruieren. Das liegt vor allem daran, dass sich das vermeintliche Geschehen mehr oder weniger in einem militärischen Sperrgebiet abgespielt hat.

In dessen Zentrum: die Festung Wilhelmstein. Diese hatte Graf Wilhelm zu Schaumburg-Lippe zwischen 1761 und 1767 auf einer künstlich errichteten Insel im See bauen lassen.

Die Arbeiten an der Festung hatten vor Wilhelms militärischem Engagement in Portugal begonnen, und sie waren in seiner gut zweijährigen Abwesenheit augenscheinlich nicht so zügig vorangekommen, wie sich das der ehrgeizige Graf gewünscht hatte. Jedenfalls trieb er nach seiner Rückkehr im Jahr 1764 die Realisierung des Vorhabens mit neuer Energie an. Die künstliche Insel war bereits weitgehend fertig, jetzt ging es an den Bau der Festung selbst. Das Ergebnis war eine sternförmige Schanze mit vier Bastionen und einer Zitadelle, später wurde auf dem Turm noch ein kleines Observatorium eingerichtet. Das massive Bauwerk, das bis heute nur mit Booten erreicht werden kann, lässt sich rückblickend auch als Stein gewordene Sorge eines Landesherrn bezeichnen: Schon zweimal war Schaumburg-Lippe in vergangenen Kriegen von Feinden überrannt und besetzt worden. In Zukunft wollte der Graf bei einem erneuten Krieg aus der uneinnehmbaren, mit Proviant und Soldaten gut ausgestatteten Festung heraus den Widerstand organisieren, etwa Operationen gegen die Kommunikationslinien und die Nachschubverbindungen des Feindes planen und ausführen.[7] Und Wilhelmstein bestand später tatsächlich den »Praxistest«: Als im Jahr 1787 – zehn Jahre nach dem Tod des Grafen Wilhelm – kurzzeitig Truppen des Nachbarn Hessen-Kassel das Land besetzten, konnte diese Festung nicht eingenommen werden.

Das militärisch-strategische Kernstück der Festung Wilhelmstein bildeten aber nicht nur Kanonen und stabile Mauern, sondern die dort eingerichtete Militärschule. Hier konnte der Graf mit seinen Talenten glänzen – und machte so die Festung im Steinhuder Meer über die Region hinaus zu einer richtig guten Adresse in Sachen Militärausbildung. Im Schaumburger Ländchen sind viele heute immer noch stolz darauf, dass an dieser Stelle der später so berühmte preußische General Gerhard von Scharnhorst, der als großer Reformer der Armee in die Geschichte Preußens einging, als Schüler seine ersten militärischen Laufversuche unternommen hat. Nun gehört es ja zum Wesen solcher militärischen Anlagen, dass Informationen nur sehr gefiltert nach außen dringen. Und je strategisch wichtiger ein Projekt ist, desto spärlicher die Nachrichtenlage. Das galt auch für alle weiteren Pläne von Jakob Praetorius und seinem Grafen Wilhelm, was die Konstruktion und den Bau von Schiffen für die kleine gräfliche Flotte auf dem Steinhuder Meer betrifft. Später wird immer wieder angenommen, dass zu diesen geheimen Vorhaben auch die Arbeiten an einem Steinhuder U-Boot gehörten, dem »Fisch«. Es ist überliefert, dass Praetorius auf der Festung Wilhelmstein tatsächlich an einem Schiff bauen ließ, dass er sich für den Kiel eines Schiffes eine besonders große Eichenbohle liefern ließ und dass dieses Schiff auch mit einer kleinen Kanone ausgerüstet werden sollte. Wer will, kann allein darin ausreichende Belege für den Bau eines U-Bootes erkennen, und so findet sich heute in zahlreichen Zeitschriftenartikeln die Aussage, hier im Steinhuder Meer sei tatsächlich das erste deutsche Unterseeboot getaucht. Dass das Internet gleichlautende »Nachrichten« bereithält, mag nicht verwundern, denn dort sind die unwahrscheinlichsten historischen Dinge bekanntlich absolut wahrscheinlich …

Jakob Praetorius konnte weder sein Amphibienfahrzeug »Hippopotame« noch seinen »Steinhuder Hecht« realisieren. Und für den Bau und die Testfahrt eines kleineren Tauchboots gibt es in der Tat keinerlei verlässliche Hinweise. Deshalb gilt bis heute offiziell als erstes tatsächlich erprobtes deutsches U-Boot eine Konstruktion des bayerischen Erfinders Wilhelm Bauer, die 1851 in der Kieler Förde zu Wasser gelassen wurde (und dabei übrigens sank). Die Kieler Förde war, trotz des Scheiterns dieses Versuchs, für eine Unterseefahrt übrigens grundsätzlich deutlich besser geeignet als das Steinhuder Meer – denn sie ist deutlich tiefer. Der See in Schaumburg-Lippe war nämlich schon zu Zeiten des Jakob Praetorius ein ziemlich flaches Binnengewässer – an den meisten Stellen mit Wassertiefen zwischen 1,50 und höchstens 2,50 Metern. Der See war schlicht zu flach für ein Gefährt, das samt Menschen auf Tauchfahrt gehen sollte.

Doch was ist schon die zu geringe Wassertiefe eines Sees gegen die Kraft einer schönen Geschichte, die seit Generationen weitergegeben wird? Und so hält sich die Erzählung vom einfallsreichen Herrn Praetorius, seinem weltgewandten und innovationsfreudigen Grafen und ihren gemeinsamen Plänen für die Unterwasserseefahrt bis heute. Niemand hat im Steinhuder Meer je ein U-Boot gesehen. Aber was heißt das schon?

Für einen Besuch

Das Steinhuder Meer lohnt immer einen Besuch, zum Spazierengehen, Paddeln oder Segeln. Mit dem Schiff ist die Überfahrt zur Insel Wilhelmstein möglich, die übrigens bis heute im Besitz der Adelsfamilie Schaumburg-Lippe ist. Die einstige Militärschule war später sogar das zentrale Gefängnis in der Grafschaft, heute ist die Festung ein Museum. Darin wird übrigens auch ein recht fantasievolles Modell des »Steinhuder Hechts« gezeigt …

Das Schloss Bückeburg, in dem bis heute der amtierende Fürst zu Schaumburg-Lippe lebt, ist in Teilen zu besichtigen. Vor allem der große Festsaal und die Schlosskapelle sind einen Besuch wert – ebenso wie ein Streifzug durch die ehemalige Residenzstadt Bückeburg.

SABINE KNOR

Das Geheimnis
der Lichtensteinhöhle im Harz

3000 Jahre alte Spuren eines Familienclans
aus der Bronzezeit

E s liest sich wie ein historischer Krimi, und der ist es im
Grunde auch. Nach über 20 Jahren Forschung konnte im
Harz ein großes archäologisches Geheimnis von überregionalem
Interesse gelüftet werden. In einer Höhle wurden 3000 Jahre alte
menschliche Knochen gefunden. Zufällig, mitten in Norddeutschland! Und während man bis vor Kurzem noch annahm, dass dort
in der Höhle Menschen lebendig geopfert wurden, weiß die Wissenschaft es heute besser. Und das, obwohl Grabräuber einen Teil
der Fundstätte verwüstet und Gegenstände erbeutet hatten und
damit die wissenschaftliche Deutung erschwerten.[1]

Ein verblüffendes Ergebnis der Analysen: Die Nachfahren der
dort bestatteten Menschen aus der Bronzezeit leben noch heute
im Harz. Mit diesem Nachweis entstand einer der ältesten Stamm-
bäume der Welt, der sich rechnerisch auf über 120 Generationen
zurückverfolgen lässt. Aber nicht nur das: Die Funde geben auch
Aufschluss über Bestattungsrituale, Lebensgewohnheiten und die

Kreisarchäologe Dr. Stefan Flindt erkundet unter extremen Bedingungen und auf engstem Raum die Funde in der Lichtensteinhöhle.

Fitness der 57 identifizierten Menschen aus der jüngeren Bronzezeit, der »Urnenfelderzeit« um 900 v. Chr.

Das Geheimnis nahm seinen Anfang in Niedersachsen zwischen Förste und Dorste bei Osterode am Harz. Dort befindet sich die 261 Meter hohe Erhebung des Lichtenstein, in dessen Innern die gleichnamige Höhle liegt. Die Lichtensteinhöhle ist, wie man Schritt für Schritt erforschte, rund 135 Meter lang und besteht aus fünf Kammern und engen Verbindungsspalten mit einer Gesamtgröße von nur etwa 37 Quadratmetern. Berg und Höhle gehören zur Karstlandschaft am Südwestrand des Harzes, die geprägt ist von Felsen, Quellen und Wäldern. Spätestens vor 50 000 Jahren bildete sich dort innerhalb nur weniger Jahrhunderte durch einen unterirdischen Bach die Lichtensteinhöhle mit ihren »charakteristischen kluftartigen Räumen« heraus.[2] Durch die Umgebungsbedingungen, etwa die leichte Löslichkeit des

Gipsgesteins, entwickelte sich im Laufe der Jahrhunderte im Innern der Höhle eine mehrere Zentimeter dicke Schicht aus Gips, eine sogenannte Gipsinterschicht, die sich über den Innenraum und alles darin Befindliche legte.

Entdeckt wurde die Lichtensteinhöhle erst Anfang der 1970er-Jahre. Als dann ein paar Jahre später eine Geografiestudentin und ein Geologe in einem bis dahin unpassierbaren Trakt der Höhle durch Zufall Menschenknochen fanden, war die Sensation perfekt.[3] Seit Mitte der 1990er-Jahre erkundet nun der Kreisarchäologe Dr. Stefan Flindt unter extremsten Bedingungen, auf engstem Raum und in Dunkelheit, Zentimeter um Zentimeter dieser bis dahin verborgenen Welt. Und was er mit seinem Team seitdem zutage förderte, ist spektakulär: Die Böden der Höhle und deren Kammern waren mit über 4500 Knochen und bronzezeitlichen Fundstücken bedeckt. Diese einzeln zu bergen und sie zu »lesen« bedurfte besonderer Expertise und vor allem großer Geduld, so Flindt:[4] »Die enorme Enge in den zumeist sehr kleinen und niedrigen Räumen, hohe Luftfeuchtigkeit und insbesondere die niedrigen Temperaturen von lediglich 6–8 Grad machten das Ausgraben und Dokumentieren der archäologischen Hinterlassenschaften zu einer besonderen mentalen und körperlichen Herausforderung.«

Da die Höhle zuletzt zu Beginn des 9. Jahrhunderts v. Chr. betreten worden war, fand das Forschungsteam die menschlichen Überreste und Gegenstände so vor, wie sie vor rund 2900 Jahren zurückgelassen worden waren. Dabei spielten die speziellen Umweltbedingungen in der Lichtensteinhöhle und ihren Höhlenkammern dem Forschungsteam in die Karten:[5]

»Die kontinuierlich besonders günstigen Lagerungsbedingungen – in der Höhle weitgehend abgeschlossen von den Umweltbedingungen außerhalb – bei dauerhaft niedrigen Temperaturen, die spezielle ›Gipschemie‹ der Sedimente und der hohe Gehalt des einsickernden Tropfwassers an gelöstem

Gips beziehungsweise Dolomit verhinderten in den meisten Fällen eine stärkere Auflösung der Knochensubstanz und damit auch einen Abbau der alten DNA.«

Für die wissenschaftliche Deutung der so auf natürlichem Wege konservierten Funde waren diese Bedingungen ein absoluter Glücksfall. Die scheinbar wahllos verstreuten einzelnen Knochen brachten Flindt zu der Annahme, dass die Skelettverbände entweder absichtlich zerstört worden waren – oder man die Knochen auf eine besondere Art und Weise in die Höhle gebracht hatte. Zwischen den Knochen entdeckte das Team außerdem jede Menge »Alltagsschmuck« und unterschiedliche andere Objekte, darunter »mehrteilige Ringgehänge«, ein Schmuckstück mit einer blauen Glasperle und einer Bernsteinperle, aber auch zwei durchbohrte Hundezähne sowie eine durchbohrte Adlerkralle. Nur *ein* Schmuckstück ließ sich eindeutig seiner ehemaligen Besitzerin zuordnen: Am gut erhaltenen Armknochen eines Mädchens befand sich noch immer dessen Drahtarmring und auf ihrem Fingerknochen ein Fingerring.[6]

»Nicht verwunderlich ist, dass im Zusammenhang mit Bestattungszeremonien auch Gegenstände mit mutmaßlich magischem beziehungsweise rituellem Charakter oder auch Amulette Verwendung gefunden haben. Im Fall der in der Lichtensteinhöhle gefundenen Adlerkralle und der Hundezähne könnte es sich um Amulette handeln, die den Besitzer an eine erfolgreiche Jagd beziehungsweise einen treuen Jagdbegleiter erinnern sollten – vielleicht wollte man sich mit dem Tragen der Objekte aber auch bestimmte Eigenschaften dieser Tiere nutzbar machen.«

Flindt und sein Team untersuchten auch den geräumigsten Raum der Höhlenkammern, den »Berndsaal«. Dort ließen sich unterhalb der menschlichen Knochenlage nicht nur Reste von Heu und Moos nachweisen, sondern auch ausgeprägte Holzkohleschichten – Indizien für Feuerstellen. Flindt kam zu dem Schluss, dass die Kammer eine besondere Bedeutung gehabt haben musste: Rußspuren an der Decke ließen auf Feuerstellen und rituelle Handlungen schließen, Sitzsteine erhärteten diesen Eindruck. In den 29 nachgewiesenen kleinen Feuerstellen und ihren Brandresten ließen sich verkohlte Pflanzenteile nachweisen, offenbar verspeiste die Gruppe Wildfrüchte, Ackerbohnen und Erbsen, aber auch Getreide wie Dinkel und Zwergweizen. Am Ende waren es mehr als 100 Pflanzenarten, die entweder zum Speiseplan dieser bronzezeitlichen Gruppe gehörten oder die aus rituellen beziehungsweise religiösen Gründen in die Höhle gebracht worden waren.

Aber es kam noch mehr ans Tageslicht: Unter den insgesamt über 4500 Knochen und Schmuckstücken befanden sich auch sogenannte Gewandnadeln, Fossilien und Biberzähne. Und diese Gegenstände hatten eine besondere Bedeutung:[7]

»Gewandnadeln gehören eigentlich zum Trachtschmuck und dienten unter anderem zum Verschluss von Kleidung. Drei Nadeln aus der Lichtensteinhöhle fanden sich aber direkt neben Feuerstellen und dürften deshalb eine – allerdings nicht genauer zu beschreibende – Rolle bei den Bestattungszeremonien gespielt haben. Im Falle der Fossil- und Biberzahnfunde dürfte davon auszugehen sein, dass diese Objekte, insbesondere die lebenslang nachwachsenden Zähne der Biber, eine tiefere Bedeutung für Menschen hatten und vielleicht als Symbole etwa für ein Leben nach dem Tod betrachtet wurden.«

Aus den Sedimentschichten mit den Feuerstellen und Kultrelikten im »Berndsaal« konnte das Team außerdem 2300 Tonscherben bergen. Aus den Formen der Gefäßreste folgerte Flindt, dass es sich ursprünglich um Schalen und Terrinen gehandelt hatte. Die wiederum eigneten sich vor allem zur Präsentation von Speisen oder Opfergaben. Man geht heute davon aus, dass ebensolche Gefäße für rituelle Handlungen, die außerhalb der Höhle stattgefunden haben, benutzt wurden. In einer feierlichen Zeremonie wurden sie dann wohl absichtlich zerschlagen und zusammen mit den Nahrungsresten sowie sonstigen Überbleibseln der rituellen Handlungen eingesammelt und in einem symbolischen Akt in die Höhle gebracht:[8]

»Über mehrere Jahrzehnte hinweg brachten die Höhlennutzer neben den Menschenknochen auch umfangreiche Reste von den extern abgehaltenen Bestattungsfeierlichkeiten ein. Hierzu gehörten neben Resten der Feuerstellen vor allem Keramikscherben, Tierknochen und verkohlte Pflanzenreste. Durch die Verwendung im Rahmen religiöser Zeremonien galten diese Objekte offenbar als geheiligt und es musste deshalb dafür gesorgt werden, dass diese Überreste nicht durch Unbefugte entweiht wurden. Hierfür reichte offenbar schon aus, dass man symbolisch einen kleinen Teil der Kultrelikte einsammelte und in der Höhle – sicher geschützt vor Beeinträchtigungen durch Unbefugte – deponierte.«

Wie sich bronzezeitliche Menschen ein Jenseits vorgestellt haben, kann nur vermutet werden, doch anscheinend glaubten sie an ein Leben nach dem Tod. Und um ihnen den Weg dorthin zu erleichtern, könnten Ziegen und Rinder, deren Überreste man ebenfalls gefunden hatte, als Opfergaben oder Wegzehrung gedient haben. Die eingehende Analyse der geborgenen Menschenknochen führte Flindt und sein Team zu einer besonderen Erkenntnis: Es »ist mit weitgehender Sicherheit davon auszugehen, dass nur ausgewählte Skelettbestandteile [...] in der Höhle deponiert wurden und damit nachweislich bereits in der Frühphase der Höhlennutzung auch Teilbestattungen erfolgten«.[9]

Das Archäologenteam kam Schritt für Schritt dem Höhlengeschehen und seinen zeitlichen Abläufen auf die Spur. Doch wer waren all die Toten in der Lichtensteinhöhle, deren Knochen und Habseligkeiten sie geborgen hatten? Der Untersuchung dieser Frage hatte sich die Anthropologin Dr. Susanne Hummel von der Georg-August-Universität Göttingen bereits wenige Jahre nach Beginn der Ausgrabungen angenommen. Ihre Spezialität: DNA aus prähistorischen Knochen mit PCR-Technik zu analysieren. Glücklicherweise hatten die niedrigen Temperaturen im Höhleninnern und die chemischen Bedingungen dazu beigetragen, dass Spuren der alten DNA in den Knochen erhalten geblieben waren. In einem komplizierten Verfahren gelang es Hummel, die individuellen Erblinien der Verstorbenen zu entschlüsseln: »Das Besondere ist, dass es tatsächlich erstmalig der Nachweis eines großen Familienclans aus prähistorischer Zeit ist. Wir können genau sagen, wer […] mit wem […] aus der Höhle genau wie verwandt ist.«[10]

Die Ergebnisse der Tests wiesen ein seltenes DNA-Muster auf. Vielleicht war es dem Südharz und seinen Bewohnern zuzuordnen? Tatsächlich konnten Speicheltests in den Dörfern nahe der Höhle Verwandtschaftsbeziehungen bis zu den bronzezeitlichen Knochen nachweisen. Nach über 120 Generationen!

Die aufwendigen Analysen bei der heutigen Bevölkerung brachten aber nicht nur 3000 Jahre alte Verwandtschaftsverhältnisse ans Licht, sondern verrieten im Zusammenspiel mit den ausführlichen Knochenuntersuchungen auch Details über den Alltag, die Essgewohnheiten, die körperliche Verfassung und die Zusammensetzung der miteinander verwandten Gruppe: 32 weibliche und 25 männliche Individuen gehörten zu diesem Clan. Die Männer konnten außer per DNA teilweise auch durch markante, »reliefreiche Unterkieferpartien sowie kräftig ausgeprägte Knochenstrukturen oberhalb der Nase und der Augen« identifiziert werden, Frauen anhand steiler Stirnbeine und grazilerer Gesichtsschädel, aber vor allem durch Untersuchungen »an den Knochen des Beckens«.[11]

Der Knochenfund verriet auch, dass es eine höhere Kleinkindersterblichkeit als heute gegeben haben könnte, die sich durch »Erkrankungen wie Fieber, Durchfall und Infektionskrankheiten« erklärt, und Erwachsene der Gruppe früher als heute üblich starben. Umso mehr überraschte hingegen, dass trotz der schwierigen Lebensbedingungen zwei Frauen des Clans sogar über 60 Jahre, einige Männer über 50 Jahre alt geworden sind. Über die Vermessung der Arm- und Beinknochen konnte auch die durchschnittliche Körpergröße der Gruppe bestimmt werden: Die Männer waren im Schnitt 170 Zentimeter groß, die Frauen 158 Zentimeter, also im Vergleich zu heute etwas kleiner.

Insgesamt betrachtet schienen die Menschen aus der Lichtensteinhöhle recht fit gewesen zu sein. Besonders hart arbeiten mussten sie anscheinend nicht, denn die gefundenen Knochen wiesen keine beziehungsweise kaum entsprechende Verschleißerscheinungen auf.[12] Und sie ernährten sich offenbar ausgewogen. Weitere Analysen bestätigten, dass die Mitglieder des Clans nicht auffällig unter Mangelernährung oder Vitaminmangel litten und neben pflanzlicher Nahrung auch Fleisch, Fisch und Milch der Haustiere zu sich genommen haben. Aus kleinsten Feuerrückständen schloss man außerdem, dass auch Getreide, Ackerbohnen und Wildäpfel auf dem Speiseplan standen. Und dass ein Großteil des Bronzezeit-Clans bereits Milch vertrug, könnte lebensentscheidend gewesen sein. Susanne Hummel meint hierzu: »In Hungerzeiten sind natürlich Menschen sehr viel besser dran, die Milch vertragen. Sie können dann ihre Kühe melken und haben aufgrund des hohen Fett- und Nährstoffgehalts von Milch eine höhere Wahrscheinlichkeit, solche Hungerphasen gut zu überleben.«[13]

Wie gesund die Höhlenbewohner waren, ließ sich vor allem an den 379 gefundenen einzelnen Zähnen und Gebissen ablesen. Sie litten nicht unter Karies. Zuckerhaltiges gehörte offenbar nicht zum Speiseplan. Karies und Parodontose wären nämlich in der Bronzezeit den Menschen gefährlich geworden, hätten den Körper mit Entzündungen geschwächt und die Bewohner mit Infektionen in Lebensgefahr gebracht. Dafür stellte man aber starke Abnutzungserscheinungen an den Zähnen fest, die man sich so erklärte:»Seit der Jungsteinzeit wurde das Getreide auf Mahlsteinen gemahlen, und das so gewonnene Mehl enthielt damit auch den unvermeidbaren feinen Abrieb des Mahlsteins, der auf den Kauflächen wie Schmirgelpapier wirkte. Im Laufe der Jahre und Jahrzehnte kam es so zu einem teils extremen Abrieb der Zähne.«[14] Die Gruppe wusste sich außerdem bereits bei medizinischen Notfällen zu helfen. So konnte nachgewiesen werden, dass an einem etwa sechs Jahre alten Mädchen über dem linken Ohr ein chirurgischer Eingriff offenbar mit einem scharfen Feuersteinwerkzeug vorgenommen und sein Leben somit gerettet wurde.[15]

Viele Geheimnisse der Lichtensteinhöhle konnten im Laufe der Jahre nach und nach entschlüsselt werden. So nahm man noch zum Zeitpunkt der Entdeckung der Höhle an, dass es sich dort um eine Menschenopferstätte gehandelt habe, in der zwei bis drei Dutzend Menschen lebend eingeschlossen worden waren und so umkamen. Auch Unfall und Krieg konnten ausgeschlossen werden, da die Menschen über vier bis fünf Generationen hinweg in die Höhle gebracht worden waren – und nicht alle gleichzeitig starben. Außerdem gab es »keine Zeichen für äußere Gewalt«.

Nach über 20 Jahren interdisziplinärer Untersuchungen sind Flindt und Hummel zu dem Ergebnis gekommen, dass alles auf die Nutzung der Höhle als Bestattungsplatz einiger Mitglieder einer Großfamilie hindeutet, denn 42 der insgesamt 57 Toten waren eng miteinander verwandt. Die Forschungsergebnisse gewähren aber auch Einblicke in Familienleben, Strukturen und

Lebensgewohnheiten des Harzer Clans. So geht man davon aus, dass die Männer der Gruppe vor Ort geblieben und die Frauen zugezogen sind. Somit entstanden neue Erblinien, die Familien mit ein bis sechs Kindern gründeten.

Die Lichtensteinhöhle, insbesondere bestimmte Höhlenkammern davon, spielte für die Großfamilie aus der Bronzezeit offenbar vor allem für rituelle Zwecke eine wichtige Rolle. Neben den Zeremonien *in* der Höhle versammelte sich der Großteil der Gruppe auch *außerhalb* der Höhle zu Feierlichkeiten. Dabei wurden die Essens- und Feuerreste eingesammelt und dann im größeren »Berndsaal« in der Höhle deponiert. Und weil dort nicht viel Platz war, konnten drinnen nur einige ausgewählte Personen zusammenkommen. Sicher ist, dass man dort Feuer anzündete, in besonderen Ritualen verschiedene Feldfrüchte geopfert oder gegessen wurden und aus Wildäpfeln vielleicht Alkohol zubereitet und getrunken wurde. Die Mitglieder der Gemeinschaft glaubten wohl an ein Leben nach dem Tod, denn sie benutzten bei ihren Zeremonien Gegenstände wie Biberzähne, Getreidekörner und Fossilien, die als Symbole für das Jenseits oder als Wegzehrung auf dem Weg dorthin gedeutet werden. Zu dieser Annahme passt, dass außerdem zahlreiche Schaf- und Ziegenknochen und ganze Ziegenkörper in Höhlenabschnitten gefunden wurden.

Die Feierlichkeiten in der Höhle endeten wohl erst, als sich offenbar ein großer Felsbrocken gelöst hatte, herabstürzte und den Durchgang weitgehend verschloss. Anhand der Keramikstücke und Bronzefunde, aber auch weiterer Anhaltspunkte geht man von einer maximal 100 Jahre andauernden Nutzung der Höhle zwischen etwa 1000 und 900 v. Chr. aus. Bevor dann die Menschen die Höhle und den Platz endgültig verließen, »versiegelten sie in einem symbolischen Akt die menschliche Knochenlage im Berndsaal aufwendig durch den großflächigen Auftrag einer Schicht aus zerschlagenen Gipssteinen.«[16] Offenbar sollten der Zutritt und eine Ruhestörung der Toten um jeden Preis verhindert werden.

Dass die Höhlennutzer über vier bis fünf Generationen jeweils nur einige Knochen der Verstorbenen in der Höhle bestattet haben, spricht für ein systematisches Vorgehen, so Kreisarchäologe Flindt, denn die Skelette der 57 Toten waren unvollständig. Was bedeutet, dass entweder viele Knochen aus der Höhle herausgebracht – oder gar nicht erst hineingebracht wurden. Heute geht man von einem zweiphasigen Bestattungsbrauchtum aus: Die Verstorbenen wurden zunächst in Erdgräbern außerhalb der Höhle »primär« bestattet, die Gräber nach einiger Zeit wieder geöffnet und ausgewählte Knochen entnommen. Offenbar fiel die Wahl auf charakteristische Knochen des Verstorbenen – denn die kleineren Knochenteile blieben zumeist in der Grabstelle zurück. Danach schnürte man die ausgewählten Knochen und Schmuckstücke wohl transportfähig zusammen und brachte sie in die Höhle. Dort fanden dann die menschlichen Überreste in einer Sekundärbestattung ihre letzte Ruhe. Offenbar haben Mitglieder der Großfamilie in dieser zweiten Bestattungsphase auch einen Teil des möglicherweise in den Erdgräbern vorhandenen Schmucks entnommen und für sich behalten – zumindest fand man in der Höhle später fast ausschließlich einfache Stücke der persönlichen Schmuckausstattungen. Ob sie dies taten, um die Kostbarkeiten noch zu Lebzeiten selbst zu tragen, bleibt eine Vermutung.

»Mit der Deutung der Lichtensteinhöhle als Sekundärbestattungsplatz ist es erstmals für die Urnenfelderzeit möglich, die Existenz einer solchen mehrphasigen Bestattungsvariante für eine größere Bevölkerungsgruppe und über einen Zeitraum von mehreren Generationen hinweg wahrscheinlich zu machen«, so Flindt.[17] Dass nur einige Mitglieder der Gruppe in der Lichtensteinhöhle bestattet wurden, legt die Vermutung nahe, dass sie vielleicht eine besondere Rolle im Familienclan gespielt oder eine Führungsrolle eingenommen haben. Ihr guter Gesundheitszustand erhärtet die Annahme, dass sie zur Oberschicht gehörten. Die gefundenen Gelenke und Wirbel wiesen sogar bei den älteren

Verstorbenen nur vereinzelte Verschleißerscheinungen auf. Der Gesundheitszustand der körperlich schwer arbeitenden Bevölkerung dürfte sich stark von demjenigen des Familienclans aus der Lichtensteinhöhle unterschieden haben.

Hinsichtlich der Frage, wo die Menschen der Lichtensteinhöhle gewohnt haben, liegt die Antwort vielleicht in einer drei Kilometer entfernten sogenannten Höhensiedlung, im Bereich der späteren Pipinsburg. Die führenden Mitglieder des Clans könnten dort mit ihren Angehörigen sesshaft gewesen sein. Dieser These folgend wäre die Lichtensteinhöhle das Familiengrab einer Häuptlingsfamilie in der »urnenfelderzeitlichen Gesellschaft« gewesen. Dafür spricht, dass das Leben in der Siedlung zeitgleich mit der Nutzung der Höhle endete.[18]

»Bei der Urnenfelderzeit handelt es sich um den jüngsten Abschnitt der Bronzezeit, der von ca. 1200 – 800 v. Chr. dauerte. Charakteristisch für die Urnenfelderzeit ist die Bestattungsart der Leichenverbrennung mit anschließender Bestattung des Leichenbrands in Urnen auf gemeinsamen Friedhöfen (Urnenfeldern). Die Bestattung von durchweg unverbrannten Menschenknochen in der Lichtensteinhöhle stellt somit im südlichen Niedersachsen eine Ausnahme dar und ist durch die Zugehörigkeit der örtlichen Bevölkerung zu einer Kulturgruppe zu erklären, welche die in den älteren Abschnitten der Bronzezeit übliche Sitte der Körperbestattung noch eine Zeit lang weitergeführt hat.«

Während der Familienclan aus der Lichtensteinhöhle wohl der sozialen Oberschicht zuzuordnen ist, bestand die urnenfelderzeitliche Gesellschaft vor allem aus Bauern. Sie waren Selbstversorger und lebten in Kleinfamilien mit sechs bis zehn Personen in Einzelgehöften mit Nebengebäuden.

Heute gilt als sicher, dass es in der Lichtensteinhöhle weder zu

Menschenopferungen noch zu Körperbestattungen gekommen ist. Fakten und Indizien sprechen eher dafür, dass die Höhle vielmehr der besondere Bestattungsplatz und das Grab einer Großfamilie war. Erstmals ist es gelungen, für die Urnenfelderzeit Primärbestattungen, vermutlich in Erdgräbern, und Sekundärbestattungen in einer Höhle nachzuweisen. Über die Bestattungsrituale hinaus erzählen die zahlreichen Fundstücke auch von Lebensgewohnheiten und Glaubensvorstellungen bronzezeitlicher Menschen. Die Entdeckung der Lichtensteinhöhle und die Entschlüsselung ihrer Geheimnisse hat der Archäologie somit neue bahnbrechende Erkenntnisse über die Menschen der Bronzezeit im norddeutschen Raum geliefert.

Und wer weiß: Vielleicht begegnet man bei einer Wanderung auf dem Karstwanderweg im Südharz unweit der Lichtensteinhöhle noch dem ein oder anderen Nachfahren aus dem bronzezeitlichen Familienclan ...[19]

Zum Weiterlesen
Reich und anschaulich bebildert und wissenschaftlich detailliert erklärt, beschreiben Stefan Flindt und Susanne Hummel in *Rätsel Lichtensteinhöhle* (Darmstadt 2021) aktuelle Forschungsergebnisse zur Höhle, zu den Funden und der Großfamilie aus der Bronzezeit.

Für einen Ausflug
Die Funde aus der Lichtensteinhöhle lassen sich im Museum des HöhlenErlebnisZentrums bei Bad Grund bestaunen. Dort kann man drei Mitgliedern der bronzezeitlichen Großfamilie in die Augen blicken und Spannendes über das Leben vor fast 3000 Jahren sowie die heutigen wahrscheinlichen Nachfahren erfahren. Im nachgebauten Höhlengrab bekommt man ein Gefühl für die Totenrituale des Clans. An der echten, 15 Kilometer entfernt liegenden, jedoch nicht zugänglichen Lichtensteinhöhle erinnert

Drei nachgebildete Mitglieder der bronzezeitlichen Großfamilie im HöhlenErlebnisZentrum in Bad Grund.

eine Tafel an den berühmten Fund. Interessierte können im HöhlenErlebnisZentrum außerdem die berühmte Iberger Tropfsteinhöhle erkunden. Mehr unter www.hoehlen-erlebnis-zentrum.de. Wer gut zu Fuß ist, passiert die Lichtensteinhöhle auch als Etappe auf dem insgesamt 200 Kilometer langen Karstwanderweg im Südharz von Pölsfeld bei Sangerhausen bis Bad Grund. Die Gipskarstlandschaft erstreckt sich über die Landkreise Osterode am Harz in Niedersachsen, Nordhausen in Thüringen und Mansfeld-Südharz in Sachsen-Anhalt. Umfangreiche Detailinformationen gibt es auf https://www.harzinfo.de/erlebnisse/wandern/fernwanderungen-durch-den-harz/karstwanderweg-suedharz.[20]

Drei bis zu 30 Meter lange Häuser der Bronzezeit sind heute im Archäologischen Zentrum Hitzacker, einem archäologischen Freilichtmuseum, als Nachbau in Originalgröße zu sehen (www.archaeo-centrum.de).

Das am besten erhaltene urnenfeldzeitliche Wohngebäude Niedersachsens (aus der Zeit um 900 v. Chr.) ist das dreischiffige Wohn-Stall-Haus bei Rodenkirchen, das Bronzezeithaus Hahnenknoop an der Unterweser, das ebenfalls als Freilichtmuseum rekonstruiert wurde (www.bronzezeithaus.de).

TILLMANN BENDIKOWSKI

Die Welt als Karte

In Stade konzipiert Carl Diercke
seinen berühmten Schulatlas

Als der junge Mann aus dem fernen Berlin im Sommer 1873 seinen Dienst in Stade antritt, ist er nicht mit dem Zug angereist – denn einen Bahnhof gibt es hier zu diesem Zeitpunkt noch gar nicht. Deshalb dürfte er mit der Kutsche in die kleine Stadt gekommen sein, die sich in einem mühsamen Aufbruch in die moderne Zeit befindet. Von der jahrhundertelangen Tradition der Hansezeit ist nur wenig geblieben, der alte Hafen wird kaum noch von größeren Schiffen angesteuert, und ohne Eisenbahnstation gibt es keinen Anschluss an die zeitgemäßen Transport- und Handelswege. Und die wuchtigen Verteidigungsanlagen, die an die lange Zeit Stades als Garnisonsstadt erinnern, sind längst zu einem Hemmnis für die Stadtentwicklung geworden und werden nun abgerissen. Es ist eine kleine Welt im Umbruch, die Carl Diercke aus Berlin da betritt – aber es ist eine Welt, in der er viel gestalten kann …

Der 30-jährige Mann ist trotz seiner jungen Jahre bereits ein erfahrener Lehrer. Dabei hatte er seinerzeit vor dem Abitur die Schule verlassen und sich damit – die Mutter hat es so gewollt –

217

gegen ein Studium entschieden. Für den Lehrerberuf an Volks-
und Mittelschulen brauchte es hingegen zu diesem Zeitpunkt
keine universitäre Ausbildung, dafür reichte Carl Diercke ein
dreijähriger Besuch eines Lehrerseminars. Die Praxiserfahrung
sammelte er anschließend als Privatlehrer in Riga, das zu diesem Zeitpunkt zum russischen Zarenreich gehört, und an Berliner Schulen. Schon bald wurde er selbst mit der Ausbildung des
Lehrernachwuchses beim Stadtschullehrerseminar in Berlin betraut. Dass er jetzt in die Provinz an die Elbe versetzt wird, ist
allerdings keine Strafe – vielmehr wird der junge Mann von der
Schulaufsicht offensichtlich hochgeschätzt. Dafür spricht auch,
dass er schon nach einem Jahr zum Direktor des Lehrerseminars
in Stade befördert wird. Diesen Karrieresprung hat Diercke sich
offensichtlich verdient, der zuständige Provinzialschulrat lobt die
»Strebsamkeit« des jungen Kollegen und seinen »nicht gewöhn-

*Carl Diercke, hier auf
einer späteren Aufnahme,
wird schon als junger
Lehrer von seinen
Vorgesetzen hochge-
schätzt.*

lichen Grad der Tüchtigkeit« in gleich mehreren Wissensgebieten, was weit über die übliche Seminarausbildung hinausgeht. Der Lohn für diese Fähigkeiten sind eine ordentliche Festanstellung mit einem stattlichen Gehalt nebst freier Wohnung für sich und seine Familie.[1] Nun ist die Übertragung dieses Postens an einen Lehrer aus Berlin nicht nur ein pädagogischer Schritt, sondern fraglos auch ein politisches Signal: Carl Diercke ist ein Preuße, und Preußen hat erst knapp sieben Jahre zuvor im Deutschen Krieg von 1866 auch das Königreich Hannover, zu dem Stade gehörte, angegriffen, militärisch geschlagen, anschließend annektiert und zur preußischen Provinz Hannover degradiert. Jetzt setzte Preußen alles daran, die Herrschaft in diesen geraubten Gebieten auch abzusichern. Es gilt vor allem die Staatsdiener zu strammen Preußen zu machen: Militärangehörige müssen sich von ihrem alten Fahneneid auf den hannoverschen König Georg V. entbinden und nun einen Eid auf den preußischen König schwören, wenn sie Soldat bleiben wollen. Und besonders kritisch nimmt die preußische Regierung die Beamten in den Blick, die nun ganz im Sinne Preußens ihre Aufgaben zu erledigen haben. Wer von ihnen nicht »im Interesse Meines Dienstes« agiert, so lässt der preußische Generalgouverneur für die Provinz verlauten, wird umgehend suspendiert. Auch das Schulwesen soll den neuen Machthabern dienen: Preußen will wissen, wie und was gelernt wird an den Schulen – sowohl die Lehrer als auch die Schülerinnen und Schüler sollen schließlich zu fügsamen Untertanen erzogen werden. Da ergibt es Sinn, an führenden Stellen gute preußische Lehrer zu wissen. Wie eben Carl Diercke in Stade …

Zugleich setzt die preußische Volksschulpolitik nicht nur in den neuen Landesteilen wie der Provinz Hannover auf eine bessere Ausbildung der Lehrkräfte wie der Schulkinder etwa mittels neuer Unterrichtsinhalte. So soll fortan nicht mehr vor allem Religion oder Musik im Mittelpunkt stehen, sondern zeitgemäßes

Wissen aus dem Bereich der Naturwissenschaften, der Pädagogik und der Geschichte. Und wenn es um dieses Wissen von der Welt geht, soll fortan auch der Einsatz von Lehrmitteln wie Globus oder Atlas in den Schulen verbindlich werden.[2] Und Carl Diercke, der bereits in Berlin an Reformvorhaben für die Schulen beteiligt war, interessiert sich schon lange für die kartografische Darstellung der Welt – und für die Frage, wie das Wissen von der Erde und ihrer Beschaffenheit zeitgemäß an Lehrer und Schüler vermittelt werden kann. Diercke dringt bei seinem Lieblingsfach Geografie auf die »Veranschaulichung der Sache«, und er will selbst in den Volksschulen verständlich über die Welt und die Natur unterrichten lassen. In Stade lässt er umgehend eine umfangreiche geografische Lehrmittelsammlung anlegen, und in Fachzeitschriften zieht er alle Register für die Stärkung der so bezeichneten »Naturgeschichte« im Unterricht, indem er ihr über die Nützlichkeit hinaus einen umfassenden Bildungswert beimisst:[3]

>»Farben und Formen der Naturkörper und Phänomene, die Schönheit der Landschaft und der Eindruck, den die Welt in ihrer Harmonie und Erhabenheit macht, ruft das ästhetische Urteil hervor […]. Die Natur ist uns ein lieber Umgang, der uns beruhigt und erhebt, wenn wir des Treibens in der Menschenwelt müde geworden sind.«

Das ist sozusagen die poetische Annäherung an die Welt – auf der Suche nach der »Schönheit der Landschaft« eben. Zugleich ist der Blick auf den Globus schon längst ein politischer geworden, gerade im 19. Jahrhundert, in dem sich die europäischen Staaten als Kolonialmächte die Erde untereinander aufteilen – wobei mit etwas Verspätung auch Deutschland bei diesem globalen Machtspiel mit von der Partie ist. »Die Vermessung der Welt«, wie es der Schriftsteller Daniel Kehlmann vor einigen Jahren anhand der Reisen von Alexander von Humboldt und Carl Friedrich Gauß für das Ende des 18. Jahrhunderts beschrieben hat, ist auch im 19. Jahrhundert noch ein laufendes Projekt. Europa ordnet sich die Welt – politisch wie kartografisch: Die Kolonialmächte haben sich Länder und Territorien zusammengeraubt und Herrschaftsräume geschaffen, für die sie nun klare Grenzen benötigen: So exakt wie möglich sollen ihre Einflusssphären in jedem Winkel der Erde voneinander unterscheidbar sein, und dafür braucht es mehr denn je: Karten. Möglichst exakt, möglichst verständlich sollen sie sein. Das 19. Jahrhundert sehnt sich geradezu nach Weltkarten.

Auch in deutschen Lehranstalten gibt es bereits Atlanten, aber sie sind bislang für weite Teile der Bevölkerung kaum erschwinglich. Noch ist die Herstellung solcher Drucke aufwendig, und die Ergebnisse sind oft von schlechter Qualität. Doch das Interesse ist groß: Als 1871 im Braunschweiger Verlag Westermann ein preiswerter Atlas für die Volksschulen erscheint, lässt das preußische Kultusministerium dieses Werk von einem Experten seines Vertrauens begutachten: von Carl Diercke. Sein Urteil fällt ausgesprochen positiv aus, sodass der Atlas für den Schulunterricht empfohlen wird. Für Diercke resultiert aus dieser Expertise zunächst, dass er auch in Zukunft für das Ministerium Gutachten in Sachen Schulgeografie verfassen wird, zugleich knüpft er erstmals einen direkten Kontakt mit dem Verleger George Westermann und dessen Sohn Friedrich, der als geschickter Zeichner selbst von der Kartografie begeistert ist.[4]

Einen klugen Verleger – das war schon vor 150 Jahren so – zeichnet auch die Fähigkeit aus, einen guten Autor zu erkennen und zu fördern. Und genau dies macht George Westermann: Carl Diercke wird von ihm als verlässlicher Mitstreiter beurteilt und soll deshalb gezielt an das Verlagshaus gebunden werden. Schon vor dem ersten persönlichen Treffen zwischen Verlag und Diercke im Herbst 1875 instruiert der seinen Sohn Friedrich Westermann:[5]

»Nun haben wir Diercke gefunden, der nicht bloß Sachverständiger, sondern einflussreich ist. Wir müssen also nach allen Bedürfnissen der Schule fragen. Einmal mit dem Volksschul-Atlas obenauf, müssen wir denselben Weg mit allem gehen, was weiter der Schule dient […]. Es gibt neue Gedanken und Ansichten, die von einem Schulmann wie Diercke nicht hoch genug anzuschlagen sind.«

So entsteht ein nahezu perfektes Team: Carl Diercke ist als begeisterter Freund der Geografie im preußischen Kultusministerium als Fachmann angesehen und bestens vernetzt, zugleich bringt er seine Erfahrungen aus der Praxis von Schul- und Seminarbetrieb mit – und Westermann steuert seine bereits beachtlichen Erfahrungen bei der Kartenherstellung und die wirtschaftliche Kraft seines Verlages bei. Zunächst wirkt Diercke bei der Überarbeitung schon bestehender Projekte mit, bald soll ein eigener Atlas seinen Namen tragen. Stets ist der Mann aus Stade mit Akribie und Fleiß dabei, immer wieder müssen Details verändert oder ergänzt werden, weil Diercke die Chance zu einer Verbesserung sieht. Mal möchte er bei der Darstellung eines Gletschers in den französischen Alpen noch »die Moränen etwas stark hervorgehoben« sehen, dann kommt es ihm bei der Karte über den Jadebusen und Wilhelmshaven »weniger auf den Kriegshafen als auf das Meer an; denn es ist sehr notwendig, daß der Schüler einen Begriff von dem Übergange von Land zu Meer, Watten etc. bekommt«.[6]

Nun sind Karten immer auch Konventionen: Was auf ihnen zu sehen ist, folgt stets einer Übereinkunft, denn hier ersetzen schließlich Symbole die realen Dinge: Blaue Linien markieren die Flüsse, schwarz gestrichelte Linien die Eisenbahnlinien, unterschiedliche Brauntöne versinnbildlichen die Höhe von Bergen. Der Blick auf eine heutige Weltkarte zeigt noch immer, dass stets derjenige die Deutungsmacht besitzt, der die Karten herstellt: Er bestimmt allen voran das Zentrum der Welt und die Sicht auf den

Planeten. Wir haben uns zwar daran gewöhnt, dass Europa in diesen Darstellungen »oben« ist, dass also unsere Sicht auf die Welt nach Norden ausgerichtet ist. Aber auch das ist zunächst einmal eine Konvention: Im Mittelalter gab es Karten, auf denen nicht nur Jerusalem das Zentrum der Welt war, sondern der Osten auch oben war, während muslimische Kartenzeichner noch lange nach der Einführung des Kompasses Karten anfertigten, auf denen Süden »oben« war.[7] Die Ausrichtung der Karten nach Norden hat sich bei uns durchgesetzt, und für uns erscheint sie deshalb heute als selbstverständlich. Auch an eine andere Konvention, die schon zu Carl Dierckes Zeit etabliert war, haben wir uns durch unsere Sicht auf die Welt gewöhnt: die Farben für die Darstellung der unterschiedlichen Länder. Deutschland war bereits blau, Frankreich violett und Russland grün. So ist es auf den allermeisten Karten bis heute geblieben.

Die Länder der Welt zu bereisen ist für Carl Diercke hingegen nie möglich gewesen. Nur einmal hat er es in seiner Rigaer Zeit bis nach Belgien und Paris geschafft. Er hat schlicht viel zu viel zu tun, vor allem mit der Leitung des Lehrerseminars, aber auch als eine Person des öffentlichen Lebens in Stade. Wenngleich er stets die große Welt im Blick hat, so richtet es sich Diercke doch in dem Städtchen ein, auch wenn Stade als Ort zum Leben auf den ersten Blick zu diesem Zeitpunkt nur über einen begrenzten Charme verfügt. Das beschreibt er selbst gemeinsam mit einem Kollegen in einem Werk zur Heimatkunde im Jahr 1880:[8]

»Wie in allen Festungen sind die Straßen schmal und wenig regelrecht, die Häuser wegen Ausnutzung des beschränkten Raumes weniger schön als in offenen Städten. Die verschiedenen Belagerungen und Feuersbrünste sind der Architektur nicht günstig gewesen.«

Stade ist also nicht Berlin, Hamburg oder Riga, die Straßen sind enger als in den Großstädten – aber die Übersichtlichkeit des bürgerlichen Lebens hat für einen Zugezogenen wie Carl Diercke eben auch Vorteile. Wenn eine seiner Töchter später rückblickend schreibt, »in Stade verlebten meine Eltern eine glückliche Zeit und pflegten regen Verkehr«,[9] so dürfte dies weitgehend zutreffen: Das Ehepaar Diercke ist schließlich mit acht Kindern gesegnet, und der Familienvater nicht nur kraft seines Postens als Seminardirektor ein angesehener Bürger. Er hat sich mit den Jahren die Anerkennung als engagierter Pädagoge, als fleißiger Vorgesetzter und als interessierter Forscher verdient. Als solcher begründet er die Naturwissenschaftliche-Geographische Vereinigung, um das »Interesse für die Naturwissenschaften und die Geographie zu erwecken und die Erforschung unserer Landdrostei nach diesen Seiten hin zu fördern«.[10] Das Interesse an der Region geht also mit der Leidenschaft für die Karten der ganzen Welt Hand in Hand.

Die Arbeit als Lehrerausbilder gelingt Diercke mit viel Geschick, Fleiß und augenscheinlich auch dank seiner gewinnenden Persönlichkeit – sowohl die Seminaristen als auch die Kollegen scheinen mit dem Direktor gut auszukommen. Entsprechend zufrieden sind seine Vorgesetzten bei ihren Inspektionen. In einer Beurteilung heißt es, dass Diercke »im Allgemeinen eine sehr gute Lehrgabe« und »einen richtigen Blick für die Bedürfnisse des Seminars u. dessen weitere Entwicklung« besitzt und dass er überdies – auch das entgeht den Inspektoren nicht – »mit den Zöglingen in freundlicher, mit seinen Mitarbeitern in kollegialischer Weise zu verkehren versteht«.[11]

Carl Diercke will und muss seine Seminaristen, die zwischen 17 und 20 Jahre alt sind, sowohl fachlich als auch charakterlich führen und will ihnen auch mit seiner Lebensführung ein Vorbild sein. Es erscheint in dieser Zeit als selbstverständlich, dass die künftigen Lehrkräfte sich in der Öffentlichkeit ordentlich aufführen, weshalb etwa das Rauchen oder das Tanzen als unschicklich gelten. Ein eigener Verbotskatalog regelte genau, was den jungen Leuten des Seminars erlaubt ist und was nicht. Das ist manchmal etwas sehr streng, aber Carl Diercke scheint doch ein Herz für den Nachwuchs zu haben: Als die Schulbehörde versucht, sogar den Besuch einiger weniger Wirtshäuser für die Seminaristen zu untersagen, geht es selbst dem tugendhaften Direktor zu weit. Er greift entschlossen zur Feder und fordert für seine Zöglinge doch ein Mindestmaß an Freizeitvergnügen ein:[12]

>»Wenn der Seminarist nach einem drei- oder mehrstündigen Unterrichte nachmittags, wenn er noch eine freie Stunde bis zur Arbeitszeit hat, im Sommer in einen öffentlichen Garten oder im Winter in das Klubhaus geht und dort auch ein Glas Bier trinkt, so kann man ihm daraus keinen Vorwurf machen.«

Diercke scheint über genug Überzeugungskraft verfügt zu haben, denn fortan gibt es in Stade weiterhin erlaubte Wirtshausbesuche für seine Seminaristen. Ein Prosit auf den Herrn Direktor!

Ob Carl Diercke von Zeit zu Zeit auch auf ein Bier in ein Lokal eingekehrt ist, überliefert uns die Regionalgeschichte leider nicht – aber er dürfte doch bei verschiedenen Gelegenheiten als Person des öffentlichen Lebens auf die eine oder andere gesellige Runde nicht verzichtet haben. So ist Carl Diercke angekommen in Stade, wo es seit 1881 übrigens auch einen Bahnhof samt Anschluss an die Eisenbahnstrecke nach Harburg gibt. Und die Anerkennung für den Seminarleiter ist inzwischen so groß, dass die Stadtgesellschaft ihn 1883 mit einer besonderen Aufgabe betraut, für die ihn nicht nur sein rhetorisches Geschick qualifiziert: Carl Diercke darf die öffentliche Festrede anlässlich des 400. Geburtstags Martin Luthers halten. Heute haben solche Gedenktage einen rein kirchlichen Charakter, doch damals hatte ein solches Fest eine große politische Bedeutung.

Denn Deutschland ist zu Beginn der 1880er-Jahre noch immer konfessionell tief gespalten: Katholiken und Protestanten leben weithin scharf getrennt voneinander – sie haben nicht nur eigene Kirchen, sondern auch eigene Vereine und Verbände, sie verbringen oft genug ihre Freizeit nur untereinander und achten auch bei der Partnerwahl darauf, dass Sohn oder Tochter nicht in einer der gefürchteten konfessionellen »Mischehen« landen. Es ist eine Zeit, in der Protestanten noch fest davon ausgehen, dass Katholiken nicht in den Himmel kommen – und umgekehrt.[13] Dieser »Glaubenskrieg« wurde und wird auch auf politischer Bühne ausgetragen, gerade erst wird der sogenannte »Kulturkampf« zwischen der katholischen Kirche und dem preußischen Staat beigelegt. Die Verwundungen dieser und anderer Auseinandersetzungen sind in der deutschen Gesellschaft allerdings noch längst nicht vergessen …

Aber zumindest auf die Katholiken braucht der Protestant Carl Diercke im November 1883 bei seiner Rede auf Martin Luther keine große Rücksicht zu nehmen: Es gibt sie kaum in und um Stade. 98 Prozent der Menschen sind in Stadt und Kreis Stade evangelisch, in den angrenzenden Gebieten sieht es nicht anders aus – Katholiken kommen hier eigentlich nur bei der Durchreise oder aus Versehen vorbei. Und so ist die Feier zu Luthers 400. Geburtstag ein Fest aller Einwohner. Damit aber niemand auf die Idee kommt, bei den Ansprachen, Umzügen oder Festpredigten zu fehlen, haben die Behörden sicherheitshalber sowohl in den Kirchen als auch für die Schulen angemessene Feiern kurzerhand angeordnet. Und so wird auch im Alten Land rund um Stade reichlich gefeiert: Neuhaus an der Oste ist üppig mit Fahnen geschmückt, und wie anderenorts wird hier auf dem Spielplatz bei den Schulen eine »Luthereiche« gepflanzt. In Grünendeich werden zum Gedenken an den Reformator 300 »Lutherbüchlein« verteilt, während es in Buxtehude dem Festredner – zugleich Rektor der örtlichen Schule – leider nicht gelingt, das rechte Maß zu finden: Sein Festvortrag zieht sich offensichtlich quälend in die Länge, »was seitens der Kleinen«, so berichtet die örtliche Zeitung, schließlich durch »Unaufmerksamkeit reichlich bekundet wurde«.[14] Nicht jeder Schulleiter ist eben ein begabter Redner.

Auch Carl Diercke muss sich bei seiner großen Festrede am 11. November 1883 damit abfinden, dass seine Zuhörer ihm nicht so lauschen, wie er das fraglos erhofft hat. Das liegt aber nicht an ihm: Tapfer steht er auf dem Balkon eines Hotels am zentralen Pferdemarkt und fordert seine Zuhörer auf, mit Martin Luther nicht nur »den von Gott erweckten Reformator der Kirche« zu feiern, sondern »zugleich die Verkörperung deutschen Wesens und deutscher Sitte, deutscher Tugend und deutschen Heldenmuths«. Doch dummerweise erschwert denkbar unangenehmes Novemberwetter die Festveranstaltung, schon vor Beginn der Rede hat heftiger und offensichtlich anhaltender Regen eingesetzt; auf dem Pferdemarkt können nur die Zuhörer in den vordersten Reihen wirklich verstehen, was der Herr Seminardirektor dort vom Balkon herab vorträgt – für die meisten Festteilnehmer gehen die Worte im Prasseln des Regens schlicht unter.[15]

Damit später doch noch alle in den Genuss der Diercke'schen Rede kommen, wird sie im Wortlaut im örtlichen *Stader Tageblatt* abgedruckt. Und dort lässt sich anschließend sehr genau ablesen, wie sehr auch der örtliche Seminardirektor den Luther-Geburtstag als ein politisches Fest versteht: Die Reichsgründung von 1871 sei im Grunde die Verwirklichung eines alten reformatorischen Ziels, und Carl Diercke zieht ohne zu zögern eine Linie der historischen Kontinuität von Luthers Tagen bis in die Gegenwart unter Kaiser Wilhelm II.:[16]

»Luther ist der gewaltigste Volksmann und der populärste Charakter, den Deutschland je besessen [...]. Die Kämpfe, welche der gewaltige Gottesstreiter hat durchführen müssen, sie haben uns zu dem gemacht, was wir geworden sind. Wir sind jetzt ein einiges Volk, verbunden zu einem mächtigen Reiche, an dessen Spitze ein evangelischer Kaiser steht.«

Dass Carl Diercke damit in seiner Begeisterung für die reformatorische Sache bei der Bewertung der deutschen Geschichte einem Irrtum unterlag, kann ihm die Nachwelt großzügig nachsehen, weil er diesen Irrtum vor allem anlässlich des Lutherjubiläums im Grunde mit allen Wortführern des protestantischen Deutschlands teilte. Da wollten die Protestanten halt etwas sehen, was historisch gar nicht stimmt: Luthers Werk hat die Nation in Wahrheit selbstverständlich nicht geeint, und schon gar nicht ist die Reformation eine historische Voraussetzung für die Gründung des von Preußen geführten Deutschen Reiches von 1871. Aber für einen guten preußischen Staatsdiener wie Carl Diercke stellt es sich damals halt so dar ...

Der November 1883 hält für Diercke zugleich den Lohn für viele Jahre akribischer Arbeit bereit: Endlich erscheint »sein« Schulatlas, der *Schul-Atlas über alle Teile der Erde – Zum geographischen Unterricht in höheren Lehranstalten von C. Diercke und E. Gaebler.* Getreu der von ihm selbst einmal aufgestellten Forderung, dass für die Kinder und für deren Schule »das Beste eben gut genug« ist, hat er ein didaktisch wie ästhetisch fraglos gelungenes Werk vorgelegt. Und schon die ersten Reaktionen geben ihm recht, überall in Deutschland wird das Werk mit großem Lob aufgenommen. Im badischen Durlach schreibt etwa die örtliche Tageszeitung knapp drei Monate nach Erscheinen:[17]

»Alles was man von einem Schulatlas erwarten kann, wird uns hier in vorzüglicher und vollendeter Form geboten. Da ist keine Überladung; überall finden wir die richtige Auswahl, alle Karten sind so sauber, korrekt und geschmackvoll ausgeführt [...]. Überall gibt sich das Bestreben kund, dem

Am Beispiel der Karte von Frankreich aus dieser frühen Auflage des Diercke-Atlas ist gut erkennbar, wie sich die Beschaffenheit der Geografie rasch erschließen lässt. Die roten Staatsgrenzen stören dabei die Übersichtlichkeit der physischen Karten nicht.

Schüler ein recht in die Augen fallendes und möglichst getreues Bild des Dargestellten zu geben. Mit Wohlgefallen ruht das Auge auf jeder einzelnen Karte, die ein wahres Kunstblatt genannt werden kann.«

Dieses »möglichst getreue Bild des Dargestellten« wird auch dadurch möglich, weil sich Diercke dazu entschlossen hat, anders als in bisherigen Atlanten bedeutend mehr physische als rein politische Darstellungen zu präsentieren. Dem kongenialen Kartografen Eduard Gaebler gelingt es, die roten Staatsgrenzen in die physischen Karten einzupassen, ohne ihre Übersichtlichkeit und ihren Gesamteindruck zu stören. Die sorgfältig bedachte Farbgestaltung der Höhenstufen des Geländes und der Gewässer nebst den besonders plastisch herausgearbeiteten, weil schraffierten Bergen lässt die Beschaffenheit der Geografie rasch erschließen; den 54 Hauptkarten sind 138 Nebenkarten zur Seite gestellt, die ausgewählte thematische Vertiefungen ermöglichen. Diercke kann zufrieden sein, nur Umfang und vor allem Format werden noch einmal verändert: Dieser Weltatlas ist fortan nicht mehr quadratisch, sondern rechteckig, sein Transport wird für die Schüler somit – etwas – erleichtert.

Nun geht es bei diesem Werk aber nicht nur um Schönheit, sondern auch ums Geld – damals wie heute ist der Markt für Schulmaterialien höchst lukrativ, und der neue Atlas muss sich gegen die Konkurrenz durchsetzen. Schon im folgenden Jahr lässt Westermann 12 750 Exemplare drucken, und die enormen Entwicklungskosten der vergangenen Jahre können nach und nach wieder eingespielt werden. Ab 1889 steigen sowohl Umsatz als auch Gewinn nahezu kontinuierlich, und der bald schon so bezeichnete *Diercke Schulatlas* war um 1900 zu einer fest etablierten Marke auf dem Buchmarkt aufgestiegen.[18] Der Verlag konnte sich also über gute Gewinne freuen, und auch Carl Diercke dürfte seinen Anteil an Honoraren bekommen haben.

Carl Diercke ist mit seinen Ideen von der Gestaltung der Welt in Karten erfolgreich – und er ist es auch im Schuldienst. So kann es letztlich nicht verwundern, dass ihn die Kulturbehörden schließlich auf einen neuen Posten befördern: 1885, nach zwölf Jahren in Stade, wird er in das deutlich größere Osnabrück versetzt, wo er als Direktor das dortige Lehrerseminar übernimmt und zugleich zum Regierungs- und Schulrat ernannt wird. Seine Seminaristen verfassen ihm zum Abschied einige rührende Zeilen, mit denen sie sich für seine liebevolle Fürsorge bedanken – solche Worte bekommen auch heute Lehrer eher selten:[19]

»Manchmal und mancherlei Weise im Laufe der Zeit
Hast Du im Lehramt uns freundliche Weisung erteilt,
Wie mit vereinter Kraft wir zu Gottesmenschen die Kinder
Möchten erzieh'n, die uns sorgende Liebe vertraut.
Dafür bringen wir Dir, da Du nun scheidest von hinnen,
Jetzt ein Zeichen des Danks, der unsere Herzen erfüllt.«

Einige Jahre später wird Carl Diercke noch als Schuldirektor nach Schleswig wechseln, bevor er sich nach seiner Pensionierung nach Berlin zurückzieht. Dort stirbt er 1913 im Alter von 70 Jahren. Sein Schulatlas mit den schönen und anschaulichen Karten geht da schon in die 50. Auflage und wird mit einer Jubiläumsausgabe gefeiert, denen noch etliche folgen werden.

So gesehen brauchte die Nachwelt Carl Diercke im Prinzip kein Denkmal zu setzen, sein Atlas im Schulunterricht ist Erinnerung und Wertschätzung genug. Doch in Stade erinnerte sich die Stadt rund 100 Jahre nach seinem Wegzug an ihn – und es hätte ihm sicherlich gefallen, dass es ausgerechnet sein ehemaliges Seminar war, das den Anstoß zu einem ehrenden Gedenken gab. 1983 suchte die Stadt nämlich eine Möglichkeit, ihren ehemaligen Mitbürger zu ehren (beziehungsweise sich mit ihm zu schmücken), und das Studienseminar wollte für sein Gebäude gern einen klangvolleren Namen haben. Deshalb hieß es in einem Schreiben an den Stadtdirektor:[20]

»Bietet daher nicht die offizielle Benennung des Gebäudes als Carl-Diercke-Haus die Möglichkeit, beide Wünsche zu vereinen und zu erfüllen? […] Nicht zuletzt bietet der Vorschlag die Perspektive, die vor dem Gebäude zur Gestaltung anstehende Grünanlage ebenso Carl Diercke zu widmen.«

So geschah es schließlich, und so hat der ehemalige Seminarleiter heute einen festen Platz im öffentlichen Raum Stades. Die von ihm und seinen Nachfolgern ersonnenen Karten haben inzwischen ein weiteres Medium erobert: Viele sind längst digital – und den *Diercke* gibt es längst auch online. Und Google Maps hat längst den Blick auf eine traditionelle Karte ersetzt – und unseren Blick auf die Erde verändert. Carl Diercke hätte solche Veränderungen fraglos mit dem Sinn für zeitgemäße Medien begleitet, aber sicher wohl auch mit der von ihm formulierten Forderung, dass für die Schulkinder und ihren Unterricht »das Beste eben gut genug« ist.

Für einen Besuch
Wer heute auf den Spuren dieses begabten Pädagogen und begeisterten Geografen in Stade wandeln möchte, findet im Zentrum der Stadt das Carl-Diercke-Haus mit dem kleinen Carl-Diercke-Park. Sie liegen gleich linker Hand vom Bahnhof – denn den gibt es glücklicherweise in Stade immer noch. Für historisch Interessierte gibt es noch weitere entdeckenswerte Ziele. Allen voran der Fischmarkt am alten Hafen ist immer wieder einen Besuch wert. Dort liegt auch das Schwedenspeicher-Museum, das einen zeitgemäßen und attraktiven Einblick in die Geschichte der Region bietet (https://www.museen-stade.de/schwedenspeicher).

Auch die historischen Kirchen der Stadt lohnen einen Besuch, so etwa die Kirchen St. Wilhadi oder St. Cosmae et Damiani. Das ehemalige St. Johanniskloster in unmittelbarer Nähe vermittelt zudem einen Eindruck von der einstigen religiösen Bedeutung Stades für die gesamte Region.

Anmerkungen

Frauen mit Durchblick

1 »Der Fund vom Nonnenchor«, Kloster Wienhausen, Bd. IV, 1973, S. 6.

2 »Der Fund vom Nonnenchor«, S. 8.

3 *Schatzhüterin. 200 Jahre Klosterkammer Hannover*, Katalog zur Ausstellung der Klosterkammer im Niedersächsischen Landesmuseum Hannover, hrsg. von Katja Lembke / Jens Reiche, Dresden 2018, S. 380.

4 Zit. n. Manguel, Alberto: *Eine Geschichte des Lesens*, Reinbek 2000, S. 342.

5 Zit. n. ebd., S. 340 f.

6 Zit. n. Frugoni, Chiara: *Das Mittelalter auf der Nase. Brillen, Bücher, Bankgeschäfte und andere Erfindungen des Mittelalters*, München 2003, S. 9.

7 Art. »Auge«, in: *Handwörterbuch des deutschen Aberglaubens*, Bd. 1, Sp. 679–701, hier Sp. 699.

8 Aldersey-Williams, Hugh: *Die Wellen des Lichts. Christiaan Huygens und die Erfindung der modernen Naturwissenschaft*, München 2021, S. 55.

9 Bülters, Timo: »ÜberReste im Einsatz – Medizinisches Wissen im Kloster Wienhausen«, in: *ÜberReste. Erschaffen – Erneuern – Zerstören. 1. Mediävistische Interdisziplinäre Nachwuchstagung*, Hei-

delberg 9. bis 12. Juni 2016, S. 15, http://archiv.ub.uni-heidelberg.
de/artdok/volltexte/2017/5030; Zugriff: 9. Dezember 2021.

10 Ebd. S. 15, S. 11.

11 Ebd., S. 13 f.

12 Kohwagner-Nikolai, Tanja: *Die gotischen Bildteppiche*, Kloster
    Wienhausen, Bd. III, 2013, S. 14.

13 *Der Fund vom Nonnenchor*, a. a. O., S. 16.

14 Koldau, Linda Maria: »Gesang als Lebenselixier. Die verborgene
    Musikkultur in den Frauenklöstern des Mittelalters und der Frü-
    hen Neuzeit«, in: *Forschung Frankfurt 1/2006*, S. 53–56.

15 Talkner, Katharina: *Singen und Sammeln. Liedpraktiken in den
    Lüneburger Klöstern der Frühen Neuzeit*, Hannover 2012, S. 131.

16 Brandis, Wolfgang: »Die Lüneburger Klöster«, in: Volkhardt,
    Ulrike / Stork, Hans-Walter / Brandis, Wolfgang: *Nonnen, Engel,
    Fabelwesen. Musikdarstellungen in den Lüneburger Klöstern*, Hil-
    desheim / Zürich / New York 2011, S. 9–16, hier S. 9.

17 *Der Fund im Nonnenchor*, a. a. O., S. 51.

Mit einem Kajak in die Freiheit

1 Müller, Christine und Bodo: *Über die Ostsee in die Freiheit*, Biele-
   feld 2004, 2017, S. 60.

2 Müller, *Über die Ostsee in die Freiheit*.

3 Lapp, Peter Joachim: *Grenzbrigade Küste, DDR-Grenzsicherung
   zur See*, Aachen 2017, S. 163–166.

4 »›Solltet Ihr gezwungen werden, verurteilt ruhig meine Tat.‹ Bio-
   grafische Einblicke in die Todesfälle bei Fluchten über die Ostsee
   (1961–1989)«. Autoren: Jane Gerhardt, Henning Hochstein, Jenny
   Linek, Merete Peetz. Manuskript für *Gerbergasse 18 – Thüringer
   Vierteljahresschrift für Zeitgeschichte und Politik*, Ausgabe 3/2022.

5 Müller, *Über die Ostsee in die Freiheit*

6 »Die Todesopfer des DDR-Grenzregimes an der innerdeutschen
   Grenze 1949–1989«, Band 24 der Studien des Forschungsver-
   bundes SED-Staat, hrsg. von Klaus Schroeder und Jochen Staadt,
   2. Auflage, 2019; »30 Jahre Mauerfall. Die Toten am Eisernen Vorhang«, Peter Leusch, 7. November 2019, Deutschlandfunk, www.

deutschlandfunk.de/30-jahre-mauerfall-die-toten-am-eisernen-vorhang-100.html, Zugriff: März 2022.

7 Manuskript für *Gerbergasse 18*. Das Greifswalder Forschungsprojekt »Todesfälle bei Fluchtversuchen über die Ostsee« unter der Leitung von Hubertus Buchstein ist Teil des durch das Bundesministerium für Bildung und Forschung geförderten Verbundprojektes »Grenzregime. Todesfälle bei Fluchtversuchen und Rechtsbeugung gegen Ausreisewillige«, das zusammen mit der Freien Universität Berlin und der Universität Potsdam durchgeführt wird.

8 Deetjens, Florian: »Ostseefluchten aus der DDR. Eine deutsch-deutsch-skandinavische Verflechtungsgeschichte«, Projektleitung: Stefan Creuzberger, Universität Rostock, 2022, www.dokumentationsstelle.uni-rostock.de/forschungsstelle/laufende-forschungsprojekte-ii/ostseefluchten-aus-der-ddr-eine-deutsch-deutsch-skandinavische-verflechtungsgeschichte.de, Zugriff: November 2021 und September 2022.

9 Müller, *Über die Ostsee in die Freiheit*, S. 11.

10 Ebd., S. 14.

11 Ebd.

12 Manuskript für *Gerbergasse 18*.

13 Lapp, *Grenzbrigade Küste*.

14 Lapp, *Grenzbrigade Küste*, S. 91, Müller, *Über die Ostsee in die Freiheit*.

15 Deetjens, »Ostseefluchten«.

16 »Todesfalle Ostsee«, Michael Frantzen, Deutschlandfunk Kultur, 13. August 2021, www.deutschlandfunkkultur.de/todesfalle-ostsee-die-vergessenen-ddr-fluechtlinge-100.html, Zugriff: 27. März 2022.

17 »30 Jahre Mauerfall. Die Toten am Eisernen Vorhang«, Peter Leusch, 7. November 2019, Deutschlandfunk, www.deutschlandfunk.de/30-jahre-mauerfall-die-toten-am-eisernen-vorhang-100. html, Zugriff: März 2022

18 Bundeszentrale für politische Bildung: »Lange Wege der Deutschen Einheit« (Konzeption: Michael Hofmann, Everhard Holtmann), Gemeinschaftsprojekt der Universitäten Jena und Halle, www.bpb. de/themen/deutsche-einheit/lange-wege-der-deutschen-einheit/, Zugriff: 29. April 2022; »Ostdeutsche Identitäten« (Raj Kollmorgen), www.bpb.de/themen/deutsche-einheit/lange-wege-der-deut-

schen-einheit/506139/ostdeutsche-identitaet-en/, Zugriff: 29. März 2022; »Lebenszufriedenheit in der DDR« (Mandy Stobbe), https://www.bpb.de/themen/deutsche-einheit/lange-wege-der-deutschen-einheit/504982/lebenszufriedenheit-in-der-ddr/, Zugriff: 22. März 2022.

19 Interview (mündlich, transkribiert) mit Margret und Peter Faust, Niedersachsen, 15. Februar 2022.
20 Ebd.
21 Greifswalder Forschungsprojekt »Todesfälle bei Fluchtversuchen über die Ostsee«, https://todesopfer.eiserner-vorhang.de/, Zugriff: September und Oktober 2022.

Der gut gekleidete Mann im Moor

1 Art. »Der Moorleichenfund in Ostfriesland«, in: *Jeversches Wochenblatt* vom 1. Juni 1907, S. 2.
2 Heumüller, Marion: »Der Mann von Bernuthsfeld und die Moorleichenforschung in Niedersachsen«, in: Püschel, Klaus u. a. (Hrsg.): *»Bernie« – Die Moorleiche von Bernuthsfeld*, Rahden 2019, S. 19–33, hier S. 22.
3 Burmeister, Stefan: »Moorleichen als Opfer. Deutungsmuster einer problematischen Fundgruppe«, in: Burmeister, Stefan / Derks, Heidrun / von Richthofen, Jasper (Hrsg.): *Zweiundvierzig. Festschrift für Michael Gebühr zum 65. Geburtstag*, Rahden 2007, S. 91–106, hier S. 103, S. 91.
4 Heumüller, *Der Mann von Bernuthsfeld*, S. 26.
5 Klocke, Jens / Kania, Katrin: »Die Rekonstruktion des Mannes von Bernuthsfeld und seiner Ausrüstung«, in: Jahn, Wolfgang (Hrsg.): *Die Moorleiche von Bernuthsfeld, Kurzführer*, Emden 2019, S. 104–113, hier S. 106.
6 Ebd., S. 108 f.
7 Niedersächsisches Denkmalschutzgesetz (NDSchG) vom 30. Mai 1978.

Nachts auf St. Pauli für Frauenrechte

1 Gerhard, Ute: »Anita Augspurg (1857–1943) und Lida Gustava Heymann (1868–1943)«, in: Steinmeier, Frank-Walter (Hrsg.): *Wegbereiter der deutschen Demokratie. 30 mutige Frauen und Männer 1789–1918*, München 2021, S. 375–388.

2 Genschow, Brigitte: *War der Konsul eine Dame? Geschichte des Heymann Mausoleums. Recherche eines historischen Laien*, Hamburg/Berlin 2021, S. 11.

3 Hildebrandt, Irma: »Frühe Warnung vor Hitler, Lida Gustava Heymann, (1868–1943)«, in: *Immer gegen den Wind. 18 Hamburger Frauenporträts*, München/Kreuzlingen 2003, S. 69–85, hier S. 72.

4 Ebd.

5 Beutin, Wolfgang: »Zur Geschichte der Frau und der Frauenbewegung, mit Schwerpunkt auf Deutschland und Österreich. Namen, Daten und Stichwörter«, in: Beutin, Heidi / Beutin, Wolfgang / Bleicher-Nagelsmann, Heinrich / Malterer, Holger: *Die Frau greift in die Politik. Schriftstellerinnen in Opposition, Revolution und Widerstand*, Frankfurt/Main 2010, S. 17–26, hier S. 21–25.

6 Ebd.

7 Schmidt-Knaebel, Susanne: »Lida Gustava Heymann und Anita Augspurg: Für Freiheit, Recht und Frieden«, in: Beutin, Heidi / Beutin, Wolfgang / Bleicher-Nagelsmann, Heinrich / Malterer, Holger: *Die Frau greift in die Politik. Schriftstellerinnen in Opposition, Revolution und Widerstand*, Frankfurt/Main 2010, S. 88.

8 Ebd.

9 *Immer gegen den Wind*, S. 73.

10 Ebd.

11 *Eine Hamburgische Kulturgeschichte 1890-1920, Beobachtungen eines Zeitgenossen*, bearbeitet von Gerhard Ahrens, Hans Wilhelm Eckardt und Renate Hausschildt-Thiessen, Hamburg 1985, S. 296–298.

12 »Aufklärung über das sexuelle Leben und hygienische Ratschläge für die heranwachsende Jugend: Vortrag gehalten am 22. März 1901 im Verein Hamburger Volksschullehrerinnen und am 1. April vor einer Versammlung schulentlassener Mädchen, Lida Gustava Hey-

mann, allen denkenden Erziehern gewidmet«, in: *Idee der sexuellen Aufklärung der Jugend*, II. revidierte Auflage 1904, S. 12.

13 Ebd., S. 14.

14 Ebd., S. 15.

15 Ebd., S. 11.

16 Beutin e. a., *Die Frau greift in die Politik*, S. 94.

17 Ebd., S. 95.

18 Heymann, Lida Gustava / Augspurg, Anita: *Erlebtes – Erschautes, Deutsche Frauen kämpfen für Freiheit, Recht und Frieden 1850– 1940*, hrsg. von Margit Twellmann, Meisenheim 1972, Sonderausgabe 1977, S. 53.

19 Beutin e. a., *Die Frau greift in die Politik*, S. 89.

20 Dünnebier, Anna / Scheu, Ursula: *Die Rebellion ist eine Frau. Anita Augspurg und Lida G. Heymann. Das schillerndste Paar der Frauenbewegung*, München 2002; FrauenMediaTurm, Feministisches Archiv und Bibliothek, www.frauenmediaturm.de, Zugriff 27.09.2021.

21 Ebd.

22 *Immer gegen den Wind*, S. 76.

23 Dünnebier/Scheu, *Die Rebellion ist eine Frau*.

24 Schmidt-Knaebel, »Lida Gustava Heymann und Anita Augspurg: Für Freiheit, Recht und Frieden«, S. 84.

25 Dünnebier/Scheu, *Die Rebellion ist eine Frau*.

26 Gerhard, »Anita Augspurg (1857–1943) und Lida Gustava Heymann (1868–1943)«, S. 380–384.

27 Ebd.

28 Ebd.

29 Lida Gustava Heymann, Anita Augspurg: *Erlebtes – Erschautes, Deutsche Frauen kämpfen für Freiheit, Recht und Frieden, 1850– 1940*, hrsg. von Margit Twellmann, Meisenheim 1972, Sonderausgabe 1977, S. 64-79; *Immer gegen den Wind*, S. 81.

30 Heymann/Augspurg, *Erlebtes – Erschautes*, S. 79.

31 Beutin e. a., *Die Frau greift in die Politik*, S. 96.

32 Ebd., S. 97.

33 Ebd., S. 98.

34 Frauenkonferenz Den Haag 1915, www.wilpf.de/die-liga/geschichte/, Zugriff: 5. Februar 2022; *Die Rebellion ist eine Frau*, S. 222–226.

35 Eppendorfer Bürgerverein: Eppendorf historisch, www.der-eppen-dorfer.de/Lida-Gustava-Heymann/, Zugriff: 6. November 2021.

36 *Immer gegen den Wind*, S. 82–83; Heymann / Augspurg, *Erlebtes – Erschautes*, Vorwort Margit Twellmann.

Die Katastrophe von Binz

1 Art. »Einsturz der Binzer Landungsbrücke«, in: *Berliner Volkszeitung* vom 29. Juli 1912 (Abendausgabe), S. 1.

2 Ebd.

3 Art. »Großes Unglück in Binz«, in: *Stralsundische Zeitung* vom 30. Juli 1912, S. 2.

4 Art. »Meine Rettung in Binz«, in: *Stralsundische Zeitung* vom 2. August 1912, S. 6.

5 Martin Janssen: »100 Jahre Seebrückenunglück in Binz«, in: *Lebensretter* 2/2012, S. 12–16, hier S. 15.

6 Art. »Großes Unglück in Binz«, in: *Stralsundische Zeitung* vom 31. Juli 1912, S. 2.

7 Art. »Großes Unglück in Binz«, in: Erste Beilage zu Nr. 178 der *Stralsundischen Zeitung* vom 1. August 1912.

8 Ebd.

9 Art. »Großes Unglück in Binz«, in: *Stralsundische Zeitung* vom 31. Juli 1912, S. 2.

10 Art. »Meine Rettung in Binz«, in: *Stralsundische Zeitung* vom 2. August 1912, S. 6.

11 Art. »Großes Unglück in Binz«, in: Erste Beilage zu Nr. 178 der *Stralsundischen Zeitung* vom 1. August 1912, S 1 f., hier S. 1.

12 Art. »Die Brücke«, in: *Berliner Volkszeitung* vom 29. Juli 1912 (Abendausgabe), S. 3.

13 Art. »Großes Unglück in Binz«, in: *Stralsundische Zeitung* vom 31. Juli 1912, S. 2.

14 Art. »Großes Unglück in Binz«, in: Beilage zur Nr. 179 der *Stralsundischen Zeitung* vom 2. August 1912.

15 Art. »Provinzielles / Saßnitz«, in: Beilage zu Nr. 177 der *Stralsundischen Zeitung* vom 31. Juli 1912.

16 Gründungsaufruf aus dem *Deutschen Schwimmer* vom 5. Juni

1913, vgl. https://www.dlrg.de/informieren/die-dlrg/historie-und-dlrg-museum/; Zugriff: 21. Juni 2020.

17 Art. »Provinzielles / Binz«, in: Beilage zu Nr. 180 der *Stralsundischen Zeitung* vom 3. August 1912.

18 Art. »Zwei Mädchen in der Nordsee ertrunken«, in: Zweite Beilage zu Nr. 175 der *Stralsundischen Zeitung* vom 28. Juli 1912.

19 Art. »Ertrunken«, in: *Dortmunder Zeitung* vom 28. Juli 1912, S. 3.

20 Art. »Opfer des Rheins«, in: *Kölner Local-Anzeiger* vom 28. Juli 1912, S. 3.

21 Nipperdey, Thomas: *Deutsche Geschichte 1866–1918*, Band I: *Arbeitswelt und Bürgergeist*, München 1990, S. 173.

22 Gründungsaufruf aus dem *Deutschen Schwimmer* vom 5. Juni 1913, vgl. https://www.dlrg.de/informieren/die-dlrg/historie-und-dlrg-museum/; Zugriff: 21. Juni 2020.

Wie die Strelitzie zu ihrem Namen kam

1 Feuerstein-Praßer, Karin: *Englands Königinnen aus dem Hause Hannover (1714–1901)*, Regensburg, 2014, S. 52–73, hier S. 53.

2 Brief Friedrich II. an seinen Vater König Friedrich Wilhelm I. vom 26. Oktober 1736, in: Preuss, Johann D. E.: »Œuvres de Fréderic le Grand«, Bd. 27,3, Berlin 1856, S. 120, in: Drinkuth, Friederike: *Königin Charlotte. Eine Prinzessin aus Mecklenburg-Strelitz besteigt den englischen Thron*, Schwerin 2011, S. 7.

3 Zitat aus: Landeskirchliches Archiv Schwerin, Kirchenbuch Mirow, 1744, S. 94; das erste urkundliche Zeugnis, in dem die spätere Königin von Großbritannien aufgeführt wird.

4 *Biographisches Lexikon für Mecklenburg*, Bd. 2 (Hrsg. Sabine Pettke): »Sophie Charlotte« (Autorin: Angelika Schmiegelow Powell), Rostock 1999, S. 243–246.

5 Feuerstein-Praßer, *Englands Königinnen*, S. 55; Schmiegelow Powell, Angelika: »Sophie Charlotte, 1744-1818 – Prinzessin von Mecklenburg-Strelitz und englische Königin«, in: *Stier und Greif*, »Sonderheft 1000 Jahre Mecklenburg«, Schwerin 1995.

6 Winkel, Friedrich: »Aus der Jugendzeit der Königin Sophie Char-

lotte von England, Prinzessin von Mecklenburg-Strelitz«, in: Drinkuth, *Königin Charlotte*, S. 9.

7 Wilman S. Lewis (Hrsg.): *The Yale edition of Horace Walpole's correspondence*, Teile 21, 35 und 36. New Haven 1983, S. 513, in: Drinkuth, *Königin Charlotte*, S. 15.

8 Drinkuth, *Königin Charlotte*.

9 Ernst von Stockmar: *Denkwürdigkeiten aus den Papieren des Freiherrn Christian Friedrich v. Stockmar*, Braunschweig 1872, S. 93, in: Drinkuth, *Königin Charlotte* S. 22.

10 Feuerstein-Praßer, *Englands Königinnen*, S. 59 f.

11 Ebd., S. 60 f.

12 Ebd., S. 62.

13 Ebd., S. 62.

14 Drinkuth, *Königin Charlotte*, S. 32.

15 Ebd.

16 Ebd.

17 Lloyd, Christopher (Hrsg.): *The Diary of Fanny Burney*, London 1948, S. 104.

18 Landeshauptarchiv Schwerin, 4.3-2 *Hausarchiv des Mecklenburg-Strelitzschen Fürstenhauses mit Briefsammlung*, Nr. 870, 8. November 1774.

19 Zander, Robert: *Zander Handwörterbuch der Pflanzennamen*, Hrsg. Fritz Encke, Günther Buchheim, Sigmund Seibold, 13. neubearbeitete Auflage, Stuttgart 1984.

20 Feuerstein-Praßer, *Englands Königinnen*, S. 72; *Biographisches Lexikon für Mecklenburg*, Bd. 2 (Hrsg. Sabine Pettke): »Sophie Charlotte«, Autorin: Angelika Schmiegelow Powell), Rostock 1999, S. 243–246.

21 Jipp, Karl-Ernst: *Die Strelitzie und ihre abenteuerliche Geschichte*, Kiel 2006, S. 7–17, S. 27–40, S. 75–80, hier S. 32.

Gefesselte Füße, Steine über dem Kopf

1 Franz, Angelika / Nösler, Daniel: »Die Archäologie der Angst«, in: *Archäologie in Deutschland*, Nr. 5 (2016), S. 62–65, hier S. 62.

2 Franz, Angelika / Nösler, Daniel: *Geköpft und gepfählt. Archäologen auf der Jagd nach den Untoten*, Darmstadt 2016, S. 82.

3   Ebd., S. 84.
4   Ebd., S. 85 f.
5   Ebd., S. 85.
6   *Malleus Maleficarum*. *Der Hexenhammer*, verfasst von den beiden Inquisitoren Jakob Sprenger und Heinrich Institoris (latinisiert aus: Kramer). Zum ersten Mal ins Deutsche übertragen und eingeleitet von J. W. R. Schmid, Erster Teil, Berlin ³1923, S. 133.
7   Franz / Nösler, »Die Archäologie der Angst«, S. 63.
8   Franz / Nösler, *Geköpft und gepfählt*, S. 87.
9   Vgl. Facklam, Gudrun / Frerichs, Klaus: »Das gerettete Denkmal: Burg und Kloster Harsefeld«, in: *Archäologie in Deutschland*, Nr. 1 (1955), S. 36 f.

Ein weißes Schloss und seine wechselhafte Geschichte

1   Klawitter, Nils: »Wie Deutsche die Sklaverei finanzierten. Hanseatische Kaufleute waren schon früh in die Sklaverei verstrickt«, in: Schnurr, Eva-Maria / Patalong, Frank (Hrsg.): »*Deutschland, deine Kolonien*«, München 2022, S. 43–51.
2   Schloss Ahrensburg, *Ein Kleinod in Schleswig-Holstein mit über 400jähriger Geschichte*, Stiftung Schloss Ahrensburg, 2019.
3   Ebd., S. 10.
4   Degn, Christian: *Die Schimmelmanns im atlantischen Dreieckshandel. Gewinn und Gewissen*, Kiel 1974, S. 94.
5   Wald, Martin C.: »Hamburg-Geschichtsbuch: Heinrich Carl Schimmelmann – Ein global player am Rande Hamburgs«, https://geschichtsbuch.hamburg.de/epochen/barock-und-rokoko/sklaverei-kammermohrenl-und-kindermaedchen/, Zugriff: Januar 2021 und 12. September 2022.
6   Schloss Ahrensburg, *Ein Kleinod in Schleswig-Holstein*, S. 38.
7   Ebd., S. 20.
8   Wald, »Hamburg-Geschichtsbuch: Heinrich Carl Schimmelmann«, Zugriff: Januar 2021 und 12. September 2022.
9   Schloss Ahrensburg, *Ein Kleinod in Schleswig-Holstein*, S. 26.
10   Degn, *Die Schimmelmanns im atlantischen Dreieckshandel*, S. 100.

11 Ebd., S. 101.

12 Krieger, Martin: »Heinrich Carl von Schimmelmann«, in: Zimmerer, Jürgen (Hrsg.): *Kein Platz an der Sonne. Erinnerungsorte der deutschen Kolonialgeschichte*, Frankfurt/Main 2013, S. 311–322, hier S. 316.

13 Degn, *Die Schimmelmanns im atlantischen Dreieckshandel*, S. 93.

14 Klawitter, »Wie Deutsche die Sklaverei finanzierten« in: Schnurr/Patalong (Hrsg.): *Deutschland, deine Kolonien*, S. 48.

15 Degn, *Die Schimmelmanns im atlantischen Dreieckshandel*, S. 97.

16 Weber, Klaus: *Deutsche Kaufleute im Atlantikhandel 1680–1830. Unternehmen und Familien in Hamburg, Cádiz und Bordeaux.* Schriftenreihe zur Zeitschrift für Unternehmensgeschichte, Bd. 12, München 2004.

17 *GEO Epoche*, Nr. 97, »Der Kolonialismus«, Mai 2019, S. 70.

18 Wald, »Hamburg-Geschichtsbuch: Heinrich Carl Schimmelmann«, Zugriff: Januar 2021 und 12. September 2022.

19 Klawitter, »Wie Deutsche die Sklaverei finanzierten« in: Schnurr/Patalong (Hrsg.): *Deutschland, deine Kolonien*, S. 43.

20 Degn, *Die Schimmelmanns im atlantischen Dreieckshandel*, S. 69–70.

21 Schloss Ahrensburg, *Ein Kleinod in Schleswig-Holstein*, S. 28.

22 Hart-Davis, Adam: *Geschichte. Von den Ursprüngen der Menschheit bis heute*, München 2018, S. 280–281.

23 Ebd.

24 Degn, *Die Schimmelmanns im atlantischen Dreieckshandel*, S. 79.

25 Ebd., S. 114.

26 Klawitter, »Wie Deutsche die Sklaverei finanzierten« in: Schnurr / Patalong (Hrsg.): *Deutschland, deine Kolonien*, S. 45.

27 Kuhlmann-Smirnov, Anne: *Schwarze Europäer im Alten Reich: Handel, Migration, Hof*, Transkulturelle Perspektiven, Band 11, 2014, S. 33; siehe dort auch Kapitel »Schwarze Bedienstete an norddeutschen Adelshöfen«, S. 143–150; *SPIEGEL Geschichte*, »Sklaverei«, 05/2022, S. 28 f.

28 Degn, *Die Schimmelmanns im atlantischen Dreieckshandel*, S. 108.

29 Ebd., S. 55 ff.

30 Schloss Ahrensburg, *Ein Kleinod in Schleswig-Holstein*, S. 30 f.

31 Ebd.; *SPIEGEL Geschichte*, »Sklaverei«, 05/2022, darin: Jasmin Lörchner: »Die Scheinheiligen«, S. 77–80.

32 Krieger, »Heinrich Carl von Schimmelmann«, in: Zimmerer (Hrsg.), *Kein Platz an der Sonne*, S. 311–322, hier S. 318.

33 Klawitter, »Wie Deutsche die Sklaverei finanzierten« in: Schnurr / Patalong (Hrsg.): *Deutschland, deine Kolonien*, S. 50.

Die Schlacht im Wiehengebirge

1 Cassius Dio: *Römische Geschichte*, 5 Bde., übersetzt von Otto Veh, Düsseldorf 2007, Bd. IV, 56,20,3.

2 Mommsen, Theodor: *Römische Geschichte*, 8 Bde., München ⁶2001, Bd. 6, S. 49.

3 Vgl. zur Person: Wolters, Reinhard: Art. »Varus«, in: *Reallexikon der Germanischen Altertumskunde*, Bd. 32, Berlin/New York 2006, S. 81–86.

4 Tacitus, P. Cornelius: *Germania*, lateinisch/deutsch. Übersetzt, erläutert und mit einem Nachwort herausgegeben von Manfred Fuhrmann, Ditzingen 2007, 5.

5 Ebd., S. 22.

6 C. Velleius Paterculus: *Historia Romana – Römische Geschichte*, lateinisch/deutsch. Übersetzt und herausgegeben von Marion Giebel, Ditzingen 2004, 2,118,1.

7 Ebd., 2,118,2.

8 Cassius Dio, a. a. O., 56,20,4.

9 Junkelmann, Marcus: *Die Legionen des Augustus. Der römische Soldat im archäologischen Experiment* (Kulturgeschichte der antiken Welt, Bd. 33), Mainz ⁶1994, S. 202.

10 Cassius Dio, a. a. O., 56,21,2.

11 Vgl. zur Nachgeschichte der Schlacht: Bendikowski, Tillmann: *Der Tag, an dem Deutschland entstand. Geschichte der Varusschlacht*, München 2008.

12 Tacitus, P. Cornelius: *Annalen*, 2 Bde. Übersetzung, Einleitung und Anmerkungen von Walther Sontheimer, Ditzingen 2003, I,60.

13 Mommsen, Theodor: »Die Örtlichkeit der Varusschlacht«, in: Ders.: *Gesammelte Schriften*, Bd. 4,1: *Historische Schriften*, Berlin 1906, S. 200–246, hier S. 234.

14 Ebd., S. 202.

»Good-bye Deutschland« 1929

1   Blaschka-Eick, Simone: *In die neue Welt! Deutsche Auswanderer in drei Jahrhunderten*, Hamburg 2010, insbesondere S. 150–162, hier S. 151.

2   *SPIEGEL Geschichte:* »Deutsche Auswanderer«, 01/2022, S. 87.

3   Ebd.

4   Kahleys, Julia: *Geschichte und Erinnerung in Niedersachsen und Bremen* (hrsg. von Henning Steinführer und Gerd Steinwascher), Göttingen 2021, S. 261–266.

5   Simone Blaschka, Direktorin des »Deutschen Auswandererhauses«, Bremerhaven, 11. Juli 2022.

6   *SPIEGEL Geschichte:* »Deutsche Auswanderer«, S. 92.

7   *Die Deutsche Auswanderer-Datenbank. Passagierlisten als Forschungsquelle*, Historisches Museum Bremerhaven, Bremerhaven 2006, www.historisches-museum-bremerhaven.de/die-deutsche-auswanderer-datenbank, Zugriff: September 2022.

8   Kludas, Arnold: *Die Geschichte der deutschen Passagierschiffahrt*, Bd. IV, Augsburg 1994, S. 98.

9   Mertens, Eberhard: Der Ozean-Express, Hildesheim 1973, S. 64 f.

10 Kludas, Arnold: *Die Geschichte der deutschen Passagierschiffahrt*, Bd. IV, S. 95-97, 102.

11 Arnecke, Else: *Mein Traum – Amerika. Lebenserinnerungen*, Bremerhaven 2002, S. 9.

12 Historische Broschüre des neuen »Waldorf-Astoria« 1931, https://archive.org/details/waldorfastoria00wald/mode/2up, Zugriff: Mai bis Juli 2022; Historisches auch auf: https://www.waldorftowers.nyc/en/history, Zugriff: Mai bis Juli 2022.

13 Arnecke, *Mein Traum – Amerika*, S. 15.

14 Bremerhaven.de: »NS-Zeit, Zweiter Weltkrieg und Kriegsende in Bremerhaven«, https://www.bremerhaven.de/de/tourismus/architektur-denkmaeler/stadtgeschichte/alter-hafen-neuer-hafen-innenstadt/ns-zeit-zweiter-weltkrieg-und-kriegsende-in-bremerhaven.47609.html, Zugriff: 18. Juni 2022.

15 Arnecke, *Mein Traum – Amerika*, S. 18.

16 Interview mit Edward und Waltraud Mazurkiewicz, Bremerhaven, 11. Juli 2022.

17   Ebd.

18   »POW recalls month spent at Greenbrier«, in: *Daily Mail*, Interview von Brad McElhinny mit Else Arnecke, 25. Dezember 2006.

19   Ebd.

20   Ebd.

21   Arnecke, *Mein Traum – Amerika*, S. 27.

22   Ebd., S. 29.

23   Ebd., S. 32.

24   Ebd., S. 33.

25   Vogt, Helmut: »Gutes Geld für den Wiederaufbau. Die Währungsreform von 1948 in der späteren Bundeshauptstadt Bonn«, in: *Bonn von der Währungsreform zum Wirtschaftswunder* (Bonner Geschichtsblätter, Band 45/46, hrsg. von Manfred van Rey), Bonn 1998; Sudrow, Anne: »Kleine Ereignisgeschichte der Währungsreform 1948«, in: *Aus Politik und Zeitgeschichte – D-Mark*, https://www.bpb.de/shop/zeitschriften/apuz/271679/kleine-ereignisgeschichte-der-waehrungsreform-1948/, S. 12, Zugriff: Mai 2022.

26   Arnecke, *Mein Traum – Amerika*, S. 35.

27   Ebd., S. 43.

28   Oltmer, Jochen: *Globale Migration. Geschichte und Gegenwart*, München, 3. Auflage 2016, S. 80–96; Ders.: »Krieg und Nachkrieg: Auswanderung aus Deutschland 1914–1950«, https://www.hdbg.de/auswanderung/docs/oltmer.pdf , S. 1–11, hier S. 10 f., Zugriff: Juni 2022.

29   Interview mit Edward und Waltraud Mazurkiewicz, Bremerhaven, 11. Juli 2022.

30   Arnecke, *Mein Traum – Amerika*, S. 51.

31   »Deutsches Auswandererhaus«, Bremerhaven, https://www.dah-bremerhaven.de, Zugriff: Dezember 2021 und Mai bis Juni 2022.

Der Mord an den vier Priestern

1   Voswinckel, Peter: *Geführte Wege. Die Lübecker Märtyrer in Wort und Bild*, Hamburg ³2011, S. 185 f.

2   Nipperdey, Thomas: *Deutsche Geschichte 1866–1918*, Bd. I (*Arbeitswelt und Bürgergeist*), München 1990, S. 529.

3 Zum Überblick: Bendikowski, Tillmann: *Der deutsche Glaubenskrieg. Martin Luther, der Papst und die Folgen*, München 2016.
4 Zit. n. Blaschke, Olaf: *Die Kirchen und der Nationalsozialismus*, Bonn 2019, S. 210.
5 Schreiben Johannes Prassek an Josefine Gunkel vom 3. Dezember 1942, in: Voswinkel, *Geführte Wege*, S. 175 f.
6 Zit. nach: *Wo seine Zeugen sterben, ist sein Reich. Briefe der enthaupteten Lübecker Geistlichen und Berichte von Augenzeugen*, zusammengestellt von Josef Schäfer, Hamburg 1946, S. 90.
7 Vgl. »Urteil des Volksgerichtshofes gegen Karl Friedrich Stellbrink« (Abschrift), https://www.luebeckermaertyrer.de/de/geschichte/urteile/urteil-stellbrink.html; Zugriff: 26. August 2021.
8 Vgl. Angaben der Gedenkstätte »Lübecker Märtyrer«: https://www.luebeckermaertyrer.de/de/orte-des-gedenkens/gedenkstaette-luebeck/07/index.html; Zugriff: 26. August 2021.
9 Vgl. Blaschke, S. 207–210.
10 Vgl. Abbildung in Voswinckel, *Geführte Wege*, S. 147.
11 Brandt, Willy: *Verbrecher und andere Deutsche. Ein Bericht aus Deutschland 1946* (bearbeitet von Einhart Lorenz), Bonn 2007, S. 143 f.

Wer sah das erste deutsche U-Boot?

1 Ochwadt, Curd (Hrsg.): *Das Steinhuder Meer. Eine Sammlung von Nachrichten und Beschreibungen bis 1900*, Hannover 1967, S. 207.
2 Hier und im Folgenden zur Person Wilhelms: Brüdermann, Stefan: »Graf Wilhelm zu Schaumburg-Lippe«, in: Steinführer, Henning / Steinwascher, Gerd (Hrsg.): *Geschichte und Erinnerung in Niedersachen und Bremen. 75 Erinnerungsorte*, Göttingen 2021, S. 221–226.
3 Ochwadt, *Das Steinhuder Meer*, S. 80.
4 Vgl. Weski, Timm: »Hippopotame and Schaumburger or Steinhuder Hecht: An Amphibious Craft and a Submarine from the second Half of the 18th Century«, in: *The Mariner's Mirror*, 88 (3), August 2002 S. 271–284.
5 Ochwadt, *Das Steinhuder Meer*, S. 142.
6 Ebd., S. 149.

7 Vgl. White, Charles E.: »Scharnhorst's Mentor: Count Wilhelm zu Schaumburg-Lippe and the Origins of the Modern National Army«, in: *War in History*, 291, Vol. 24 (3), Juli 2017, S. 258–285, hier S. 269.

Das Geheimnis der Lichtensteinhöhle im Harz

1 Flindt, Stefan / Hummel, Susanne: *Rätsel Lichtensteinhöhle*, Darmstadt 2021, S. 34.

2 Frischalowski, Marthe: *Genetische Diversität in der Lichtensteinhöhle – Ableitungen zur Demographie und Interpretationen zu sozialen Strukturen sowie Bestattungssitten in einer bronzezeitlichen Bevölkerung*, Dissertation, Georg-August-Universität Göttingen 2022, S. 14; Drews, Peter: *Kleine Landeskunde Südniedersachsen*, Holzminden 2017, S. 42 f.

3 Heimatforscher Werner Binnewies aus Förste bei Osterode inspirierte ein Team, 1972 am Nordwesthang des Lichtensteins zu forschen; die Geografiestudentin Kathrin von Ehren und der Geologe Firouz Vladi entdeckten 1980 Menschenknochen in der Lichtenberghöhle, siehe dazu den Artikel von Michael Paetzold im *Harzkurier* vom 28. Mai 2020: https://www.harzkurier.de/lokales/osterode/article229212560/Totenfund-Aelteste-Familie-der-Weltsorgt-fuer-Aufregung.html, Zugriff: Oktober 2022.

4 Stefan Flindt im schriftlichen Interview vom 18. Oktober 2022.

5 Ebd.

6 Ebd. und Flindt/Hummel, *Rätsel Lichtensteinhöhle*, S. 63.

7 Ebd.

8 Ebd.

9 Flindt/Hummel, *Rätsel Lichtensteinhöhle*, S. 69.

10 Susanne Hummel, in: https://www.dw.com/de/das-geheimnis-der-lichtensteinh%C3%B6hle/av-60007035, DW (Deutsche Welle) vom 3. Dezember 2021, Zugriff: 7. Oktober 2022.

11 Flindt/Hummel, *Rätsel Lichtensteinhöhle*, S. 87.

12 Ebd., S. 91.

13 Susanne Hummel im schriftlichen Interview vom 25. Oktober 2022.

14 Ebd.

15 Flindt/Hummel, *Rätsel Lichtensteinhöhle*, S. 95–97.

16 Ebd., S. 118.

17 Ebd., S. 123.

18 Ebd.

19 Südharzer Karstwanderweg: https://www.deutschlandfunk.de/suedharzer-karstwanderweg-verschwindende-baeche-und-100.html, Deutschlandfunk vom 20. März 2016, Autorin: Eva Firzlaff, Zugriff: 14. Oktober 2022.

20 Südharzer Karstwanderweg mit Karten: https://www.harzinfo.de/erlebnisse/wandern/fernwanderungen-durch-den-harz/karstwanderweg-suedharz, Zugriff: 12. Oktober 2022.

Die Welt als Karte

1 Bohmbach, Jürgen:»Carl Diercke in Stade«, in: *Carl Diercke und Stade. Zur Benennung des »Carl-Diercke-Hauses« und des »Diercke-Parks«*, Stade 1987, S. 5–12, hier S. 5.

2 Kleinschmidt, Verena:»Die Diercke-Zeit«, in: *Die Erde darstellen. 150 Jahre Schulatlas und Geographie*, Braunschweig 1992, S. 24–40, hier S. 26.

3 Ebd., S. 32 f.

4 Schmitz, Georg: *75 Jahre George Westermann Braunschweig, 1838–1913*, Braunschweig 1913, S. 75.

5 *125 Jahre Diercke-Weltatlas: Sind Sie ein Diercke-Kenner?*, Braunschweig 2008, S. 8.

6 Ebd., S. 23.

7 Brotton, Jerry: *Die Geschichte der Welt in zwölf Karten*, München 2014, S. 22 f.

8 Diercke, Carl / Schröder, Klaus: *Heimatskunde der Herzogtümer Bremen und Verden und des Landes Hadeln*, Stade 1880, S. 116.

9 Beermann, Georg: *Carl Diercke. Sein Leben und Wirken in Stade*, in: Festgabe für Hans Wohltmann, Stader Geschichts- und Heimatverein, 1964, S. 45.

10 »Statuten des naturwissenschaftlich-geographischen Vereins zu

Stade (Beschluß vom 18. Februar 1884)«, Stadtarchiv Stade P Fach
55 Nr. 8.

11 Bericht »Betr. die Tüchtigkeit des Seminarlehrers Diercke am Se-
minar zu Stade« (Hannover, 17. März 1874); Stadtarchiv Stade
VI Kleine Erwerbungen, Nr. 24 Carl Diercke, Personalakte Carl
Diercke, 1883–1885 (Fotokopie).

12 Zit. n. Kleinschmidt, »Die Diercke-Zeit«, S. 31.

13 Zu diesem Glaubenskrieg seit der Reformation vgl. Bendikowski,
Tillmann: Der deutsche Glaubenskrieg. Martin Luther, der Papst
und die Folgen, München 2016.

14 Art. »Die Lutherfeier«, in: Stader Tageblatt vom 15. November
1883, S. 1 f.

15 Brors, Romina: »Die Stader Lutherfeier 1883. Ein städtisches Fest
zwischen konfessioneller Identität und nationaler Inszenierung«,
in: Stader Jahrbuch 2017 (Stader Archiv N.F., H. 197), S. 223–244,
hier S. 236.

16 Art. »Festrede, gehalten von Herrn Seminardirector Diercke bei
der Lutherfeier in Stade am 11. November«, in: Stader Tageblatt.
Amtlicher Anzeiger für den Landdrosteibezirk Stade vom 15. November 1883, S. 2 f., hier S. 2.

17 Art. »Bücherschau«, in: Durlacher Wochenblatt vom 22. Januar
1884, S. 2.

18 Sievers, Alexander: Die Ökonomisierung der Kartografie. Karten-
handel im 19. Jahrhundert in Deutschland, Diss. Mannheim 2021,
S. 62.

19 Zit. n. Beermann, Carl Diercke, S. 46.

20 Schreiben »Staatliches Studienseminar für das Lehramt an höheren Schulen Stade« an den Stadtdirektor der Stadt Stade vom
30. November 1983; Stadtarchiv Stade 41, Nr. 41.40.01 (Benennung
Diercke-Haus und Diercke-Park 1983–1987).

Bildnachweis

AdobeStock: 70 (Sergey Kohl), 91 (Omika), 122 (Kara), 131 (Archivist), 151 (travelview)

Akg Images: 17 (Science Photo Library)

Bridgeman Images: 100 (Royal Collection Trust/© His Majesty King Charles III, 2022)

Deutsche Lebens-Rettungs-Gesellschaft e.V.: 77, 85

Diercke Atlas/Westermann Gruppe: 218, 229

Gedenkstätte Lübecker Märtyrer: 174, 175 re., 175 li., 179

Getty Images: 160 (Culture Club/ Hulton Archive)

HEZ- Rekonstruktion WildlifeArt: 215 (Foto Günter Jentsch)

Kloster Wienhausen/Lüneburger Klosterarchiv: 13, 15

Kreisarchäologie Stade: 109, 113

LK Göttingen: 203

Lorenz Lönberg: 133 (Portrait of Heinrich Carl Schimmelmann with the portrait of his wife Caroline Tugendreich with an African slave boy_ca.1773; Det Nationalhistoriske Museum på Frederiksborg Slot Dänemark (https://de.wikipedia.org/wiki/ Datei:Heinrich_Carl_ Schimmelmann_1773.jpg 01/2023))

Museum Burgkloster Lübeck: 180

Niedersächsisches Landesarchiv Bückeburg: 193 (NLA Bückeburg S 1 B Nr. 5176), 196 (NLA Bückeburg S 1 B Nr. 5177)

Ostfriesisches Landesmuseum Emden: 49 (Erhard Bühler, Emden), 52 (Martinus Ekkenga, Norden/Emden)

Leben in der Diktatur – eine reich bebilderte Expedition in den Alltag des »Dritten Reiches«

Der Feldzug für eine gesunde Lebensweise, der Kult um den Körper, der Ruf nach der Gemeinschaft – so manches, was den Alltag im »Dritten Reich« prägte, erscheint uns heute erschreckend vertraut, wie Tillmann Bendikowski zeigt. Aber konnte es damals überhaupt so etwas wie ein »normales« Leben inmitten der Diktatur geben? Der Autor begibt sich auf eine erzählerische Zeitreise in die (auch zeitliche) Mitte der NS-Herrschaft, indem er das Alltagsleben der Deutschen während einer Spanne von zwölf Monaten erkundet: zwischen Dezember 1938 und November 1939.

»Absurdes und Bedrohliches lagen nicht nur an ›Führers Geburtstag‹ dicht beieinander, das zeigt Tillmann Bendikowskis gelungenes Buch.«

Süddeutsche Zeitung

C. Bertelsmann